湖北省人文社科重点研究基地三峡大学区域社会管理创新与发展研究中心开放基金重大项目"三峡流域城市社会治理研究"资助

**三峡流域城市
社会治理研究丛书**

丛书主编：谭志松

应用社会学文库

三峡流域城市社区自治的理论与实践研究

李见顺 著

SANXIA LIUYU CHENGSHI SHEQU ZIZHI DE
LILUN YU SHIJIAN YANJIU

中国社会科学出版社

图书在版编目（CIP）数据

三峡流域城市社区自治的理论与实践研究／李见顺著 . —北京：中国社会科学出版社，2016.5

（三峡流域城市社会治理研究丛书）

ISBN 978-7-5161-7710-5

Ⅰ.①三… Ⅱ.①李… Ⅲ.①三峡—城市—社区管理—研究 Ⅳ.①D669.3

中国版本图书馆 CIP 数据核字（2016）第 041308 号

出 版 人	赵剑英
责任编辑	张　林
特约编辑	吴连生
责任校对	周　昊
责任印制	戴　宽

出　　版	中国社会科学出版社
社　　址	北京鼓楼西大街甲 158 号
邮　　编	100720
网　　址	http://www.csspw.cn
发 行 部	010-84083685
门 市 部	010-84029450
经　　销	新华书店及其他书店
印　　刷	北京明恒达印务有限公司
装　　订	廊坊市广阳区广增装订厂
版　　次	2016 年 5 月第 1 版
印　　次	2016 年 5 月第 1 次印刷
开　　本	710×1000　1/16
印　　张	19.25
插　　页	2
字　　数	306 千字
定　　价	72.00 元

凡购买中国社会科学出版社图书，如有质量问题请与本社营销中心联系调换
电话：010-84083683
版权所有　侵权必究

《三峡流域城市社会治理研究丛书》
编辑委员会

主　　　编：谭志松
副　主　编：王　俊　李敏昌　邓莹辉
顾　　　问：李建林（三峡大学党委书记、二级教授、博导）
　　　　　　何伟军（三峡大学校长、二级教授、博导）
主任委员：谭志松（三峡大学原副校长、二级教授、博导）
　　　　　　马学军（中共宜昌市委常委、秘书长）
副主任委员：杨　敏（中央财经大学教授、博导）
　　　　　　张宗益（中共宜昌市委原副秘书长）
　　　　　　胡孝红（三峡大学马克思主义学院院长、教授）
委　　　员：王　俊　李敏昌　唐祖爱　田　强　李卫平
　　　　　　邓莹辉　宋仕平　陈金明　童　潇　黄家亮
　　　　　　骆东平　田世锭　吴正彪　朱祥贵　胡俊修
　　　　　　黎建春　覃美洲　朱　静　梁贤艳　周成刚
　　　　　　宋发新　丁晓艳　胡宜春　李见顺　黄利红
　　　　　　余菲菲　吴　军　郑来春

总　序

《三峡流域城市社会治理研究丛书》（以下简称《丛书》）是湖北省人文社科重点研究基地三峡大学区域社会管理创新与发展研究中心（以下简称社管研究中心）开放基金的一项重大研究课题"三峡流域城市社会治理研究"的系列成果。本课题由笔者主持，下设九个子课题，每个子课题用一本专著结题，分别由研究中心部分教授和博士主持完成。经过课题组和编委会近几年的艰苦努力，成果将陆续由中国社会科学出版社出版。

本课题研究对象是三峡流域中各大中小城市的社会治理研究。这里涉及两个社会空间概念：一个是大区域概念，即所谓"三峡流域"社会空间，这里指长江三峡段涉及的流域区域和汇入三峡流域段的三江（乌江、清江、沅江）所经流的流域区域共同连片构成的地域的社会空间，它涉及湖北、湖南、重庆、贵州等四个省市的15个地市州区及其94个县市区（其中重庆的12个县为副地级县），国土面积23万平方公里，总人口4607.8万余人。这个区域有四大特点：一是水域和水电特色，举世瞩目的三峡水电工程和葛洲坝水电工程等引起世界关注；二是民族山区特色，这一区域覆盖了武陵山区的大部分地域，土家族、苗族、汉族等30余个民族共居此地，具有独特的民族和地域文化；三是自然风景和民族文化构成了丰富独特的民族旅游资源；四是远距省会之外，处于边缘地带而分属四个省市，且有相当一部分地区还处于需要国家大力扶贫状况。另一个区域概念是三峡流域中的城市社会。第一，按现在划分，这一区域内有一个大城市——宜昌市城区，其余全是中小城市（地市州首府和县市区首府城市）；第二，这些城市都在具有国家发展战略和省市发展战略的四个城市圈、群（武汉"8＋1"城市圈、湖南"长株潭"城市群、重庆城市群和贵阳城市群）之外。第三，在这些城市中有一个被确定为首批 38 个全国城市社会治理的试点——宜昌市，且经过五年的努力，已形成了行之有效的城市社会治理"一本三化"体系和模式。① 因此，笔者认为三峡流域社会是一个值得关注和研究的社会空间，并首次选择了"三峡流域城市社会治理研究"为我们的研究课题。

党的十八届三中全会通过的《中共中央关于全面深化改革若干重大问题的决定》（以下简称《决定》）明确提出："全面深化改革的总目标是完善和发展中国特色社会主义制度，推进国家治理体系和治理能力现代化"，并强调要"创新社会治理的体制"。其现实意义就是维护最广大人民根本利益，最大限度地增加社会和谐因素，增强社会发展活力，提高社会治理水平，确保人民安居乐业、社会安定有序。它体现了我们党对社会发展规律认识和把握的又一次新飞跃，实现了我国社会建设理论和实践的又一次创新。《决定》的精神，提升了《丛书》研撰的重要现实意义。

研究城市社会治理，必然要考虑城市社会空间的特点和社会转型期社会结构变化情况，要以马克思主义社会空间理论为指导，来构建城市社会治理研究的框架和体系。马克思主义社会空间理论源于马克思"土地空间"理论所导出的社会空间思想。20 世纪 70 年代以来，以列斐伏尔、卡斯特尔、哈维、詹姆逊等为代表的新马克思主义者们循着马克思和恩格斯的思想进一步推进了马克思主义的社会空间思想，进而逐步形成了马克思主义社会空间理论。② 马克思主义社会空间思想的核心是"社会空间是人类社会实践活动的产物"。"实践"是马克思主义哲学的立足点也是目的地。马克思指出："从前的一切唯物主义（包括费尔巴哈的唯物主义）的主要缺点是：对对象、现实、感性，只有从客体或者直观的形式去理解，而不是把它们当作感性的人的活动，当作实践去理解。"③ 由此可见，马克思的"实践"，"不单是指人类的物质生产实践活动，还

---

① 这部分内容的详细论述见笔者著，本《丛书》著作之一：《三峡流域城市社会治理概论》。
② 王晓磊：《社会空间论》，中国社会科学出版社 2014 年版，第 95 页。
③ 《马克思恩格斯选集》第 1 卷，人民出版社 1995 年版，第 54 页。

包括人类的精神生产实践活动、人的生产实践活动和社会交往实践活动"[①]。也就是说，社会空间是人类物质生产实践、精神生产实践、人的生产实践和社会交往实践等人类的四种实践活动的产物。

从马克思主义社会空间理论去思考，研究城市社会治理必须考虑城市社会与城市自然空间（城市区域位置）和再现的城市空间（政府主导下人们建造的城市空间）的关系；要考虑城市社会与该城市的精神空间的关系；还要考虑城市社会与该城市的人口规模、民族结构和文化的关系；更离不开与该城市的经济发展状况以及治理体制和机制的关系。因此，我们是在这个基本思想的指导下构建的本《丛书》内容体系：

首先，《丛书》第一次提出"三峡流域"的概念，对"三峡流域"概念的界定及其意义的阐释，以及对该区域城市社会治理综合状况的梳理，包括研究区域城市社会的一些基础性理论论述，是整个《丛书》基础性的重要工作。这方面以题为"三峡流域城市社会治理概论"的著作，由谭志松教授完成。

其二，我们选取宜昌市城市社会治理为研究范本，进行全面系统的研究，拟作为三峡流域城市社会治理可以循借的样本，以指导实践和找出规律。这样做的理由有四：一是，宜昌市府城区是三峡流域中规模最大、经济基础较好的城市（现城区人口130余万）。二是，区域位置处该流域中部核心位置，中国水电主要枢纽工程：三峡水电工程和葛洲坝水电工程所在地，有"中国能源的心脏"和"世界水电之都"之称，有重要的社会影响和社会地位；三是，宜昌市已作为全国城市社会管理创新首批38个试点城市之一进行了五年的实践探索，取得了开创性的成果，形成了特色鲜明的社会治理体系："一本三化"城市社会治理模式，并得到了中央和湖北省委的肯定和重视，已经产生了重要影响。这个体系和模式对于三峡流域乃至全国城市社会治理具有重要的示范和推广意义。四是，宜昌城市发展的历史变迁、社会文化结构、经济生活方式与地理生态环境等与三峡流域内城市基本相近，因此，选择宜昌市做样本具有直接指导意义。我们用三本专门著作全面研究宜昌城市社会治理模式和经验：《现代城市社会治理创新"一本三化"模式研究——来自宜昌的中

[①] 王晓磊：《社会空间论》，中国社会科学出版社2014年版，第87页。

国经验》（谭志松教授和王俊教授等编著）、《现代城市政务信息化大统一模式研究——宜昌市电子政务实践与实效》（王俊教授等编著）、《宜昌城市变迁史研究》（李敏昌教授等著）。

其三，围绕城市社会治理涉及的各个方面，结合三峡流域城市社会治理状况，从五个方面作专题研究：

邓莹辉教授的《三峡流域城市社会文化管理创新研究》一书，主要分析了政府行使文化管理职能过程中所面临的困境及其产生的原因，厘清了城市文化管理和管理文化创新的基本思路及有效路径，其间，特别注意到地方文化建设、发展和管理对城市社会治理的影响和作用。

陈金明教授等的《三峡流域城市社会文明教育创新研究》一书，着重分析三峡流域城市社会文明教育的结构体系，从实证研究的角度，总结了三峡流域城市社会文明教育的重要举措及基本经验，同时也对城市文明教育对城市社会治理作用的理论进行一定的探讨。

骆东平教授等的《三峡流域城市社会治理法治化研究》一书，以全国社会管理创新的试点城市——宜昌市的城市社会治理法治化实践为研究对象，重点就宜昌市城市社会治理法治化、社会稳定风险评估与应急管理法治化、特殊人群管理法治化、非政府组织法治化和"智慧城市"建设等几大方面的实践与理论问题进行了研究。以探究当下城市社会治理中本地优势资源的开发与本地社会服务水平提升中的诸多理论与实践问题。意在阐释城市社会治理需将创新社会治理置于法治化的轨道中，需科学规划社会治理立法进程、有序推进公民参与公共决策、积极营造社区法治文化氛围和全面保障社会组织服务民生。

李见顺博士的《三峡流域城市社会社区自治的理论与实践研究》一书，从逻辑的、历史的和现实的三个层面探讨了三峡流域城市社区自治的理论问题和实践模式，对三峡流域社会建设背景下城市社区自治的产生与发展进行理论总结，并提出适应社会建设需要的城市社区自治重构模式和路线图。

朱静博士和梁贤艳副教授等的《三峡流域城市社会安全治理研究》一书，主要选择了我国各地运行较好的城市社会安全治理模式进行比较研究，这些城市包括山东烟台、浙江平阳、辽宁沈阳、江苏淮安、四川遂宁、湖北宜昌等，通过比较研究，归纳出这些城市社会安全治理的特征和经验。

《丛书》的研撰经过了艰辛努力，也得到了多方的帮助和支持。2012年，在宜昌市政协主席、市社会管理创新领导小组办公室（以下简称"市创新办"）主任李亚隆同志的支持下，三峡大学应用社会学研究所与宜昌市社会管理创新办公室联合申报湖北省人文社科重点研究基地三峡大学区域社会管理创新与发展研究中心并获得成功，开始实质性合作研究。我们派出朱静博士等到市创新办挂职工作，学习宜昌市社会管理创新工作，参与市创新办相关工作。多次请市创新办相关领导和工作人员来社管研究中心讲座，介绍宜昌市社会管理创新工作，并一直保持紧密合作关系，进行了政校联合攻关。

2014年8月，笔者率《丛书》编撰人员赴三峡流域中的恩施土家族苗族自治州、利川市、黔江区、涪陵区、湘西土家族苗族自治州、张家界市、怀化市、铜仁市等地区进行了为期20余天的实地调研，2014年10月又在宜昌市、荆州市等调研三周，各书作者还分别进行了专项实地深入调研。其他地方我们也通过其他途径联系获得了需要的资料。各地政府和部门的相关领导和干部都给予了大力支持和热情接待，使我们的调研得以顺利进行，并获得了近两千万字的第一手重要资料。借此，笔者要向以上各地党委政府及其部门的相关领导表示衷心的感谢！

著名社会学家、中国人民大学一级教授郑杭生先生生前是我们社管研究中心名誉主任，他十分关心《丛书》的研撰和出版工作，并对《丛书》框架和各著作的提纲给予了许多具体的指导性意见。我们也以《丛书》的出版表达对郑先生的深切怀念和万分感激之情。

我们还得到中国社会科学出版社副总编辑曹宏举编审的细心指导和大力支持，责任编辑张林主任也给予了大力帮助，在此一并致谢。

《丛书》得以顺利出版，还要特别感谢三峡大学党委书记李建林教授、校长何伟军教授，他们不仅出任编委会顾问，在《丛书》研撰的整体方向上把脉，还给我们全体编撰人员以极大的鼓励和支持。还要感谢三峡大学科技处（社科处）许文年处长、周卫华副处长，马克思主义学院胡孝红院长、胡俊修和黎见春副院长等给予的大力支持。

《丛书》涉及社会学、文化学、民族学、管理学、法学、教育学等多个学科，虽然各著作的负责人属于在相应领域里有较深造诣或者有一定研究特长的专家、教授和博士，但毕竟着眼于一个区域的城市社会治理的研究的知识和经验有限，所以，书中定有不足或不妥之处，还请各位学者、广大读者和三峡流域各地的领导、干部批评指正。

谭志松
于三峡大学云锦花园专家楼
2015 年 3 月 1 日

目　录

前言 ……………………………………………………………… (1)
　　一　问题的缘起 ………………………………………………… (1)
　　二　研究方法 …………………………………………………… (6)
　　三　分析思路与基本框架 ……………………………………… (7)

第一章　社区自治概述 ………………………………………… (11)
　第一节　社区概述 …………………………………………… (11)
　　一　社区的起源与发展 ………………………………………… (11)
　　二　社区的含义、要素与特征 ………………………………… (13)
　　三　社区的类型与功能 ………………………………………… (17)
　第二节　社区自治的含义、要素、特点与表现形式 ……… (19)
　　一　自治的含义、演进与类型 ………………………………… (19)
　　二　社区自治的含义与要素 …………………………………… (24)
　　三　我国城市社区自治的特点 ………………………………… (28)
　　四　社区自治的实现途径和具体目标 ………………………… (31)
　第三节　城市社区自治的产生与演进 ……………………… (32)
　　一　城市社区自治的发展历程 ………………………………… (32)
　　二　国外城市社区自治模式 …………………………………… (36)
　　三　三峡流域城市社区自治的发展历程 ……………………… (40)
　第四节　城市社区自治的必要性、基本原则和特性 ……… (45)
　　一　城市社区自治的必要性 …………………………………… (45)
　　二　城市社区自治的基本原则 ………………………………… (49)
　　三　城市社区自治的特性 ……………………………………… (50)

第五节　三峡流域城市社区自治案例分析 …………………………（51）

第二章　社区民主选举 …………………………………………………（57）
　　第一节　选举的产生与发展 ………………………………………（57）
　　　　一　选举的产生 ……………………………………………（57）
　　　　二　选举的发展 ……………………………………………（60）
　　第二节　三峡流域城市社区民主选举的含义、原则、基本要求与
　　　　　　发展历程 …………………………………………………（67）
　　　　一　社区民主选举的含义 …………………………………（67）
　　　　二　三峡流域城市社区民主选举的原则与基本要求 ………（68）
　　　　三　三峡流域城市社区民主选举的发展历程 ………………（81）
　　第三节　三峡流域城市社区民主选举的形式与程序 ……………（85）
　　　　一　国外城市社区委员会成员的产生方式 …………………（85）
　　　　二　我国城市社区民主选举的方式 …………………………（86）
　　　　三　三峡流域城市社区民主选举的程序 ……………………（87）
　　第四节　三峡流域城市社区民主选举存在的问题与对策 ………（181）
　　　　一　三峡流域城市社区民主选举存在的问题 ………………（181）
　　　　二　完善三峡流域城市社区民主选举的对策 ………………（186）
　　第五节　三峡流域城市社区民主选举案例分析 …………………（189）

第三章　社区民主决策 …………………………………………………（191）
　　第一节　社区民主决策的内涵与意义 ……………………………（192）
　　　　一　社区民主决策的内涵 …………………………………（192）
　　　　二　社区民主决策的意义 …………………………………（192）
　　第二节　三峡流域社区民主决策的机构、形式与内容 …………（195）
　　　　一　社区民主决策的机构 …………………………………（195）
　　　　二　社区民主决策的形式与内容 …………………………（201）
　　第三节　社区民主决策的原则与程序 ……………………………（203）
　　　　一　社区民主决策的原则 …………………………………（203）
　　　　二　社区民主决策的程序 …………………………………（205）
　　第四节　三峡流域城市社区民主决策存在的问题与对策 ………（209）

一　社区民主决策存在的问题 …………………………………（209）
　　二　完善社区民主决策的对策 …………………………………（211）
　第五节　三峡流域城市社区民主决策典型案例分析 ……………（212）

第四章　社区民主管理 ………………………………………………（217）
　第一节　社区民主管理的含义、发展历程及意义 …………………（217）
　　一　社区民主管理的含义 ………………………………………（217）
　　二　社区民主管理的发展历程 …………………………………（218）
　　三　城市社区民主管理的意义 …………………………………（222）
　第二节　三峡流域城市社区民主管理的主体、制度与
　　　　　实现形式 …………………………………………………（225）
　　一　三峡流域城市社区民主管理的主体 ………………………（225）
　　二　三峡流域城市社区民主管理的制度 ………………………（227）
　　三　三峡流域城市社区民主管理的实现形式 …………………（233）
　第三节　三峡流域城市社区民主管理的发展、内容与程序 ………（233）
　　一　社区民主管理的发展 ………………………………………（233）
　　二　社区民主管理的主要内容 …………………………………（235）
　　三　社区民主管理的程序 ………………………………………（249）
　第四节　三峡流域城市社区民主管理的问题与对策 ……………（250）
　　一　三峡流域城市社区民主管理存在的问题 …………………（250）
　　二　完善三峡流域城市社区民主管理的对策 …………………（253）
　第五节　三峡流域城市社区民主管理案例分析 …………………（256）

第五章　社区民主监督 ………………………………………………（260）
　第一节　监督的起源与特点 …………………………………………（260）
　　一　监督的起源与发展 …………………………………………（260）
　　二　监督的特点 …………………………………………………（261）
　　三　监督的类型 …………………………………………………（262）
　第二节　社区民主监督的含义与意义 ……………………………（262）
　　一　社区民主监督的含义 ………………………………………（262）
　　二　社区民主监督的意义 ………………………………………（263）

第三节 三峡流域城市社区民主监督的主体和对象 …………（266）
　　一　社区民主监督的主体 ……………………………（266）
　　二　社区民主监督的对象、内容、目的 ………………（272）
第四节 三峡流域城市社区民主监督的形式 ………………（272）
　　一　三峡流域城市社区民主监督形式的发展 …………（272）
　　二　三峡流域城市社区民主监督的方式 ………………（276）
第五节 三峡流域城市社区民主监督的问题与对策 ………（284）
　　一　三峡流域城市社区民主监督存在的问题 …………（284）
　　二　完善三峡流域城市社区民主监督的对策 …………（285）
第六节 三峡流域城市社区民主监督案例分析 ……………（285）

参考文献 ……………………………………………………（291）

前　言

一　问题的缘起

城市社区自治的本质是公民治理。公民治理是一项高度系统性的理论与实践问题，涉及我们对社区功能的理解，对社区发展的态度，对社区治理模式和社区政策导向的抉择。政府的治理价值观最终会左右社区政策导向的选择，并且决定政府对公民、居委会、社会组织的态度以及与公民、居委会、社会组织的关系，所以社区治理者要给予特别关注，要用行动去践行公民治理的理念。在社区治理中，最关键的是对政府、居民、居委会、社会组织的角色及其互动关系的定位，即我们是偏好于一个封闭的、排斥性的、政府包揽一切的社区治理体系，还是更加偏好于一个公民高度参与的、公民和社会组织易于进入社区政策过程的治理体系；我们是将公民定位为纳税人和公共服务的消费者，还是将公民定位为可以获得更多权力的、承担起公共事务管理的积极能动的治理者；我们是将行政管理者当成社区的控制者，还是当成公民自主治理的促进者、协调人、专业咨询者和辅助者。

本书所讨论的问题并不是全新的或完全原创性的，而是历史悠久的基本问题。社区治理实践起源于乡村社区的产生及城市社区的创立。[①] 社区源于生命的本能需要，而生命的社区本能无所不在。自然界中的生命体，从微生物到最复杂的物种，总是迫不及待地相互寻找，创建被称为"生态系统"的关系网络。利用这种社区，生命体既保持个体的相对独立，又在与关系网络的持续互动中获取新的生存技能。人类社区同样产

---

① 在本书中作者使用了"治理"一词，目的在于说明在理想的公民治理中包含着参与社区公共政策制定和执行的公民、选任代表者和公共服务提供者的全部活动。

生于两种需要：自主的需要和对关系的需要。自主是人类的第一需要，人类利用自由，自我创造，自主选择生存之道。因此，自主是人类存在的根本。人类的第二需要是对关系的需要。个体不能独自生存，个体只有在与其他个体的关系中才能成为完整的自我，并且发现有意义的生活。对关系的需要迫使个体突破自我，创建社区。

人类最早创建的社区是乡村社区。乡村社区是熟人社会，它给成员提供了稳固的人际关系网络和情感支持，但由于乡村社区相对封闭而具有强制性、限制性和侵犯性，社区成员受到很多的约束。11世纪到12世纪，意大利、英国、法国等欧洲国家，很多农奴逃离乡村社区，创建城市社区。从19世纪开始，随着工业革命的进行，世界越来越都市化。迄今为止，欧洲、美国、日本等发达国家，传统的乡村社区已经基本上转变为现代城市社区。第二次世界大战后，在广大的发展中国家，城市化成为现代化的重要标志，创建城市社区也已成为国家转型和社会变迁的主要趋势。

西方城市社区自治实践已历经了六个多世纪之久，积累了实质性的知识和经验。城市社区自治是近代以来西方城市文明化和政治民主化的重要内容，是西方现代化的重要体现。很多欧洲城市具有悠久的社区自治的传统。中世纪时期，欧洲的城市在产生时受到封建领主的控制，并没有自治权。随着商业的发展，15世纪至16世纪，欧洲的部分城市通过特许权、暴力或赎买的方式获得了自治权，为社区自治奠定了基础。近代以来，英国、法国等欧洲国家通过政治革命建立了民主政府，城市自治进一步稳固和发展，社区自治的发展空间得到极大的拓展。美国是欧洲移民建立的国家，因而美国的城市是以自治的社区为基础发展起来的。美国的城市从殖民地时期就拥有自治权，美国建国后，城市社区自治是美国城市社区治理的基本形态，也成为美国民主政治最为坚实的根基。第二次世界大战后，为弥补政府与市场失灵之缺陷，在联合国的推动下，欧美主要发达国家均以社会组织为载体，大力推动社区自治，并倡导社区发展工作，力图把社区建设成为保障最高水平的个人福利、彼此紧密联络、互相交易、共享文化的理想生活空间。包括社区自治在内的社区发展问题也因此进入欧美主流学术界的视野，成为社会学、政治学与管理学关注的学术热点。

中国的城市社区自治是在20世纪80年代末90年代初正式启动的。随着基层民主政治的发展和城市化水平的提高，中国需要重构城市基层社会，使城市社区成为基层民主政治新的发展空间和社会稳定的"安全阀"。城市社区自治是国家重构城市基层社会的最佳切入点。1989年12月26日，七届全国人大常委会正式通过《城市居民委员会组织法》，1990年1月1日施行。《城市居民委员会组织法》为维护城市5亿多居民民主自治权利提供了重要的法律保障。目前，全国共有7.9万个社区居委会42.5万名社区居委会干部。社区居委会普遍进行了五次以上的换届民主选举。选举的形式经历了由候选人被动提名到自荐报名、由等额选举到差额选举、由间接选举到直接选举的发展过程，候选人的资格也打破了地域和身份的限制。同时，城市社区民主决策、民主管理和民主监督的制度日益完善，社区决策、管理和监督的民主化与科学化水平日益提高。北京、浙江、江苏、新疆、湖南、重庆、贵州等省市建立了社区居民监督委员会，社区民主监督日益专业化和常态化。

然而，中国30多年的改革开放，浓缩了西方发达国家几百年的发展历程。政治、经济、社会、文化的现代化转换，就其变迁的深度和广度而言，不仅是中国文明史前所未有之变化，在世界文明史上也是罕见的。我国的城市基层民主发展，面对的是君主专制的历史传统、中央集权的政治体制、急速扩张的城市环境、尚未成熟的市场经济、利益多元和阶层分化日益加剧的社会结构，诸多限制性因素的叠加使城市基层民主发展出现了一些问题。在城市社区，政府干预过多，管理方式陈旧落后；居委会行政化，自治职能异化，整合社区居民的能力不强；自治组织发育不良，不会自治；居民自治意识淡薄，社区参与极少；社区自治组织所掌握的公共资源较少，社区自治的空间受到挤压；社区内居民与业主的责、权、利划分不明确，居民自治的权利边界还比较模糊。诸如此类的问题导致了社区成员的政治、经济、社会利益联系不紧密，社区意识淡漠，影响了社区的凝聚力和自治效果。

自2010年以来，中国政府对公共治理的关注越来越导向地方层次的基层自治。随着城市化进程的加速，中国城市社区治理的参与者们面对着一系列压倒性的挑战：政府拨款不足，农村居民大量涌入城市，基础设施及公共服务提供中的资源匮乏等。然而，在城市社区治理的历史发展进程中，治理者面对挑战和混乱总是一种常态，而非一种例外。在快速城市化的中国，当今的挑战确实令人困扰，但是，挑战也为我们推进城市社区建设以及提升城市治理能力提供了令人振奋的机会。

正如亨廷顿所言，政治民主化是自20世纪后期以来世界政治发展不可阻挡的历史潮流。当代中国正在顺应民主化的趋势推动城市基层民主自治。十七大党的政治报告提出"将人民依法直接行使民主权利，管理基层公共事务和公益事业，实行自我管理、自我服务、自我教育、自我监督，对干部实行民主监督，是人民当家作主最有效、最广泛的途径，必须作为发展社会主义民主政治的基础性工程重点推进"。这表明，中国未来几十年的发展，城市社区自治是一项极其重要的基础性工作，发展空间十分广阔。

政府和社区治理者是否能够成功地应对城市社区未来的挑战，取决于政府和治理者是否愿意转换自身的角色以适应新的环境。在过去的30多年间，城市发展的要求已经逐渐改变了政府、居委会、公民、行政管理者、社会组织的角色。21世纪，公民、行政管理者将成为担当社区治理重任的主角。城市社区治理格局的发展变化体现了人们寻求理性化的行政管理与民主价值之间的平衡的努力与探索。在探索中，政府、公民、行政管理者角色的变化表现为：公民是城市社区的治理者而不仅仅是公共服务的消费者；行政管理者的作用在于促进和协调公民参与治理而不是代替公民作出决策；政府关注的焦点是帮助公民实现自主治理而不是控制社区治理机构。

在本书中，作者将借助公民治理理念构建一个未来城市社区公民、行政管理者、政府治理角色变化的理论模型，以此探索出一条未来城市社区治理发展的路径。在当下中国，公民治理已经成为少数城市社区的治理实践，而对包括三峡流域城市社区在内的绝大多数城市社区而言，公民治理仍将是它们未来孜孜追求的治理目标。作者期望，公民治理模型可以激发治理者的思考，唤起人们对重构公民、行政管理者、政府在中国未来城市社区治理中的角色定位和相互关系重要性的认识。

本书将研究对象限定为三峡流域城市社区自治是基于以下原因：

第一，三峡流域是武陵山区和流域区域交汇重叠构成的独特地理空间。一方面，三峡流域是具有流域属性的区域。三峡流域指长江三峡段涉及的流域区域和汇入三峡流域段的乌江、清江、沅江所径流的流域区域，涉及湖北、湖南、重庆、贵州等四个省市的15个地市州区及其94个县市区。三峡流域具有特殊的自然属性，三峡流域的上、中、下游之间存在着天然的生态的联系，构成了一个有机完整的生态系统。另一方面，三峡流域是与武陵山区交汇重叠的区域。三峡流域地处武陵山区，长江三峡段、乌江、清江、沅江流贯全境。三峡流域"山同脉、水同源"的独特地理属性决定了流域区域和武陵山区的整体发展与行政分割存在着内在的紧张与冲突，需要以一种整体性的视野重新考察三峡流域的发展。

第二，三峡流域是汉族与少数民族"大杂居、小聚居"的独特区域。三峡流域总人口4600多万，散居着土家族、苗族、侗族等30多个少数民族，有少数民族自治州两个，少数民族自治县两个，少数民族人口1400余万，占总人口的30%。在少数民族聚居区，推进和完善城市社区自治本身就是一个值得关注和探讨的理论问题。

第三，三峡流域是经济欠发达区域。武陵山片区跨湘鄂渝黔四省市，是跨省交界面大、贫困人口分布广的全国集中连片特困地区，底子薄，欠账多，发展慢。投入不足、资源匮乏是城市社区自治的重大障碍。如何在经济欠发达的城市推进社区建设和社区自治是一个不容忽视的理论问题。

第四，三峡流域是文化多元融通的区域。三峡流域和武陵山区是巴、楚、苗等文化的重要发源地和交汇地，自北向南形成了以土家族、苗族、侗族等文化为特色的多民族地域性文化，民俗风情浓郁，民间工艺和非物质文化遗产十分丰富。各民族在共同开发武陵山片区的过程中，民族和文化融合程度较高，具有多民族聚居区的共同文化认同感。文化的同一性与多样性为考察三峡流域城市社区自治提供了重要的维度与视角。

第五，三峡流域是城市化水平偏低的区域。改革开放以来，三峡流域城市化进程正在加速，但由于受到经济发展、自然条件等诸多因素的制约，城市化进程始终较慢。三峡流域现有地市州区首府城市12座，其中，100万人口以上的大城市1座（宜昌市130万人），其余11座城市，人口均在30万至60万人之间。县市区级首府城市94个（含重庆市的12个副地级县），人口均在30万以下，且绝大多数在10万人以下。城市人口共计1800余万，城市化率39.1%，远远低于全国平均水平。城市化水平低对三峡流域城市社区自治的发展来说是挑战也是机遇。一方面，城市化水平低表明三峡流域未来的城市化将是一个长期的发展过程，也意味着三峡流域城市社区自治具有巨大的发展空间。另一方面，城市化水平低也表明三峡流域城市社区建设仍然处于初创时期，社区的基础设施不完善，办公条件差，社区管理人员人手不够、素质不高，社区居民、社区组织与政府部门和社区管理者之间没有形成良性互动的治理机制，社区自治的发展缺乏必要的条件，面临巨大的挑战。

第六，三峡流域是众多城市群的边缘区域。东边是武汉城市群和长株潭城市群，西边是成渝城市群和以贵阳为中心的黔中城市群。与城市群相比较，三峡流域处于经济、社会和文化发展的低洼地区，城市社区自治的发展相对滞后，很少受到学术界的关注。

二 研究方法

本书写作有两方面的目的：一是描述性，即展示三峡流域城市社区自治的历史与现实；二是规范性，即探讨三峡流域城市社区应该怎样实现自主治理。

本书实然研究中，一部分用于描述政治、经济、社会和行政管理实践活动及其相应的制度安排。这些实践和制度安排是三峡流域城市社区自治的社会条件和制度环境，并在一定程度上限定了三峡流域城市社区自治的演进路径。另一部分用于描述三峡流域城市社区自治的历史发展和现实状况。这是三峡流域城市社区自治未来发展的逻辑起点和实践基础。实然研究的目的在于展示三峡流域城市社区自治的限定因素和现实状况，阐述居民、居委会、社区组织和政府在互动关系中的角色定位与角色关系的变化，反映居民介入社区公共生活的作用与能力。

实然研究资料的收集采用了文献调查法、访谈法、案例分析法等。

1. 文献调查法。在研究过程中，通过对宜昌、恩施、利川、黔江、涪陵、万州、怀化、张家界、铜仁等城市的实地调研，查阅了现有的法律法规、政策文件、历史档案、论文、研究报告等，掌握了研究三峡流域城市社区自治问题的层次和水平，为考察三峡流域城市社区自治进行了充分的资料准备，积累了大量宝贵的研究素材。

2. 访谈法。通过对政府官员、居委会干部、社区居民的访谈，深度了解了居民、居委会、社会组织在社区自治参与过程的表现，剖析了它们在社区自治中的角色、功能及其互动关系，从而为研究三峡流域城市社区自治提供了翔实可靠的资料。

3. 案例分析法。通过对三峡流域城市社区自治、社区民主选举、社区民主管理、社区民主决策、社区民主监督具体情况的跟踪和记录，分析城市社区自治的状况，发现问题，探究原因，为完善三峡流域城市社区自治提供理论指导。

本书的规范性研究部分主要讨论了在三峡流域城市社区中，公共事务管理所发生的变化。研究的重点集中在城市社区公共事务的自主治理。目前在三峡流域，有很多城市正在以优异的、创造性的工作，推进着社区公共事务管理方式的发展，例如，它们采取了扩大社区直选，建立社区议事协商委员会和业主委员会，创建居民监督委员会等措施。但是，就真正实现居民自主治理的条件而言，居民必须进入社区决策机构内部，即居民可以直接参与社区公共事务决策制定和执行的全过程。规范性研究的主要目的在于构建一个理想的社区自治模式，即居民可以直接选任社区党组织及居委会所有成员，更多的居民应直接参与社区公共事务的决策与执行，社区党组织和居委会应注重协调居民的参与工作而不是把自己作为社区的控制者和社区公共事务的决策者。

三　分析思路与基本框架

本书以公民治理为理论导向，以"什么是社区自治？"、"为什么要进行社区自治建设？"、"如何进行社区自治建设？"为逻辑主线，以社会转型过程中的国家与社会关系重构为背景，以公民自主治理为研究的目标取向，从逻辑、历史和现实的三个层面探讨三峡流域城市社区自治问题，力图构建一个理想的城市社区自治模型，重新界定居民、居委会、社会组织、政府的角色定位与互动关系，探索三峡流域城市社区自治的有效路径，以此创造三峡流域城市社区的美好未来。

全书分为五个部分，涉及五个方面的广泛主题。

第一章，主要阐述了城市社区的起源、社区自治的含义、城市社区自治的必要性、城市社区自治的产生与演进等基本理论问题，重点考察了三峡流域城市社区自治的发展历程。社区源于人类的群居本能，人类最早建立的社区是乡村社区。工业化、城市化和市场化既导致乡村社区转变为城市社区，同时也重塑了城市社区的人际关系模式和运作机制。西方发达国家具有深厚的社区自治的传统。第二次世界大战后，西方发达国家为弥补政府和市场失灵的缺陷，在联合国的推动下纷纷推行社区发展工作，深化社区自治，美国、日本等国逐渐形成了独具特色的社区自治模式。作为后发现代化国家，中国的社区建设和社区自治是从20世纪80年代末起步的，经过二十多年的发展，城市社区自治已经成为我国基层民主政治新的发展空间。三峡流域各城市积极推动城市社区自治，积累了丰富的城市社区自治的经验。随着长江经济带战略的深入推进和城市化水平的逐步提高，三峡流域城市社区自治必将迎来新的发展契机。

第二章，主要阐述了城市社区民主选举的含义、三峡流域城市社区民主选举的发展历程、三峡流域城市社区民主选举的程序，重点分析了三峡流域城市社区民主选举存在的问题，提出了完善三峡流域城市社区民主选举的对策。城市居民自治制度是在新中国成立后形成的，城市社区民主选举经历了从普遍的间接选举向直接选举逐步演进的过程。三峡流域城市社区民主选举的发展是与全国其他省份几乎同步进行的，而且三峡流域各省份还根据自身的具体情况进行了社区居民委员会选举制度创新试点。但是，由于城市化水平不高以及居民民主素养欠缺，三峡流域城市社区民主选举还存在居民参选意识淡薄、选举规范化水平低、候选人选举竞争性不强、直接选举比例偏低、选举经费不足、行政干预过多等问题。三峡流域城市社区民主选举是在政府主导下进行的，政府要推动城市社区民主选举的发展，就必须采取措施完善城市社区选举方式，转变政府与社区职能，培育城市社区社会资本，健全城市社区选举制度。

第三章，主要阐述了社区民主决策的含义、必要性、社区民主决策的主体、决策形式、决策内容、决策程序，重点分析了三峡流域城市社区民主决策存在的问题及对策。社区民主决策是社区自治的一个重要环节，也是居民参与社区治理的内在要求。从一定程度上讲，社区民主决策直接体现了社区自治的质量和水平。从民主进程来看，社区民主选举只是社区自治的开端。在社区选举结束之后，社区治理的重心从社区选举转向民主决策，因而民主决策是社区自治的关键环节和核心内容。社区自治的基本精神就是社区居民能够根据自己的意愿自主管理社区公共事务，因而社区民主决策是社区自治的题中应有之义。社区自治终究要落实到社区民主决策上来，也可以说，社区民主决策是实现社区自治的方式和手段，二者是目的和手段的关系。为进一步健全和规范社区事务民主决策机制，保障社区居民对重大事务的决策权，三峡流域各城市制定了《社区重大事务民主决策办法》，对社区重大事务决策的内容、形式、程序等进行了全面规范。规定凡是涉及全体居民或大多数居民利益的重要问题，如重大财务支出、经济合同签订等，都必须按照先党内后党外、先党员后居民的原则，通过提出和受理议案、"两委"联席会议研究、召开党员大会、广泛征求意见、居民会议或居民代表会议表决、公示表决结果、组织实施的程序进行。对社区重大事务的决策，未经居民会议或居民代表会议表决通过的，均为无效，相关责任人要承担责任。由于决策的民主化、科学化水平不高，三峡流域城市社区民主决策存在民主渠道不畅通、决策权限不明晰、决策制度不完善、决策权责不明确、决策监督机制不健全等问题。因此，三峡流域各城市必须建立公众参与、专家咨询和政府决定相结合的决策机制，完善决策规则和决策程序，不断提高决策的民主化和科学化水平。

第四章，主要阐述了社区民主管理的含义、必要性、三峡流域城市社区民主管理的发展历程、三峡流域城市社区民主管理的主体、管理内容、管理程序，重点分析了三峡流域城市社区民主管理存在的问题及对策。民主管理是社区自治的重要组成部分，它既可以保障社区居委会作为法定的群众性自治组织依法管理社区公共事务的权力，推动社区自治的制度化进程，也可以保障社区居民在基层直接行使民主权利。在城市推进社区居民自治，不仅是基层民主的延伸与发展，同时也是城市社区治理模式的现代化转换，从而实现社区民主与社区治理的有机统一。社区民主管理就是社区民主与社区治理相辅相成、协调统一的制度安排与民主实践。实行民主管理已经成为社区建设和社区管理的必然要求。2002年党的十六大以来，三峡流域各城市把加强社区民主管理作为推进城市社区自治的重要举措，已经基本建立了以社区党组织为核心、居民委员会为主体、各种社会组织广泛参与、覆盖社区各个领域的组织网络，健全了城市社区自治章程、社区居民公约和社区具体事务管理规则，制定了社区协助政府办理的行政事务目录、社区内部公共事务管理目录和政府购买社区服务目录，城市社区议事协商程序日益完善。三峡流域地处中西部经济欠发达地带，城市化水平相对较低，在城市社区民主管理日益完善的同时，也暴露出了许多需要亟待解决的问题，特别是社区居民民主意识不强、制度建设与运行机制不健全、社区行政化、社区社会组织发展不充分等矛盾，制约了三峡流域城市社区民主管理的发展。三峡流域城市社区民主管理存在的问题，既是我国城市基层自治发展进程中存在的共性问题，也是三峡流域城市化水平和社区建设水平的特有现象。因此，要提高三峡流域城市社区民主管理水平，需要国家重视公民教育、健全社区法律法规、保障社区自治权利、培育社区社会组织，也需要三峡流域各城市创新社区管理模式，创造独特的地区经验。

  第五章，主要阐述了社区民主监督的含义、重要性、三峡流域城市社区民主监督的发展、三峡流域城市社区民主监督的主体、监督对象、监督内容、监督程序，重点分析了三峡流域城市社区民主监督存在的问题和对策。作为基层民主的实现形式，城市社区自治与社区民主监督是密不可分的。从社区居民自治的流程来看，不论是民主选举还是民主决策和民主管理，实质都包含着社区居民的监督。社区民主监督是社区居民依法实行民主选举、民主决策和民主管理的保障，是社区自治的重要内容和重要体现，也是社区自治的终极目标之一。三峡流域各城市社区通过设立社区居民监督委员会或社区民主监督小组等专业性监督组织，构建了党务公开、政务公开、财务公开、服务公开等监督制度，定期开展民主评议等监督活动，建立了奖惩机制，逐步实现了民主监督的制度化、规范化、常态化，从而有效地推动了三峡流域城市社区民主监督的良性发展，提高了社区建设和社区自治的水平。但是，由于民主意识的薄弱、社区建设水平的差异以及居民参与的欠缺，三峡流域城市社区仍然存在居民监督不到位，部分城市社区缺乏日常监督机构，监督制度不健全等问题。要提高三峡流域城市社区民主监督的成效，必须培养居民的监督意识，实现专业性监督机构全覆盖，健全监督制度，完善监督机制。

第一章

社区自治概述

社区起源于人类的群居本能。在农业文明时代，乡村社区提供了稳固的人际关系网络和情感支持，成为人们生存的基地和福利的依托。近代以来，城市化使乡村社区转变为城市社区，工业化和市场化改变了传统社区的人际关系和交往模式，产生了一系列社区问题和治理难题。第二次世界大战后，西方发达国家大力推行社区发展工作，强化社区自治。随着城市化水平的提高，20世纪90年代初，中国开始推动城市社区建设，促进城市社区自治的发展。

第一节 社区概述

一 社区的起源与发展

社区是人类社会在其生存与发展过程中逐步形成的一种必然的、不可缺少的和基本的社会组织形式。社区根植于人类个体生命的社会性需要。马克思说："人即使不像亚里士多德所说的那样，天生是政治动物，无论如何也天生是社会动物。"① 显然，人类必须要以共同体的样式生活。一方面，人在本性上是需要归属感的生物。伯林指出："最起码自亚里士多德以降，归属于一个愉快地认同的群体的欲望已经被看作是人类的一种自然的需求：家庭、氏族、部落、社会等级、社会秩序、阶级、宗教组织、政党、最后是民族和国家，所有这些都是人类这种基本需求实现的历史形态……拥有共同的祖先、共同的语言、习俗、传统、记忆，长

---

① 《马克思恩格斯全集》第23卷，人民出版社1972年版，第363页。

期持续地生活在同一块土地，这些就被认为构成了一个社会。"① 个体生命对虚无、疏离及失去认同的深刻恐惧，使个体产生对共同体的渴求，企图通过与他人建立关系，克服孤立、分隔及其他生存困境。另一方面，人在本质上是一种社会性存在物。马克思在《关于费尔巴哈的提纲》中明确指出："人的本质并不是单个人所固有的抽象物。在其现实性上，它是一切社会关系的总和。"② 动物的本质是由先天的本能和遗传决定的，不会因群居而发生改变。而人的本质则必须通过一定的社会关系来界定和体现。人类生命个体降临人间时，总是归属于特定群体，无可选择地置身于一定的社会关系之中，经由社会化过程，成为社会人，形成人的社会属性，获得对自我的认识与定位，并为自我的发展奠定社会基础。

个体与社会的物质交往和精神交往是人存在和发展的基本形式之一。人类的个体生命不能独立生存，它必须与自己周围的自然环境和人群建立联系，并在与自己周围的环境和人群的互动中获取自己生存和发展所需要的物质资源与精神资源，这是人类生命的共同体本能。人类个体生命与其所依赖的环境和人群构成了个体生命的生态系统。在社会学意义上，人类个体生命的生态系统称为社区。

作为人类的共同体，社区在人类历史上早已存在。作为社会性的群居动物，人类社会的群体活动离不开一定的地理区域，具有一定地域的社区就是社会群体聚居活动的场所。从起源上看，社区产生于农业时代的农村村落。在游牧时代，人们逐水草而居，并无固定的住所。游牧部落只是具有生活共同体性质的一种社会群落，不是真正的社区。随着农业的产生与发展，从事农业的人口定居于某个地区，形成农村村落。随着政治、经济、文化的进一步发展，在乡村社区之间又出现了城镇社区。城市化、工业化之前的乡村社区与城镇社区是一种初级社区，居民同质性高，价值观相同，关系密切，交往频繁，疾困相扶，守望相助，乡亲、邻里心理上的认同感与归属感强，社区是人们生存的基地和福利的依托。

在工业革命时代，社区的发展出现了全新的面貌。社区进入了都市化的过程，城市社区的数量与规模日益扩展，出现了现代城市社区。大

---

① 徐迅：《民族主义》，中国社会科学出版社 2005 年版，第 47 页。
② 《马克思恩格斯选集》第 1 卷，人民出版社 1972 年版，第 18 页。

量农村人口离开原来居住的以家庭、家族、教区为基础的传统社区，进入城市，聚居而成为城市社区。城市化、工业化与市场化改变了传统社区的人际关系和交往模式，冷漠、弱化的市场关系，取代了家庭、朋友和团结互助的坚实关系，产生了一系列社区问题和治理难题。现代社会的流动性与专业化破坏了传统社区的同质性与统一性，城市社区失去了血缘关系的纽带，社区不再是熟人而是陌生人的聚居区。在城市社区里，每个人都是独立的利益主体，是原子化的个体，传统社区中人与人之间相互熟悉、同情、信任、互助的关系不再存在，取而代之的是互相疏离、陌生、反感、冷漠和孤立。在工业化、城市化的过程中，社区居民失去了传统社区提供的基本保障和精神慰藉，产生了诸如家庭破裂、吸毒、暴力、犯罪等一系列社会问题，现代城市社区的建设与发展逐渐进入各国政府的视野之中。

二　社区的含义、要素与特征

1. 社区的含义

中文的"社区"一词来源于德语，也可译作"共同体"，原意是基于协作关系的社会组织形式。英国学者 H. S. 梅因在 1871 年出版的《东西方村落社区》一书中首先使用了"社区"一词。最早对"社区"概念做出明确界定的是美国芝加哥大学社会学系教授、社会学家罗伯特·E. 帕克。帕克认为，社区是聚居在限定地域上的人群，是理解现代文明转变的基本单位。帕克阐述了社区的基本特征：（1）它有一群以地域为纽带组织起来的人群；（2）社区居民深深扎根于特定的地域；（3）社区居民有紧密的社会联系。

最早把"社区"概念引入社会学学科领域的是德国社会学家费迪南·滕尼斯。1887 年滕尼斯出版《社区与社会》一书，从社会学理论研究角度使用了"社区"这个概念，标志着社区社会学研究的开始。

滕尼斯把"社区"与"社会"两个概念相对比，用它们来指称近代社会变迁的总体趋势。他认为传统农业社会转变为现代工业社会后，人际关系和社会运作方式发生了根本性的变化。滕尼斯用"社区"与"社会"分别表征两种不同的人类关系类型。"社区"主要存在于传统的乡村社会中，它指在一定地域范围内价值观相同、互相关爱、守望相助、富有人情味的社会生活共同体。"社区"以一致的自然意愿和文化意识为基础结合在一起，是一种持久的和真正的共同生活，连接社区居民的是共同的血缘、地缘、情感与共同的传统价值观念，人与人之间具有亲密无间、相互信任的社会联系。社区的基本形式是血缘共同体、地缘共同体和宗教共同体等，社区不仅仅是各个组成部分简单的加总，而是彼此之间有紧密联系和互动的整体。而"社会"作为现代工业社会的一种人际关系模式，则是以个人意志、理性契约与法律为基础形成的社会生活共同体。"社会"由具有不同价值观念的异质人口所组成，以个人主义和情感的脱离为特征，缺乏对共同体的认同，是重理性而不讲人情的社会团体。在滕尼斯看来，"社区"与"社会"是研究者出于比较研究的目的而人为构想出来的两种理想类型。纯粹的"社区"与纯粹的"社会"从来没有单独存在过，相反，所有的社会组织形式总是处在两个极端之间。基于浪漫主义的怀旧情绪，滕尼斯更加认同社区有机团结、交互联系的人际关系模式，对工业时代机械团结、情感疏离的社会交往模式持悲观的看法。

滕尼斯在定义"社区"这一概念时，没有强调社区的地域性特征，他更加重视的是人类关系的质量。滕尼斯的这种研究取向对社会学影响很大，成为以后社区社会学研究的基本理论。

20世纪30年代初，以费孝通为首的一些燕京大学学生在翻译帕克的"Community"时，将"Community"译为中文的"社区"，首先将社区概念引进我国。费孝通指出：社会是人际关系的综合，每一个社区都是一个社会，而社会却不是社区。社区实际是指在一个地方共同生活的人，是一群聚集在一个地方分工合作的人，它是具体的人际关系。后来，费孝通在《社会学概论》一书中将社区定义为：若干社会群体（家庭、民族）或社会组织（机关、团体）聚集在一地域里，形成一个在生活上互相关联的大集体。自此之后，"社区"这个译名一直被中国社会学界沿用，逐步成为社会学的一个通用术语。

中国早期的社会学者极力推动社区概念和社区研究的中国化，将中国的各种社会问题聚焦于社区层面进行研究。改革开放以来，随着中国社会的转型，政府大力推动社区建设，社区研究也成为社会学研究的热点。2000年，中共中央办公厅、国务院办公厅发出关于转发《民政部关于在全国推进城市社区建设的意见》的通知（中办发〔2000〕23号），中办发〔2000〕23号文件首次对社区概念做出明确的官方权威阐释："社区是指聚居在一定地域范围内的人们所组成的社会生活共同体。目前城市社区的范围，一般是指经过社区体制改革后作了规模调整的居民委员会辖区。"①

2. 社区的要素

从社区的定义来看，社区包含以下基本要素：

（1）地域。社区是一个地域性生活共同体，社区居民的生存与发展必须有一个相对稳定的地理空间，一定的地域是构成社区的必然要素。社区的地域要素是社区各种地理条件的综合，是社区生存与发展的基本自然条件。地域不仅为社区居民提供了其生存与发展的地理空间和基本场所，而且为社区建设和社区发展提供了必要的资源，是影响社区变迁的重要因素。

（2）人口。社区的人口是具有稳定的社会交往关系的一定数量的人群。社区是由人构成的共同体，没有一定数量的人口不可能形成社区。人口是社区的主体和核心，是构成社区的第一要素。不论何种类型的社区，正是因人口的聚集与互动，方能满足居民彼此的需求。社区的人口，由常住人口和流动人口组成。社区的人口不是孤立的个人存在，而是以一定的社会关系为纽带组织起来进行共同生活的利益互惠与生活维持的团体，他们以社会群体的形式发挥着社区主体的作用。社区的人口是社区存在和发展的前提，是社区政治参与、经济活动、文化生活的创造者和承载者，也是社区物质资源和精神资源的创造者与享受者。他们不仅创造了社区生活本身，也创造了这种生活的物质条件，形成了人们在交互活动中的社会关系，这些社会关系既是社区居民社会活动的结果，也是他们赖以进行社会活动的条件，更是社区存在和发展的基础。人口数量的多少、密度的大小、素质的高低等状况极大地影响着社区的发展。

（3）组织机构。作为具有多重功能的地域性生活共同体，社区是一个有组织、有秩序的社会实体。每个社区都要有相对独立的组织机构，管理社区的公共事务，调解人际关系矛盾和民事纠纷，维护社区的共同

---

① 多吉才让主编：《城市社区建设读本》，中国社会出版社2001年版，第205—212页。

利益，保证社区生活的正常进行。因此，社区的组织管理机构是社区不可缺少的要素。

（4）社区文化。文化是整合、凝聚社区居民的精神力量。社区以一种富有人情味和情感性的文化特质为社区居民提供了一个超越性的生活环境和精神家园。由于各个社区的地理条件、历史传统、形成过程、发展水平有差异，在此基础上形成的社区文化业各有特色。社区的文化特征主要体现在社区的地域特点、人口特性、生活习惯、历史传统、公共象征、管理方式以及社区居民的宗教信仰、行为规范、价值观念、地方语言等方面。社区文化根植于民族文化传统和地区文化传统，反映时代的精神风貌，体现城市和区域的文化特征，是社区文明的象征。同时，社区文化是社区认同感、归属感和凝聚力、影响力的源泉。因此，社区文化是民族文化、区域文化与社区居民的生活实践交互作用的产物，是社区居民在长期的社会活动和文化生活中积极参与创造的成果。

社区概念暗含的是政府权力的淡出，社会自治组织能力的提升，体现的是社会的自助、自主、自治，是社区居民对社区发展责任的共担和社区发展成果的分享。

3. 社区的特征

作为一个地域性社会共同体，社区具有以下几个特征：

（1）社区是一个相对完整和相对独立的社会实体。社区是社会的构成单位，是一个具体的、有限制的地域性社会共同体。社区就是区域性的社会，是人们凭感官能感觉到的具体化的社会，涵括了诸如人口、社会组织、社会关系、地域及资源等社会有机体的最基本要素，是宏观社会的缩影。社区内部有相对完善的生活服务设施，有相对配套的制度、规范和管理体系。人们共同经营社会生活、自身生存、发展的各种基本需要都能在社区得到满足。

（2）社区具有多重功能。与功能单一化的社会组织不同，社区的功能是多方面的。一个成熟的社区具有政治、经济、文化、教育、服务、社会管理与社会整合等多方面的功能，能够满足社区居民的多样化需求。社区功能的多重性是由社区内容的多样性和社区居民的多方面需求所决定的，也是社区作为社会实体的一种反映。

（3）社区是人们参与社会生活的基本社会单位。社区为人们参与重要社会生活、经营共同的社会生活提供最起码的场所和条件，社区活动是社区居民生活活动最基本的内容。由于社区是最基本的社会共同体，是绝大多数社会成员的生活基地，人们的基本生活活动诸如职业活动、日常生活消费、人际交往、政治参与等大都是在社区范围内进行的。社区作为人们社会生活的基本场所决定了它必须具备相应的活动设施、管理机构和服务机构。

（4）社区是以聚落作为自己的依托或物质载体的。所谓聚落是指人类各种形式的居住场所，包括房屋建筑的集合体以及与居住直接有关系的其他生活设施。社区是人类活动高度聚集的地域空间。人类寻求比较理想的居住场所和活动基地，是自身生存、发展的需要。从历史上看，人类的居住地，逐渐由临时的、移动的居住地、向着固定的、永久的居住地方向转化。由于人类生活的群体性、社会性，逐步形成了以聚落为主体的群居生活方式。我国城乡的聚落形式有村落、集镇、县城和城市等，它们都是社区的依托和物质载体。首先，聚落是人口集中的地方。我国城乡95%以上的人口都是定居于、集中于各种类型的聚落之中。其次，聚落是人们经济活动的基地。作为经济活动中心的城市，不仅是工业生产的集中地，而且也是巨大的消费中心；有些城市还是全国或某一行政区域的政治、文化中心。最后，一个社区的构成要素大都聚集在聚落之中。人们的日常生活和社会活动也主要是在各自居住的聚落这一地域空间内进行的。

（5）社区是发展变化的。社区是人类活动的产物，随着社会的发展而发展的。乡村社区是人类社会最早出现的社区形式，后来，在乡村社区的基础上出现了城市社区。数千年来，不管是乡村社区还是城市社区，其内部结构、管理方式、文化发展都发生了一系列变化。社区的发展变化是社会诸因素综合作用的结果。

三　社区的类型与功能

由于社区的历史传统、构成要素及区域特征存在差别，从而形成了不同类型的社区。社区类型的多样性是一种客观的社会现象。根据不同的标准，可以把社区划分为不同的类型。按照空间特征进行划分，社区可以分为法定社区、自然社区、专能社区和虚拟社区四种类型。按照社区规模进行划分，社区可以分为微型社区、中型社区和大型社区三种类型。但是，社区研究中最基本、最主要的分类方法，是以经济结构、人口密度和社会组织形态等多元标准，把社区分为农村社区和城市社区两种类型。

城市社区是指聚居在城市一定生活空间内的城市居民在非农产业基础上所组成的、以区域为纽带的社会共同体。城市社区的主要特点是：人口集中、密度大，经济活动多样，市场经济发达，社会结构复杂，社会流动快，生活设施完备，生活节奏快，文化生活丰富多彩，文化的变迁速度快。城市社区是城市生活的基本单位和细胞，是城市社会的一个"全息缩影"。城市社区是城市社会赖以存在和发展的重要基础，它的发展状况标志着城市的发展水平、文明程度和社会生活质量。农村社区是相对于传统行政村和现代城市社区而言的，是指聚居在农村地域范围内以村或镇为中心的农村居民在农业基础上组成的社会共同体。与城市社区相比，农村社区具有以下特点：地域广阔，人口密度小，居民聚居程度不高，人口素质低，社会组织部发达，自治力弱，居民血缘地缘关系密切，居民认同度不高，权利意识薄弱，生活设施落后，文化生活贫乏。

社区的功能是指社区的各个组成部分对社区建设与发展发挥的积极效用。从社会学的角度分析，社区有很多功能。

1. 社区参与功能。社区是居民参与社区公共事务和社区公共活动，影响社区权力运作，共享社区发展成果的基础平台。从社区功能的角度看，社区参与是推动社区建设、促进社区发展、实现社区自治的基本途径。社区为居民提供参与社区政务、社区管理、社区经济、文化娱乐、法制宣传与教育、社区福利等各种公共活动的机会，有利于促进社区居民之间的相互交往与互助，培养居民认同感、归属感与志愿精神，充分挖掘居民的潜能，实现社区的价值整合与资源整合。

2. 社区服务功能。社区服务是指以社区为基础的社会服务，社区服务的目的是通过充分动员社区居民参与和开发社区资源来发现和满足社区居民的各种需求。作为社区居民生活的共同体，社区必须为居民提供包括福利、公益、医疗卫生、教育、文化娱乐、法律事务、家政、物业管理等各种社会化服务，提高居民生活水平，改善居民生活质量，提高居民生活品质。一般来说，社区服务具有地域性、互助性和福利性的特点，并不包括私人商业服务。从外延上看，社区服务包括两大类。一类是针对特殊群体需要而提供的社会救助和福利服务，这类服务市场不能提供或市场提供而个人缺少购买能力。另一类是针对一般居民需要而提供的便民利民服务、社会化服务、再就业服务和社会保障服务。

3. 社会化功能。社会化是指自然人习得社会文化知识、价值观念与生活技能，把社会行为规范内化为自身行为准则，成长为社会人的过程。社区是人的社会化最重要的场所和载体之一，社区内的家庭、幼儿园、学校和亲朋群体对人的社会化起着重要作用。家庭成员的价值观和行为规范、社区的文化环境、亲朋群体的社会经验、社区幼儿园和学校的教育、社区各种公共活动等都是社区社会化的重要渠道，对社区居民发挥着社会化的功能。通过社区社会化过程，可以培养居民共住共生、相互依存、守望相助的社区生活理念，认识自我价值，树立责任意识，促进居民自我完善，提升居民社会功能，从而实现从自然人向社会人的转化。

4. 社会管理功能。社区是社会管理的基本单元和重要载体。工业化、城市化使社区成为社会公共事务的汇集地、社会利益关系的交汇点和社会矛盾的聚焦点，社区社会管理的基础地位日益凸显。为化解现代城市基层社会风险，必须依托社区，实现对所有人群的全方位管理。社区社会管理是对社区公共事务的管理，主要包括整合利益诉求，即汇集居民对社区公共事务的意见，予以回应或输入公共政策体系；维护公共安全，即调查社情民意，管理流动人口、边缘群体和管制群体，利用信息技术预防和处理社区公共风险，进行公共卫生与公共安全宣传教育；推进社区自治，即促使居民参与社区公共事务的决策和管理，增强居民对社区的归属感和认同感；化解社会风险，即动员社会力量与社会资源援助社会弱势群体，解决居民在上学、就业、婚姻、养老等方面的生活难题，化解社会矛盾，维护社会公平。

第二节 社区自治的含义、要素、特点与表现形式

一 自治的含义、演进与类型

1. 自治的含义

自治源于希腊语，意指"自我治理或自我做主的状态"。所谓"自

治"，从字面上理解就是自己管理自己。日本良书普及会出版的《新版地方自治词典》将"自治"定义为"在不受外界制约的情况下，按照自己的意志亲手处理与自己有关的事情，即意味着独立性和自律性"。《布莱克维尔政治学百科全书》把"自治"界定为"个人或群体源于其特有的理性自主品格而管理其自身事务，并自行选择行为方式和承受行为效果的生存状态"①。根据《布莱克维尔政治学百科全书》对"自治"的权威性解释，"自治"按其字面意思是指自我统治；在通用的政治语言中，亦指实行自我管理的国家，或国家内部享有很大程度的独立和主动性的机构；在政治思想领域，"自治"常常用来指个人自由的一个方面。《辞海》中对"自治"的理解是"自己治理自己"②。英国政治学家戴维·赫尔德认为，自治意味着人类自觉思考、自我反省和自我决定的能力。它包括在私人和公共生活中思考、判断、选择和根据不同可能的行动路线行动的能力。与"自治"相对应的词是"他治"，"他治"意味着自我或者我们的生活处于受他人控制而不自主的状态。马克斯·韦伯认为："一个团体可能是：a. 自治的或他治的，b. 自主的或不自主的。自治意味着不像他治那样，由外人制定团体的章程，而是由团体的成员按其本质制定章程（而且不管它是如何进行的）。自主意味着，领导人和团体的行政班子依照团体自己的制度任命，而不像不自主的团体由外人任命的那样（不管任命是如何进行的）。"③ 中国学者白益华、马学理在《居民委员会工作手册》中把"自治"界定为"民族、团体、地区、基层组织等除了受所隶属的国家、政府或上级单位的领导或指导外，对自己所辖区域内的事务行使一定权力"④。这个定义主要指的是政治意义上的自治。中国学者与西方学者对"自治"概念内涵的理解基本上没有分歧，都强调自治主体对自身事务的自主管理。因此，从政治学的角度看，自治是相对于国家或政府的"他治"而言的，主要是指一个国家中的各种社会自组

---

① ［英］戴维·米勒、韦农·波格丹诺编：《布莱克维尔政治学百科全书》修订版，中国政法大学出版社2002年版，第745页。

② 参见《辞海》（增补版），上海辞书出版社1979年版，第557页。

③ ［德］马克斯·韦伯：《经济与社会》（上卷），林荣选译，商务印书馆1998年版，第78页。

④ 白益华、马学理：《居民委员会工作手册》，中国社会出版社1990年版，第15页。

织按照自己的意愿对自身事务进行的自我管理。

2. 西方社会自治的历史演进

作为一种构建社会秩序的方式，社会自治经历了漫长的历史发展过程。在不同的历史时期，社会自治呈现出不同的形态，从罗马时期的自治市，到中世纪的城市自治，再到近现代民族国家的社会自治与地方自治，社会自治不断发展。

社会自治可以追溯到古罗马时期的自治市。在古罗马对外扩张的过程中，罗马在被征服的殖民地上建立了很多移民城市。移民都来自罗马城邦，移民地从属于原来的母邦，由元老院管理，最初没有自治权。随着移民数量的迅速扩大，罗马无力统一管理移民地。为了方便管理，罗马首先授予安提乌姆以自治权，随后普及至其他移民地。获得自治权的移民城市成为自治市，成立自治机构进行管理。另外，还有很多自治市是由非罗马人城邦转化而来的。在罗马城邦兴起前后，在西欧及意大利半岛一些地区存在很多独立城邦。罗马在征服这些城邦后，采取"分而治之"的统治策略，授予其中一些城邦以自治权，如图斯库努姆、奥伦克尔和拿波里等城市。那些曾经和罗马联盟的城邦一旦臣服罗马，也获得完全的自主权。这些自治市往往保留着城邦制度的传统，由市政长官和议会进行管理。

罗马帝国衰亡后，自治市也解体了，但城市自治制度在中世纪的城市中得以延续。11世纪初期的欧洲，随着商品经济和贸易的发展与繁荣，大量手工业者和商人在封建领主的城堡或教会城镇聚居，逐渐成为新兴城市。到12、13世纪，欧洲曾经衰落的城市普遍复兴。为了维护自己的经济利益，提高自己的政治地位，许多城市如意大利的威尼斯、热那亚、米兰、佛罗伦萨，法国的马赛，俄国的诺夫哥罗德，德国的纽伦堡和法兰克福等通过和平赎买和武装斗争的方式，迫使封建领主授予城市自治"特许状"，获得了自治权。自治城市的市民摆脱了对领主的人身依附关系，成为自由市民。同时，城市设立了市民大会、城市议会等自治机构，选举市长，对城市公共事务进行自主管理。意大利的自治城市自治制度比较完备，组织机构比较健全，自治程度高，许多自治城市发展成为城市国家。但中世纪欧洲的城市自治只是较小范围内的自治与民主实践，没有在全社会普及。从根本上来说，作为一种特定契约形式存在的特权，城市自治是在王权与教权相互博弈、相互制约的权力结构中生成与发展的，不可能摆脱封建领主、王权与教会的约束与控制。随着世俗王权的不断壮大和城市内部矛盾与冲突的加剧，15世纪以威尼斯为代表的自治城市纷纷衰落。

近代以来，在民族国家的政治框架下，社会自治呈现出地方自治和市民社会的自治两种自治形态，社会自治在两个层面都获得了比较充分的发展。

（1）地方自治的发展。地方自治是随着现代宪政的确立而获得发展的。英国、美国、法国等近代民族国家通过资产阶级革命建立了宪政和法治的政治秩序，并在宪政制度架构下处理中央政府和地方政府之间的关系，中央政府和地方政府的权力实行分立，地方政府获得自治权。

英国是最早进行地方自治的国家。在资产阶级革命前，英国就有浓厚的地方自治传统，素有"地方自治之母"的称号。早在撒克逊时期，一些乡镇就开始了自治。12世纪时，一些比较富裕的城市用金钱向国王购买了自治权。到13世纪时，大城市基本上已经享有英王颁发的自治特许状，成为自治城市，获得了自治权。在资产阶级革命后，英国把地方自治法治化，进一步推进地方自治。1835年英国颁布《市镇自治机关法》，市镇设立市议会，独立管理市镇公共事务。到19世纪末，英国建立了比较完善的三级地方自治体系。一是郡、郡级的自治市、伦敦市。1888年英国颁布《地方政府法》，1889年颁布《议会法》、《伦敦政府法》，确立了郡的自治地位。二是非郡级自治市、市区、乡区。1894年颁布《地方政府法》，在郡所辖区域内设立自治市、市区、乡区自治政府。三是教区。1894年《地方政府法》规定在乡区之下设教区，居民300人以上教区设教区议会，行使自治权力。20世纪60年代中期，英国推进地方自治改革，加强了苏格兰和威尔士地区的自治权力。

独立之前北美各殖民地仿效英国17世纪的地方自治模式，建立了比较完善的地方自治制度。殖民地的城市和乡镇普遍拥有广泛的自治权，可以任命行政官员，制定税则，征收并分配税款，凡涉及全体居民利益的事务均由公民大会决定。美国独立后至南北战争前，地方自治得到了比较充分的发展，在学区和特别区也建立了自治政府，管理所辖区域的地方公共事务。南北战争后，为反对州政府对乡镇自治权的限制，各地开展了被称为"本地治理"的自治运动。这一运动限制了州政府的权力，许多地区制定了自治宪章，巩固并加强了地方自治权。

  法国大革命之后对行政管理体制进行了改革，地方政府获得了一定的自治权。地方官员由选民选举产生，在中央政府的授权范围内独立处理地方事务。拿破仑统治时期，地方自治权被取消。1981年法国社会党上台执政，进行地方分权改革，大力推行地方自治。1982年法国颁布《市镇、省和大区的权利和自由法》，中央政府向地方政府下放权力，扩大了地方自治的范围。1992年颁布《共和国地方行政法》，进一步推进地方自治改革，赋予地方政府更多的自治权。

  （2）市民社会自治的发展。近代以来，欧美等民族国家通过资产阶级革命建立了宪政体制，社会与国家进一步分离，市民社会①逐步成熟，社会自治获得了较为充分的发展。从近代到当代，由于国家职能的不断调整，社会自治经历了发展、衰落与重建的历史过程。在自由竞争资本主义时期，社会自治获得了比较充分的发展。在这一时期，各国按照"小政府、大社会"的理念界定政府职能，实行自由放任的经济政策。政府充当"守夜人"角色，不干预市场和社会的运行，社会自治获得了广阔的发展空间。19世纪末20世纪初，自由竞争资本主义向垄断资本主义过渡，社会自治开始衰落。这一时期，由于市场失灵，经济危机频发，在凯恩斯主义的指导下，各国放弃了自由放任政策，政府积极干预经济

---

① 市民社会是相对于政治社会而言的。一般来说，市民社会是社会中私人关系的总和，是国家政治生活之外的所有社会生活、社会结构和社会过程，包括个人私人生活、家庭、私人企业、社会性企业、民间组织及其运转等范围。《布莱克维尔政治学百科全书》认为，"市民社会"是指国家控制之外的社会和经济安排、规则与制度。它强调的是相对于国家公共权力的私人活动空间，尤其是社会自治和自由交易的领域。在中国古代和欧洲中世纪，不存在建立在商品经济基础上的市民社会。在中世纪后期，商品经济获得一定程度的发展。随着近代市民资产阶级的兴起，经济关系及其设施逐渐摆脱了古代和中世纪的政治共同体而具有独立的意义，市民社会开始萌芽。从19世纪开始，"市民社会"被用来专指从中世纪封建社会的政治支配下获得解放的近代市民阶层之间的关系，被认为是一个脱离政治控制的自由领域。黑格尔把市民社会看作是私人利益的体系，虽然政治国家是从家庭和市民社会中发展起来的，但政治国家是市民社会的原则和基础，市民社会依附于政治国家。马克思批判地继承了黑格尔的思想，认为市民社会是市场经济中人与人的物质交往关系由这种关系所构成的社会生活领域，国家就是从家庭和市民社会中发展起来的，国家依附市民社会而不是相反。市民社会是一个国家内的一种介于国家与个人之间的广阔领域，它由相对独立的个人、团体和组织构成，是国家政治体制之外自发形成的一种自治社会。

与社会,社会自治的空间受到严重挤压和排斥。在第二次世界大战以后,欧美各国积极推行福利国家建设,国家加大了对社会的干预力度,介入社会生活的各个领域。政府与社会出现融合的趋势,社会自治进一步萎缩。20世纪七八十年代,欧美各国普遍出现"政府失灵"现象,社会自治开始复兴。在新自由主义的指导下,各国政府都进行了大规模改革,积极推动政府职能社会化,充分发挥市场和社会的积极作用。政府更加重视社会的治理作用,社区和非政府组织成为不可忽视的社会治理力量,社会自治开始向合作治理的方向发展。

3. 社会自治的类型

由于历史传统、政治生态、经济基础、价值观念等方面的差异,中国的社会自治在类型上与西方是有所不同的。一般来讲,自治类型有三种,一种是地方自治,一种是民族区域自治,一种是社区自治。西方国家的社会自治主要指地方自治和社区自治。地方自治是在西方国家发展起来的自治类型。当代西方一些联邦制国家如美国、加拿大等和少数单一制国家如英国、法国、日本等实行地方自治,中央政府与地方政府实行分权,地方政府拥有自治权。与西方国家不同,中国的社会自治主要指民族区域自治和社区自治。作为单一制国家,目前中国尚没有实行地方自治。中国在一些少数民族聚集的地方实行民族区域自治。中国的社区自治也称为基层群众自治,由于城乡二元分割,基层群众自治在农村是村民自治,在城市是居民自治。

二 社区自治的含义与要素

20世纪90年代以来,随着社区建设和社区自治在我国的兴起与发展,社区自治进入了政治学和社会学的研究视野。理论界基于西方的研究和中国的国情形成了两种不同的研究取向:行政取向与自治取向。行政取向的研究从政府加强对基层社会控制的角度出发,把社区自治看成是在政府主导下整合社区居委会、社区自组织、社区居民等各种社区资源,共同推动社区建设与发展,维护社区与社会的和谐与稳定。行政取向的研究秉持行政控制的逻辑,社区自治成为政府控制下的社区参与。自治取向的研究借鉴西方的社区自治理论,从国家与社会相互对立的视角出发,把社区自治看成是社区对公共事务完全充分的自主管理。自治取向的研究秉持社会自治的逻辑，社区自治成为没有政府干预的自我统治。两种研究取向的理论分野在于政府在社区治理中所扮演的角色和发挥的作用。

无论是从西方的自治实践还是从中国的具体国情来看，政府既不可能对社会进行长期的、完全的和彻底的控制，社会亦不可能完全脱离政府的管理实行绝对的自治，因而行政取向的社区自治和自治取向的社区自治在当下中国的社区建设中未必是合理有效的路径选择。在社区建设与发展中，不能把政府的管理与社区的自治割裂开来，甚至对立起来，而是应该强调政府与社区相互的衔接与良性互动，构建双方协商共治的合作治理机制。因此，可以把社区自治界定为：社区的成员或组织通过民主协商来合作处理社区公共事务，并使社区进入自我教育、自我管理、自我服务、自我约束秩序的过程。

社区自治包括以下要素：

1. 自治主体。社区自治主体是指在社区建设与发展中，依法享有参与社区重大事务决策与管理，自主处理社区公共事务，并承担相应责任与义务的社区居民和社区组织。社区自治主体主要有三类：居民、社区企事业单位、社团组织等。

（1）居民。社区自治的终极目的是满足居民人性的需要，体现居民的价值与尊严，实现社区的可持续发展。居民是社区最重要的自治主体。社区自治的核心是居民权利表达与实现的法制化、民主化、程序化，对象是与居民权利有关的所有活动和事务，其宗旨是要在社区内实行民主选举、民主决策、民主管理、民主监督，逐步实行社区自我管理、自我教育、自我服务、自我监督的格局。居民通过参与或影响政府公共政策和公共事务可以建立起居民之间的联系，增强邻里互动，在活动中加强了解、增进团结、互敬互爱，形成良好的人际关系，既满足居民自身的需求，提升居民的参与能力和个人品质，又可以增强居民的社区认同意识，增强社区的归属感与凝聚力。

（2）社区企事业单位。社区企事业单位都存在于社区之中，社区企事业单位与社区是相互依赖、相互依存的。社区企事业单位对社区自治的支持和参与主要体现在：充分挖掘和利用单位内外资源，关心和支持社区的文化体育事业、福利事业，关心和赞助社区的慈善事业，关心和参与社区有关的社团活动，重视社区利益，搞好邻里关系，同当地政府、居民、公共团体建立良好的关系，并通过自身事业的发展，为社区提供更多更好的就业机会。社区企事业单位对社区自治的支持和参与不仅可以为社区建设与发展做出贡献，而且可以为企业的发展奠定良好的基础。

（3）社团组织。社团组织包括社区居委会、业主委员会、社区非营利组织等。

作为自治主体，居委会的作用主要体现在：向政府部门、事业单位、其他社会组织反映居民需求和意见；培育社区中介组织，动员居民开展邻里互助活动，增强居民自治能力；开展民间调解活动，和谐邻里关系；代表或组织居民对政府管理、事业单位、其他社会组织的管理或服务进行监督；组织开展社区民主活动，依法制定《社区自治章程》和《居民公约》，通过居民大会或居民代表大会等开展民主决策活动，通过居务公开和居民论坛等形式开展民主管理活动，通过社区民主评议等方式开展民主监督活动。

业主委员会是指由物业管理区域内业主代表组成，代表业主的利益，向社会各方反映业主意愿和要求，并监督物业管理公司管理运作的物业区域内业主自治性组织。业主委员会作为业主大会的执行机构，其自治职责主要表现在：召集业主大会会议，报告物业管理的实施情况；代表业主与业主大会选聘的物业管理企业签订物业服务合同；及时了解业主、物业使用人的意见和建议，监督和协助物业管理企业履行物业服务合同；监督业主公约的实施；履行业主大会赋予的其他职责。

社区非营利组织是处在政府组织和市场组织之外，以非营利为目的，从事公益事业的一切志愿团体、社会组织或民间协会。作为社区居民自治的组织者，非营利组织组织居民进行社区活动的同时能够促进居民的社会化，增强社区融合性，强化社区凝聚力，减少和化解社区中的社会问题。同时社区非营利组织还能够以"自愿、自治、民主、合作"为原则，为社区提供公共服务，有效协调社区与政府及社区与营利组织之间的关系，有效避免政府组织的不法行政干预和营利组织的现金交易。

2. 自治事权。社区自治事权指的是社区居民自主管理社区公共事务的权限。社区自治事权主要包括以下几个方面：

（1）人事选免。社区居民大会或代表大会有权选举社区居委会组成人员，有权随时补选因故出缺的社区居委会组成人员，有权随时罢免、撤换不称职或渎职的社区居委会组成人员。

（2）财务管理。依法管理社区的财产和财务，合理使用政府拨付的经费，为社区公益事业向社区居民和社会筹集资金，并按照国家有关规定，建立账簿，公开管理，接受社区成员的民主监督。

（3）社区教育。在社区中，开发、利用各种教育资源，以社区全体成员为对象，开展旨在提高成员的素质和生活质量，促进成员的全面发展和社区可持续发展的教育活动。主要包括：社区内的教育设施和场地向社区居民开放办学；社区成人教育机构举办各类文化活动，提高社区居民文化水准；传播知识和科学技术，提高社区居民素质，担负社区通用性培训工作；开展精神文明建设，改善社区文化环境；推动各类教育发展，实现学校、社会、家庭的教育一体化；参与企业教育，提高社区居民职业技能。

（4）社区服务。社区居委会以及社区组织为社区成员提供公共服务和其他物质、文化、生活等方面的服务。社区服务的重点是提供面向一般社区居民的便民利民服务，面向特殊困难群体的社会救助、社会福利和优抚保障服务，面向下岗失业人员的再就业服务和社会保障服务。社区可以根据社区成员的需要，通过兴办便民利民服务事业、建立志愿者协会组织、开展社区志愿者活动等形式，为社区成员提供各种生活服务。运用自治的办法和方式，协助政府做好社区内的计生、治安、医疗、卫生和青少年教育等项工作。

（5）社区管理。在政府的指导下，社区职能部门、社区组织、社区居民对社区的各项公共事务和公益事业进行自我管理。社区的重大问题，必须经过社区成员大会或社区成员代表大会讨论决定，社区居民委员会对全体社区成员负责。社区成员代表大会有权依法制定《社区自治章程》和各类《社区自治公约》，实行自我管理。社区建立社区青少年、妇女、老年人、治安调解等协会组织，开展自我管理活动，依法维护各类人群的合法权益，维护社会的安宁和稳定。

3. 协调机制。社区自治的基础在于构建社区协调机制，协调参与者之间的权利与利益关系。居民和社区组织有各自不同的利益诉求，社区的权力与资源也分散在不同的参与主体之间，要促进社区自治，就必须建立社区协调机制，调整参与各方的关系，整合社区资源。社区可以在政府的引导下，以社区居委会或社区基层党组织为平台，建立一个由社区党组织、社区居民、居委会、业主委员会、物业公司等共同参与的、各方平等协商的、专门性的议事协调机构，建立居委会与社区居民、驻区单位、社区组织的联席会议制度，完善相关的听证体制和对话机制，制定议事协调程序与规则，推动社区协调工作的制度化。

三 我国城市社区自治的特点

1. 我国城市社区自治不同于国外城市社区自治

我国城市社区自治具有自身特色，不同于国外城市社区自治，具体体现在以下几方面：

首先，我国城市社区形成由政府主导，规划性很强。西方城市社区的出现是因血缘和地缘自然形成的，是哈耶克所说的"自有秩序"的产物，不因计划或设计而形成。我国城市社区的产生和形成，具有自身特点，主要是政府自上而下有计划地推动的，其设立服从于我国社会发展的整体设计和城市基层行政管理的现实需求。因此我国城市社区带有明显的规划性和行政色彩，不同于藤尼斯所述的"自然形成"和哈耶克所说的"自有秩序"产物。

其次，我国城市社区划定以地域为第一标准，地域性特征明显。在藤尼斯最初的社区概念里，社区强调的是一种人际关系的融洽与友善。之后随着社区实践和研究的深入，国外社会学界对社区的理解发生时代性变化，社区的含义复杂化、多元化：从"社会类型"扩展到"地域社会"，在今天则更多指"社会组织"或"社会网络"。同时随着大城市和大都市的发展，在现代有相同历史、文化和价值理念的街区被认为是同一个社区，国外城市社区的地域性明显削弱。而我国城市社区在具体的划定过程中政府考虑的第一标准是地域界限，对居民之间的人际关系和社区认同感、归属感的强弱则相对考虑较少，主要将在同一行政管理区域中临近的几个小区进行整合，并冠名为"社区居委会"。这样客观上使我国城市社区具有非常明显的区域界限，地域性特征明显。

再次，我国城市社区自治的权利由法律所赋予的。中华人民共和国宪法和相关法律明确规定，区是城市基层政府机构，街道是区政府的派出机构,居委会是群众自治性组织,经政府授权承担一定的社会管理职能。以法律的形式明确了我国街道办事处和居民委员会的性质,这样"我国城市社区的基本组织——街道办事处和居民委员会从此正式地、全面地形成,成为我国城市社会管理体制的有机组成部分"。而在西方,自治被认为是社区的本质属性和固有属性。如在美国和加拿大,通常他们所说的社区具有"人群共有、共享、相同、认同或共同参与;社区具有地方性自治、自决的功能"等特征。从这个意义上来说,美、加两国社区天然具有自治、自决的特性,美、加两国的社区自治在实际上相当于地方政府的自治。显然,这与我国城市社区法律规定下的基层群众自治是有区别的。

最后,我国城市社区自治强调中国共产党的领导和中央以及各级政府的指导。《民政部关于在全国推进城市社区建设的意见》明确提出,社区建设是指在党和政府的领导下,依靠社区力量,利用社区资源,强化社区功能,解决社会问题,促进社区政治、经济、文化、环境协调和健康发展,不断提高社区成员生活水平和生活质量的过程。《中华人民共和国城市居民委员会组织法》第2条指出:"居民委员会是居民自我管理、自我教育、自我服务的基层群众性自治组织。不设区的市、市辖区的人民政府或者它的派出机关对居民委员会工作给予指导、支持和帮助。居民委员会协助不设区的市、市辖区的人民政府或者它的派出机关开展工作。"可见,我国城市社区自治必须坚持党的领导,同时接受中央以及各级政府的指导。这与国外城市社区的独立性和民间性有所区别,从这点上来说,我国城市社区自治具有半国家半社会的性质。

2. 我国城市社区自治不同于农村村民自治

我国城乡基层自治制度建立的时间不长,发展不平衡。城市社区自治从20世纪50年代初就已产生,但直到90年代末才在全国广泛推行。农村村民自治在80年代初就开始出现,但直到1998年才在全国广泛实行。而在城乡基层自治发展中,农村率先崛起,正在深度扩展;城市迅速突破,正在向广度蔓延,在其发展中有着不同的特点。

从起源来看,中国城市社区自治比农村村民自治萌生更早。早在20世纪50年代初期,城市就建立了居民委员会。但是,50年代以后形成的城市社会是以"单位制"为主体的,单位从属于政府,居民从属于单位。

单位包揽所有社会事务，居民委员会高度依附于政府，处于边缘地位。国家与城市社会高度重合，城市社会的自主性及城市居民自治空间十分狭小。改革开放以来的城市化、工业化使得"单位制"开始解体，城市的社会结构和运行方式发生了巨大的变化。单位原来承载的社会功能被剥离，向社会转移，政府承载的部分社会职能也逐渐社会化。"单位人"向"社会人"转变，非固定单位的成员越来越多，同时，大量农村人口进入城市，城市治理面临的公共秩序、公共服务、社会保障等公共问题愈益突出。为此，国家在倡导社区建设、社区服务的基础上推动社区自治。

从制度的结构与功能来看，中国的城市社区自治与农村村民自治有其共同特点：第一，自治组织与政府是指导与被指导的关系。根据宪法和法律对自治组织性质的定位，自治组织本身不是政权机关，也不是政权机关的派出机构或辅助机构，不向国家承担行政职责，主要行使自治职能。但是，自治组织都必须接受党组织的工作指导。第二，自治组织都通过选举产生。自治组织是由自治组织全体成员选举产生的，并对全体居民负责。第三，自治都是为了实现社会公共事务的自主管理。自治的目的是使该居住区内的居民实现自我管理、自我教育、自我服务，办理好本居住区中的公益事业和公共事务。第四，自治都在特定地域范围内进行。自治的范围限于城乡基层的社会生活，以居民生活的社区为自治单位，如村庄、街巷、里弄等。

作为一个后发现代化国家，中国的城乡二元结构使城市社区与乡村社区的发展极不平衡。城市是一定区域政治经济文化中心，它的经济社会结构比农村要复杂得多。这样就意味着与农村社区相比，城市社区在经济、人口、社会组织以及生活方式等方面亦有明显差异。从经济特征上看，城市的经济社会结构比农村复杂、城市居民的主要谋生方式和主要职业是从事工商服务业或第二、第三产业。从人口特征上看，城市人群相对集中于生产和生活区域，因此人口密度高、人口聚居规模大；城市社区居民的异质化程度比较高。从社会组织特征上看，科层制组织普遍，社会组织复杂（存在部门行业组织系统、区域性管理组织系统以及跨行业跨区域的企业组织和社会中介组织），并交叉形成复杂的组织结构。从生活方式特征上看，城市居民的生活质量和生活水平相对较高。

从历史和现实上看，无论是发达国家还是发展中国家，城市居民的生活质量和生活水平都明显高于农村居民。因此，城市社区自治与乡村社区自治在产生路径、主体、自治方式、自治事权等方面，具有不同的特点。

第一，非自发性。中国改革率先从农村开始，使农村自治一开始就具有较强的自发性，村民自治的特点较为突出。新型城市社区是随着经济社会发展，政府对城市社会管理体制进行改革，便于社会控制与城市管理应运而生的，因此它是政府在政体框架内推动社会重建的产物，具有更多的目的性、法定性和行政性。

第二，开放性。农村村民自治主体主要以村民为主，都是自然人，组织化程度低，流动性弱。而城市社区自治主体既包括作为自然人的城市社区居民，还包括辖区单位和社会组织。

第三，非经济性。农村的村民委员会具有一定的经济管理职能，自治活动的内容不仅有社会事务，还包括经济事务。城市社区自治权不涉及经济事务，经济事务主要由企业承担，社区自治组织一般不承担管理经济事务的职能，自治活动的内容主要是与本社区成员利益密切相关的非经济的社区公共事务。

综上可见，我国城市社区自治具有自身特点，它既不同于西方发达国家的城市社区自治（地方自治），又与我国农村村民自治有所区别，这在一定程度上说明我国城市社区建设、社区整合任务的复杂性和艰巨性。

四 社区自治的实现途径和具体目标

《民政部关于在全国推进城市社区建设的意见》明确指出："在社区内实行民主选举、民主决策、民主管理、民主监督，逐步实现社区居民自我管理、自我教育、自我服务和自我监督。"即要实现社区"四个自我"与"四个民主"。

"四个民主"与"四个自我"是相辅相成的。从自治要求与价值目标的角度来看，社区自治体现为"四个自我"，即自我管理、自我教育、自我服务、自我约束。从自治的本质来看，社区自治就是要通过社区成员之间的互助合作行为，克服社区普遍存在的集体行动悖论，实现社区公共事务的自我治理，更好地满足社区成员的生活需求，实现社区成员的人生价值。因此，"四个自我"是判断社区自治发展水平的标准。但是，

"四个自我"作为一种自我建构的良好生活秩序,需要民主制度的引导与规范。"四个民主"的核心是民主。从决策理论看,民主在本质上是一种公民有序参与决策的制度安排。在社区公共生活中,社区成员需要通过遵循民主选举制度、民主决策制度、民主管理制度、民主监督制度来增进信任,凝聚共识,消除分歧,化解冲突,促进合作,才能实现"四个自我"的良好治理状态,而不需要外部力量的强制性干预。由此可见,"四个民主"是实现"四个自我"的途径与制度保障。①

第三节 城市社区自治的产生与演进

一 城市社区自治的发展历程

社区自治作为社会自治的组成部分,首先在西方发达国家的社会自治中孕育并发展起来,随后为发展中国家所效仿。工业化和城市化改变了传统社会中那种亲密和谐及相互认同的人际关系,取而代之的是冷漠、孤独和无助的人际关系以及贫困、失业、犯罪等社会问题,社区功能被严重弱化。为此,西方发达国家推动社区建设与社区自治,希望通过复兴社区,强化社区功能以解决工业化和城市化带来的一系列城市社会问题。

从总体上看,社区自治的演进可以分为三个阶段,早期的社区自治以"扶贫济困"为重点,及至20世纪80年代,随着居民生活水平的提高,社区建设的重心才转向合作治理。

第一阶段从18世纪到第二次世界大战。工业革命初期,西方国家注重社会自治,普遍忽视社会建设。工业化、城市化一方面极大地提高了生产力,促进了经济的增长和社会生活的进步,另一方面也导致了诸如失业、贫困、犯罪等一系列严重的社会问题。为了弥补政府社会管理不力和资源不足的缺陷,西方发达国家逐步把由政府负担的社会福利和社会服务转向社区,依靠社区的力量来解决社会问题,社区由此成为社会发展和社会自治的新领域。正如桑德斯所言:"对大多数国家政府而言,社区发展计划最初是解决政府因资源不足以改善人民生活的问题,但随

---

① 陈伟东:《城市社区自治研究》,博士学位论文,华中师范大学,2003年,第80页。

之带来的另一种效果是创造了一条走向政府过程平民化的道路,地方居民通过社区参与的方式,使地方居民有权参与国家建设。"① 而且,"社区发展也就成为一个国家发达与文明的体现。因此,社区发展繁荣的直接起因,不能不说是当时各国政府解决社会基层各类问题资源匮乏,但一经由此触动,随之而来的社会发展无论在概念、组织及工作方法上,都形成了自己的体系,社区发展进而成为民主制度的产物,是一种组织的、教育的、自助自治的成长。"②

为解决城市社会问题,西方发达国家大力推动社区福利救助活动,采取社区救助的方式来增进社区福利,改善社区居民生活条件,动员社区居民参与社区事务管理,促进社区自治。1601 年,英国颁布世界上第一部《济贫法》,初步建立了社会救济制度。1869 年,英国成立世界上第一个慈善组织,以协调社区、救助穷人。从 1765 年到 1832 年,德国先后实施了汉堡福利制度和爱尔伯福利制度,鼓励社区成员参加社区福利工作,倡导社区内部成员的自我服务和志愿服务。西方发达国家在 19 世纪中后期先后成立了各种慈善组织和社会福利机构,以社区为平台开展社会救助。20 世纪初叶,英国、法国、美国等国家发起了"社区睦邻运动"和"社区福利中心运动"。社区睦邻运动源于维多利亚时期的英格兰,是由教会及慈善组织、基金会发起的,最初的目的是召集生活在城市贫民区有理想的中产阶级青年男女,给贫穷的移民给予教育和"道德提升"。社区睦邻运动的主要内容是让社会工作者广泛、深入地参与社区生活,充分利用社区资源,培养社区成员的自治意识和互助精神,动员社区居民共同改善社区生活环境,为本社区创造更好的生活条件。在社区睦邻运动中,英国城市社区普遍建立了社区睦邻服务中心,该中心同时也充当社区的文化中心和福利中心。社区睦邻运动的方法及其所提倡的服务精神在短期内迅速为欧洲大部分国家、东南亚国家及日本所认同和接受,各国纷纷建立社区福利中心。受到欧洲各国的影响,美国也广泛开展社区睦邻运动。1886 年,美国的亚当斯在芝加哥创办社区睦邻之家"赫尔

---

① [美]桑德斯:《社区论》,徐霞译,(台湾)黎明文化事业公司 1982 年版,第 531 页。
② 徐霞:《社区与社区发展》,(台湾)正中书局 1980 年版,第 263 页。

大厦"（hull house），为青年人、老年人提供从事教育、艺术、音乐、娱乐等活动的场所，还成立了研究贫困、劳动、教育、政治等各种社区问题的机构。随后在其他城市类似的协会相继成立，1891年有6个，到1897年有74个，到1910年则发展到将近400个。① 睦邻之家给贫穷的城市下层人们的生活提供帮助，改善了所在城市社区居民的生活环境。20世纪二三十年代，欧美发达国家发起了大规模的城市改造运动。面对工业化、城市化过程中出现的环境污染、住房匮乏、交通拥挤、社会不稳定等问题，政府把复兴社区意识和发展社区看成是解决城市社会问题的主要途径。② 在此期间，美国实施了芝加哥计划、辛纳西社区组织实验计划、阿林斯基的伍德雷尔社区组织计划、福特基金会的格雷地区计划等。

第二阶段为第二次世界大战结束到二十世纪80年代。第二次世界大战结束后，发达国家与发展中国家都面临着战后重建与国家重建，恢复社会秩序，解决贫穷、疾病、失业、经济发展缓慢等一系列问题。由于资源匮乏，各国政府制定并实施了社区居民参与社区发展的规划，充分调动社会力量来解决战后各国面临的社会问题。为推进各国的社区建设进程，联合国于1948年提出"以社区为基础的社会发展"理念，倡导和实施"社区发展运动"。1951年联合国经济社会理事会通过了390D号议案，决定建立社区福利中心，进一步推动社区发展。1952年，联合国成立了社区组织与社区发展小组，并于1954年将之改造为联合国社会事务局社区发展组，在世界范围内积极推动社区发展计划，获得许多国家和政府的支持。1955年联合国社会局发表了《通过社区发展推动社会发展》报告，提出了：组织和教育公众从社区的共同利益和共同需求出发，有计划地引导社区内的居民与机构共同参与；以自身的努力和政府联合一致，合理地利用社区的资源和外来援助，改善社区经济、社会和文化状况等社区发展的10条基本原则。1957年，联合国开始在发达国家大力推动社区发展计划，试图以社区发展方式解决后工业化与城市化带来的诸

---

① 参见［美］罗伯特·帕特南《独自打保龄球：美国社区的衰落与复兴》，刘波等译，北京大学出版社2011年版，第459页。

② 参见何彪、吴晓萍《西方城市社区建设历程及其启示》，载《城市问题》2002年第3期。

多社会问题。1959年联合国在英国举办了"欧洲社区发展与都市社会福利研讨会",社区发展计划开始受到发达国家的广泛关注。1960年,联合国发表了《社区建设与经济发展》文件,认为社区自治在社区居民层面体现为居民通过共同参与、自主创造努力改进生活水准,在政府层面则体现为政府提供技术协助或其他服务方面的帮助以有效促进社区居民的自觉、自发与自治。而社区发展的目的是要通过社区居民和政府的共同努力,提高社区居民生活质量,促进居民生活方式和行为方式文明化,最大限度地实现社区自治。

联合国不仅重视发达国家的社区发展,也非常重视发展中国家的社区发展。由于发展中国家的工业化与城市化发展不平衡,城市社区社会关系恶化,社会冲突频发。发展中国家社区发展的重心必须从经济层面转向社会层面。1961年联合国发表《都市地区社区发展报告书》,指出尽管城市社区人口流动性强,人际关系不同于乡村,但居住于同一社区就会有共同的利益诉求与共同的行动基础,因此,可以在城市推广社区发展计划。1962年,联合国在新加坡召开"亚洲都市地区社区发展研讨会",总结越南西贡(现胡志明市)、印度德里、哥伦比亚卡里、孟加拉国达卡等城市的社区发展经验,发表了印度德里市的实验报告。在联合国的推动下,亚洲许多国家在城市开始实施社区发展计划。

在这一阶段,与发展中国家相比,发达国家更重视社区发展与社区自治。二十世纪50年代,美国在一些城市成立了社会发展部与社区组织委员会,大力推行城市社区建设和社区自治。20世纪60年代,欧美国家兴起了风起云涌的"新社会运动"、"反贫困战争",开展了形式多样的社区发展项目,有力地推动了社区发展与社区自治。20世纪60年代,英国以反贫困与社会排斥为目标,实施了"社区发展工程",促进了各种社区行动、积极的公民参与和社会融合的发展,社区服务也扩展到医疗、教育、公共安全、社会弱势群体照顾等方面。1965年,美国政府制定了"反贫困战争"政策,并推行社区服务社会化策略,把社区服务的提供者扩大到非政府组织。1973年,美国颁布《国内志愿服务法案》,推动社区志愿服务。

第三阶段为20世纪80年代至今。为破解70年代以来的经济衰退和政府失灵的困境,20世纪80年代,西方发达国家兴起了以政府管理企业化、市场化为核心的"新公共管理运动",借鉴企业的管理理念和管理方法对公共部门进行改革。新公共管理运动促使政府转变自身在社区建设与发展中的角色,通过授权给社区,使社区组织成为治理主体,与政府一起共同解决社区发展问题。戴维·奥斯本和特德·盖布勒认为,在新公共管理运动中,政府管理改革的原则是"社区拥有的政府,授权而不是服务",改革是"把所有权从官僚机构那里夺过来送到社区去"[①],政府应该通过民主参与的方式,从以权授权、服务过渡到授权于社区和社区居民,弱化政府权力,将政府对社区的单中心管理转变为多中心治理。

从20世纪80年代以来,发达国家社区运动的重点转向了社区的多元治理和社区公共服务社会化。20世纪90年代初期,美国政府把社区建设与社区自治当作是实现"再造政府"、"复兴美国"的重要手段。1993年美国颁布《国家和社区服务信托法案》,并建立了全国社区服务协会,推动社区公共服务社会化。经过几十年的发展,美国已经形成了由政府、社区组织、社区居民等共同协作的社区服务体系。英国建立了政府、私营企业、社区组织、社会中介组织与居民之间的"战略伙伴关系",通过面对面的协商,将当地不同的政府部门、私营部门、社区组织及社会中介组织整合为一体,以合理配置各种社会资源,使不同部门之间相互提供服务、互相扶持、共同协作。由此可见,西方国家社区建设与社区自治的重点在于培育居民自强自立精神,构建社区关系网络,推动广泛的社区参与,促进社区的全面进步和发展,力图在城市恢复或重建守望相助、睦邻友好的和谐社区生活。

二 国外城市社区自治模式

城市社区自治起源于西方国家,近代以来,随着工业化、城市化在世界范围的推进,城市社区自治在亚洲、拉美等地区的后发现代化国家也得到比较充分的发展。由于各国工业化、城市化发展程度不平衡以及在历史传统、政治制度、经济发展、社会结构、价值观念等方面的差异,特别是政府与社区之间权能配置上的不同,国外城市社区自治形成了高

---

① [美]戴维·奥斯本、特德·盖布勒:《改革政府:企业家精神如何改革着公共部门》,周敦仁等译,上海译文出版社2006年版,第23页。

度自治与有限自治两种模式。

1. 高度自治型模式

高度自治型模式以美国为代表，包括英国、德国等西方发达国家。高度自治型模式表现为政府采取间接的方式对社区公共事务进行治理，社区依靠社团组织实行高度自治，政府行为和社区行为相对分离。美国的社区自治有着悠久的传统并传承至今。城市宪章对各种社区组织的组成及权限都作了明确规定，社区自治具有充分的法律保障。在美国，虽然政府对社区负有管理职责，但美国联邦政府和地方政府都没有权力直接干预社区事务，政府对社区事务的行政参与非常有限。社区自治主体是社区委员会和社区顾问团等非政府组织。美国社区委员会是社区最重要的自治机构。每个社区委员会由7—50名成员组成，委员由社区居民直选产生，任期两年。委员通常来自社区的志愿者，在本社区具有相当的号召力和影响力，享有一定威望或具有某方面特长。社区委员会全面负责社区事务和发展项目的管理，收集社区居民意见，向政府反映社区民意，提出解决问题的建议，动员和组织居民参与社区管理，从而在政府和社区居民之间起桥梁和纽带作用。社区服务顾问团由各专业职能部门的代表、社区委员会主席及市议会议员组成，协助社区委员会，承担一定的管理职责。

美国社区居民参与自治管理的方式具有多元化的特点，社区自治体现在社区管理的方方面面。美国社区自治的主要方式有社区会议、社区听证会、竞选社区专业委员会委员等。

（1）社区会议。为充分听取社区居民的意见，美国的城市社区一般定期召开社区会议。社区会议主要讨论社区委员会的工作计划及工作情况、社区一般性事务、政府政策等问题，在经过充分沟通后作出决定。社区居民可以就社区会议所涉议题提出批评或建议。社区会议召开前，社区必须在媒体上公告会议召开的时间、地点和议题，方便居民参加。

（2）社区听证会。为解决社区管理中的热点和难点问题，消除分歧，凝聚共识，社区常常召开听证会。社区居民可以在听证会上充分表达意见，社区委员会拥有决定权；如果争议较大，则交由法院裁决。社区听证会的议题非常广泛，凡是社区公共事务，都可以通过听证会讨论决定，如社区安全、社区就业、土地开发、社区福利、社区移民、学区划分、商铺布局等。社区举行听证会必须事先公告时间、地点和议题，以便社区居民能充分准备，参与讨论。

（3）竞选社区专业委员会。美国社区委员会大都设有不同类型的专业委员会，以处理专业性较强的社区事务。专业委员会的成员由社区居民选举产生，社区居民均可竞选社区专业委员会委员。因此，竞选社区社区专业委员会委员就成为社区居民参与社区管理的重要途径。

2. 有限自治型模式

有限自治型模式以新加坡、日本等国为代表。有限自治型模式主要表现为政府对社区事务干预较多，社区的自治权比较有限。

在新加坡，政府直接主导社区事务的治理。为加强社区管理，新加坡政府建立了一套类型多样、组织完备、功能齐全的社区组织。在政府层面，新加坡成立社区发展、青年和体育部，负责社区的发展规划与政策制定。社区发展、青年和体育部下辖三个部门：人民协会、市镇理事会和社区发展理事会。人民协会是管理全国社区组织的总机构，负责向社区组织和社区居民宣传和贯彻执政党的执政理念。市镇理事会是物业管理机构，由国会议员担任主席，负责管理社区组屋与社区公共设施。社区发展理事会是社区服务与福利机构，负责志愿服务，帮助弱势群体。

在社区层面，新加坡实行委员会制，成立了公民咨询委员会、居民联络所管理委员会、居民委员会。三个委员会的工作者都是义工，为政府节省了大量开支。公民咨询委员会地位最高，每一个选区都有一个公民咨询委员会，全国共计83个公民咨询委员会。公民咨询委员会管理社区事务并协调居民联络所管理委员会、居民委员会和其他社区组织的工作。公民咨询委员会的主要职能就是政治沟通，既要把社区居民的诉求反映给政府，又要把政府的工作计划和政策信息传达给社区居民。公民咨询委员会的另外一项职能就是为社区筹集资金，改善社区福利。居民联络所管理委员会代表人民协会管理社区民众俱乐部，负责建设社区文化、教育、体育、娱乐等设施并开展相关活动，以增进社区团结与种族和谐。居民委员会设在公共组屋区（设在私人住宅区的居民委员会称为邻里委员会），每个社区有9—12个居民委员会。居民委员会委员大约15名，主要在本区居民中选任，主席则由社区议员任命。居民委员会主要负责社区治安、环境卫生，组织小区活动，调解家庭矛盾，为公民咨询委员会、居民联络所管理委员会提供人力帮助和信息反馈。

新加坡的社区建设虽然由政府主导，但新加坡政府也非常注重发挥社区组织的自治功能。社区基层组织及其领袖都由民间自发产生，而且在工作上完全独立于政府，政府不加干预，与政府之间是平等的对话与合作关系而不是从属关系。政府对社区的管理主要体现在政策制定与资金支持上，社区具体事务则由社区组织自我管理，从而形成了政府主导下的社区自治格局。

日本是一个具有悠久中央集权传统的国家，政府对社会控制较严，对社区干预较多。日本社区自治在二战结束之后才开始真正发展，起步较晚。但从20世纪70年代开始，日本颁布《地方分权法》，修改《地方自治法》，大力推动地方自治和社区自治，形成了政府与社区合作治理的新格局。

为加强对社区的管理，日本建立了完善的社区管理体系。中央政府设立自治省，负责主管地方自治和社区自治事务。地方政府分为都、道、府、县和市、町、村二级。每一级地方政府都设立社区建设委员会、自治活动科等机构，管理社区事务。在城市社区町，则设立自治组织町内会和住区自治会，对社区事务进行民主管理。在都道府县和市町村分别设立了町内会联合会，并成立了全国町内会联合会。

町内会是日本最重要的社区自治组织，负责维护社区公共设施，开展祭祀活动与文化体育活动，举办安全讲座和安全演习，进行社情调查和统计，组织募捐、救助、献血等志愿活动，向居民传达政府政策，向政府反映居民意见等事务。住区自治会最初是帮助社区新居民解决如子女入托、入学等生活困难的自治组织。随着政府服务水平的提高，住区自治会慢慢发展成为社区服务组织，类似于社区物业管理公司。住区自治会组织居民对街道改造、公共设施建设进行讨论，把意见反映给政府，使政府的规划设计能更好地满足居民的生活需要。

与新加坡相比较，日本政府对城市社区的干预更少，城市社区的自治程度更高。町内会和住区自治会都是社区居民自主建立的。町内会和住区自治会设有会长、副会长、干事、总务、会计等职务，都由居民直接选举产生，所有职务均由居民利用业余时间兼职。同时，町内会和住区自治会的经费大部分都是自筹的。町内会和住区自治会的资金来源包括三部分：一是居民缴纳的会费；二是企业或个人捐助的经费；三是政府资金。但是，政府资金每十年申请一次，主要用于社区公共设施的维修，在町内会和住区自治会的经费中所占比例较小。社区居民都必须缴纳会费和"公利费"（即物业费），社区居民购房时必须签订缴纳"公利费"的合同，否则会被驱逐出社区。町内会和住区自治会的成员也要为社区募捐，以满足经费需要。

三　三峡流域城市社区自治的发展历程

中华人民共和国成立后，新政权废除了保甲制度，在城市建立了新的管理体系。从新中国成立至今，城市社区自治不断发展，日益完善。三峡流域作为中国中西部的一个特殊区域，其城市社区自治的发展是中国城市社区自治发展的一个缩影。从城市社区组织的建立到城市社区自治的全方位推进，三峡流域城市社区自治的发展历程大体上可以划分为三个阶段：

第一阶段：新中国成立至1978年改革开放，初步建立了以街道办事处与居民委员会为主体的城市社区组织体系。

新中国成立后，党和国家的工作重点从农村转移到城市。为了巩固城市政权，加强对城市的控制和管理，各城市废除了保甲制度，建立了居民委员会。居民委员会作为城市基层组织，是城市政权组织体系的末端，在维护城市稳定与促进城市发展方面发挥了重要作用。新中国第一批居委会出现在杭州。1949年12月1日，杭州市政府下发了关于取消保甲制度、建立居民委员会的文件。文件提出要努力提高群众的政治觉悟，让群众"自己当主人，自己来办事"，最终实现人民民主管理城市。这是中国历史上第一份关于建立城市居民委员会的政府文件。

1954年，内务部颁布了关于建立街道办事处与居委会的通知，各城市普遍建立了街道办事处。1954年12月，第一届全国人大常委会第四次会议通过了《城市街道办事处组织条例》和《城市居民委员会组织条例》，统一了街道办事处和居委会的名称、性质、任务和机构设置，第一次以法律形式确立了街道办事处作为国家政权派出机构以及居委会作为"群众自治性的居民组织"的法律地位。按照条例，街道办事处的职责是办理市、市辖区交办的居民工作事项，指导居委会的工作，收集和反映社区居民的意见和要求。居委会的职责是办理社区居民的福利事项，反映居民的意见，负责群众性的安全保卫工作，调解居民纠纷等。经过对街道办事处和居委会的调整和改造，到1956年，三峡流域各城市基本形成了街道办事处和居委会相互衔接和配合的"街居制"城市基层管理组织体系。当时，三峡流域各城市每个街道办事处在2000—5000户之间，人口1万—2万，管理7—12个居委会。居委会一般有300—400户，人口1000—1700；居委会下设若干居民小组，每组20—30户。一些较大的单位职工家属众多，则单独设立家属委员会；家属委员会由单位选派干部、提供经费。工作受本单位和街道办事处双重领导。

1958年，全国开展"大跃进"、人民公社化运动，街道办事处的机构和职能迅速膨胀。三峡流域各城市也开始建立人民公社。城市人民公社按街道办事处的辖区建立，实行由公社党委领导的"党政一家"、"政社合一"的管理体制，实际上取代了街道办事处。人民公社作为一级政权组织，又是经济组织和社会组织，它在辖区内全面负责行政、安全、医疗、文化、教育等工作，控制了街道内全部权力。有的城市撤销了居委会，以公社派出的"街道工作队"代行工作。当时，居委会主要负责扫盲、社会救济、调解纠纷、治安保卫、分发票证等工作。但是，随着大跃进的失利，人民公社体制迅速瓦解。由于街道权力的迅速回落，促成了单位体制的出现。1965年，国家解散了城市人民公社，重新恢复街道办事处和居委会。不过，从总体上看，在20世纪60年代之前，由于社会事务和社会管理基本由单位负责，街道办事处权限不大，工作不多，居委会的作用更小。

"文化大革命"开始后，三峡流域各城市街道办事处和居委会沦为阶级斗争的工具，以居民委员会为代表的基层群众自治组织受到严重破坏。1967年1月后，各街道办事处相继被"造反派"夺权。1968年，街道办事处改名为"街道革命委员会"，居委会改名为"革命居委会"。"街道革命委员会"的主要任务就是"以阶级斗争为纲"，对所谓的"资产阶级"进行全面专政。"革命居委会"也成为"阶级斗争"、"群众专政"的工具，搞外调、抓清队、查户口，无暇管理居民工作。

从城市基层社会管理体制的角度来看，在新中国成立到"文革"结束这段时间内，除了街道办事处和居委会发挥了社会控制和社会管理的作用之外，更为重要的城市基层社会管理体制是单位制。新中国成立后，由于实行高度集权的政治体制和高度集中的计划经济体制，在城市逐渐形成了以行政机关、企事业单位为核心的"单位制"管理体制。在单位制下，单位通过就业、医疗、福利、子女入学、住房分配、养老等制度，把所有城市居民纳入行政权力的控制之下，实现了城市社会生活的高度组织化和城市社会的高度整合。[1] 在单位制出现后，城市基层管理就形成了以"单位制"为主、"街居制"为辅的格局。随着单位制的日益强化，街道办事处和居委会的作用日益弱化。受到街道办事处的约束，居委会严重行政化，成为街道办事处的附属物，成为国家行政权力的末梢。总之，在单位制力量强大的时期，三峡流域各城市社区自治机制的发展是不完备的。

第二阶段：从1978年改革开放到2000年大力推进城市社区建设，城市社区自治逐步恢复和发展。

十一届三中全会以后，发展社会主义民主、加强社会主义法制成为党和国家的根本方针，国家大力推进社会主义民主和法制建设，城市基层群众自治也得到了恢复和发展。"文化大革命"结束后，国家撤销了"街道革命委员会"和"革命居委会"，恢复了街道办事处和居民委员会的名称，街居制迅速发展。1980年，全国人大常委会重新肯定了《城市街道办事处条例》和《居民委员会组织条例》的有效性，街道办事处和居委会的机构与职能得以恢复。《城市街道办事处条例》再次明确城市街道办事处是区政府的派出机构，并将街道办事处从内务部划归民政部管理。此后，三峡流域各城市街道办事处和居委会进入了一个全新的发展时期。街道办事处的机构设置、人员编制、工作任务迅速膨胀。

1982年通过的《中华人民共和国宪法》首次以根本大法的形式明确了居委会的自治组织性质以及其组织机构、具体工作职责和产生方式。宪法明确指出："城市……按居民居住地设立的委员会……是基层群众性自治组织"，"居委会、村民委员会的主任、副主任和委员由居民选举"，"居委会、村民委员会设人民调解、治安保卫、公共卫生等委员会"，主

---

[1] 参见何海兵《我国城市基层社会管理体制的变迁：从单位制、街居制到社区制》，载《管理世界》2003年第6期。

要职责是办理辖区居民的公共事务和公益事业，调解民间纠纷，协助维护社会治安，向政府反映居民的意见与要求，提出建议等。

随着改革的重点从农村向城市转移，城市社会结构发生了深刻的变化，城市基层的管理与服务面临很多新问题。1986 年，为改革城市社会福利工作，民政部提出了开展城市社区服务的工作要求，首次由官方引入了"社区"概念。

1989 年第七届全国人大常委会第十一次会议通过并颁布了《中华人民共和国城市居民委员会组织法》，首次以基本法律的形式确立了城市居民委员会的性质、产生方式、决策形式，为城市社区自治建设提供了法律和制度保障。该法明确规定："居民委员会是居民自我管理、自我教育、自我服务的基层群众性自治组织"，即"三自"性群众自治组织。《居民委员会组织法》强调，居委会成员应由居住地全体有选举权的居民或由每户派代表选举产生。在居民同意的基础上，也可由居民小组选举代表 2 至 3 人选举产生。居住区内的重大事务应由居民代表会议民主讨论决定，而居民会议"必须有全体十八周岁以上的居民、户的代表或者居民小组选举的代表过半数出席，才能举行。会议的决定，由出席人的过半数通过"。居民代表会议或居民会议是居民行使自治权力的主要形式。组织法第十条规定，有 1/5 以上的 18 周岁以上的居民、1/5 以上的户或 1/3 以上的居民小组提议，应当召集居民会议。涉及全体居民利益的重要问题，居委会必须提请居民会议讨论决定。组织法还规定，居委会向居民会议负责并报告工作；居民会议有权撤换和补选居委会成员；居委会收支账目应当及时公布，接受居民监督。

20 世纪 90 年代，国家提倡并大力推进社区建设工作，城市社区自治进入了一个全新的探索时期。随着经济体制改革的深入和社会主义市场经济体制的逐步建立，单位制逐渐崩溃，单位不得不把大量的社会职能从单位剥离出来移交给社会，而城市社区要承接单位转移出来的社会事务，面临巨大的压力，社区重建提上政府的议事日程。1991 年，为改革民政工作，民政部提出了"社区建设"的概念。1998 年国务院确定民政部设立基层政权和社区建设司，以推动全国社区建设工作。1999 年民政部启动了"全国社区建设试验区"工作，先后有 26 个城区成为试验区。1999 年 8 月，民政部在杭州召开了"全国社区建设试验区工作座谈会"，把扩大基层民主，实行居委会的民主选举、民主决策、民主管理和民主监督作为社区建设的工作目标之一。1999年10月，民政部基层政权和社区建设司在沈阳召开了"社区体制改革——沈阳模式专家论证会"，对沈阳模式的社区定位、社区划分、社区组织结构、社区运行机制给予了充分的肯定。会议也指出了沈阳模式存在的诸多不足之处：没有明确界定社区自治组织与政府的职责及其相互关系，社区自治组织缺乏良好的体制环境，社区居民自治运行机制尚未建立起来，社区自治缺乏制度保证。

2000年10月，中共十五届五中全会通过了《中共中央关于制定国民经济和社会发展第十个五年计划的建议》，第一次以党的文件的形式提出要加强城市群众性自治组织建设，推进社区民主建设，扩大公民有序的政治参与，引导人民群众依法管理自己的事务。此次会议对社区建设提出了更高的要求，明确了居民自治是社区建设的基本发展方向。

第三阶段：从2000年国家大力推进城市社区建设至今，城市社区自治建设加速推进并逐步完善。

2000年11月，中共中央办公厅、国务院办公厅联合下发了《民政部关于在全国推进城市社区建设的意见》，指出：大力推进城市社区建设，是加强基层政权建设的重要内容，是面向21世纪我国城市现代化建设的重要途径。根据中央的指示，全国各地以及三峡流域各城市迅速掀起了社区建设的热潮，社区建设蓬勃开展起来，步入了整体推进、全面拓展的新阶段。

2002年江泽民在十六大报告中明确指出：健全基层自治制度和民主管理制度，完善公开办事，保证人民群众依法直接行使民主权利，管理基层公共事务和公益事业，对干部实行民主监督；完善城市居民自治，建立管理有序、文明祥和的新型社区。

2007年，胡锦涛在十七大报告中指出：发展基层民主，保障人民享有更多更切实的民主权利。要健全基层党组织领导的充满活力的基层群众自治机制，扩大基层群众自治范围，完善民主管理制度，把城乡社区建设成为管理有序、服务完善、文明祥和的社会共同体。

总之，从改革开放以来，随着工业化和城市化的迅速发展，在全国大力推进社区建设的背景下，三峡流域城市社区自治建设已经取得了显著的成绩。城市社区自治制度逐渐完善，各地建立、健全了社区议事协商制度、听证制度、居务公开制度及政务评议制度等。同时，各城市创新社区民主形式，以业主为代表的维权活动构成社区民主自治的新现象。

第四节　城市社区自治的必要性、基本原则和特性

一　城市社区自治的必要性

社会自治是马克思主义民主学说的重要组成部分。恩格斯指出："地方自治是把国家所吞食的一切权力归还给社会肌体。"① 城市社区自治是我国社会主义民主政治建设的需要，也是实现我国政府治理能力现代化的必然要求。

1. 城市社区自治是建设社会主义。

政治民主化是中国现代化建设的重要内容。作为一个后发现代化国家，中国的政治民主化是一项综合性、系统性的国家政治建设工程，需要全方位地建设与发展。

改革开放后，随着社会主义市场经济体制的确立以及工业化、城市化的加速推进，单位制开始崩解，社会结构发生了深刻的变化。以单位为主体的社会结构转变为个体化的社会结构，人们的生活和居住空间也从单位转向社区。社区成为城市社会结构的基本单位。面对社会结构的深刻转型，国家必须建立以社区为基本单位的社会控制体系，并把社区转变为中国民主政治建设的战略性空间。②

城市社区自治是中国民主政治建设的重要组成部分。推进城市社区自治可以为中国民主政治建设提供良好的基础和成长空间。一方面，社区是城市的最基本单位，能够进行有效的民主实践，让民主在社区运转起来。城市社区自治可以培养居民的民主意识、权利意识，促使居民积极参与社区公共生活，提高居民的政治素养和参与能力，从而为中国民主政治的发展奠定坚实的基础。另一方面，城市社区自治能够为中国民

---

① 《马克思恩格斯选集》第1卷，人民出版社1995年版，第219—272页。
② 参见林尚立《社区：中国政治建设的战略性空间》，载《毛泽东、邓小平理论研究》2002年第2期。

主政治的发展开拓新的生长空间。对中国民主政治的发展而言，城市社区自治具有示范效应和溢出效应。完善社会主义民主政治是中国政治发展的目标和方向。随着中国政治体制改革的深入开展和城市化的快速推进，中国的民主政治建设必然以社区自治为基础向新的方向发展和开掘。

2. 城市社区自治是发展公民社会的需要。

公民社会[①]是实现社区良好治理和促进社区民主政治发展的土壤和条件。首先，公民社会可以促进政府与社区良性互动。公民社会组织作为政府与社区的桥梁和中介，在政府与居民之间发挥政治沟通的作用，既可以把居民的意见和要求反映给政府，又可以把政府信息和政府政策传达给居民，从而增进政府与居民之间的信任和合作。其次，公民社会可以推动社区公益事业发展。社区公益事业需要大量资金和人力，单靠政府或社区的力量是不够的。通过发挥公民社会组织的作用，可以有效弥补政府和市场的失灵，弥补政府在社区服务中财力与能力的不足，降低管理成本，提高行政效率。引导社会组织参与社区公益事业，既可以节约政府资源，又可以促进社区公益事业的发展。再次，公民社会可以促进政府转变职能。随着公民社会的成熟，大量的公民社会组织日益发展壮大。公民社会组织的成长为政府把大量社会管理职能转移给社会提供了承接载体和组织支撑。[②] 最后，公民社会可以促进社区民主政治的发展。随着公民社会组织的增多及自我管理能力的提高，公民社会组织可以有效监督政府权力，表达公民利益和诉求，培养公民参与的知识与技能，推动公民参与社区公共事务。正如托里·戴蒙德所言："一个充满活力的公民社会，不但提高了民主政治的责任能力，而且提高了民主政治

---

① 公民社会具有古典含义和近代含义。古典含义是相对于野蛮部落而言，指建立了国家的文明社会；近代含义是相对于国家政权而言，指国家或政府之外的社会组织和社会经济生活的总和，其构成要素是非政府、非营利的社会组织，包括那些为了社会的特定需要，为了公众的利益而行动的组织，诸如慈善组织、非政府组织、社区组织、专业协会、工会等。公民社会被认为是政府与市场之外的第三领域，是一种独立于政治国家的各类自主、自治、合法、非政治的社会组织和团体构成的社会力量。

② 参见王芳《公民社会发展与我国城市社区治理模式选择》，载《学术研究》2008年第11期。

的代表性和生命力。"①

城市社区自治是促进公民社会发展的动力和途径。首先，城市社区自治可以培养合格的公民。要成为合格的公民必须具有参与社会事务管理的知识和能力，这就需要一个学习和实践的过程。在社区自治中，公民通过参与社区公共事务，学习了社区公共事务的一般知识，培养了协调、沟通、合作与领导能力，锻炼了实际参与技能。因此，社区自治是培养合格公民的重要途径。其次，城市社区自治提高了公民的参与意识。社区是公民生活、学习和工作的场所，社区公共事务与公民切身利益密切相关。居民都希望生活在一个良好的社区环境中，因而把社区看作自己的家园。出于对居住环境关心的直接目的，居民会更进一步关心更广泛的社区公共事务，从而主动地、无偿地参与社区公共事务的管理活动。最后社区形成了讨论公共事务的公共领域。居民关注的社区公共问题非常广泛：既包括社区公共服务和社区公共设施的维护、保养，也包括社区卫生环境、安全状况、物业管理、公共费用以及居委会、业委会等自治组织的意见和建议。居民对社区问题的讨论主要有两种渠道：一种是居委会、业委会、居民代表会议等公开途径；一种是互联网上的各种论坛。总的来看，所有的讨论基本上是冷静的和理性的。由此可见，居民在参与社区公共事务管理的过程中，彼此之间协商与沟通的组织和平台具有了公共领域②的特征。③

3. 城市社区自治是实现城市基层治理现代化的需要。

随着社会主义市场经济体制改革的深入推进以及工业化、城市化的

---

① [美]托里·戴蒙德：《民主政治的三个悖论》，载刘军宁主编《民主与民主化》，商务印书馆1999年版，第130页。

② 公共领域是一个哲学和社会学概念，与私人领域相对，是指介于国家和社会之间的公开辩论公共议题的公共空间，公民可以在公共领域中自由讨论公共事务而不受干涉。"公共领域"这一概念在20世纪50年代最早由德国学者汉娜·阿伦特提出，但在20世纪60年代经由德国哲学家哈贝马斯的名著《公共领域的结构转型》进行了充分阐释，产生了广泛影响。哈贝马斯把公共领域界定为一种用于交流信息和观点的网络。哈贝马斯的公共领域主要指的是资产阶级公共领域，意指一种介于市民社会中日常的私人利益与国家权力领域之间的公共空间。在公共领域中，公民聚集在一起，共同讨论公共事务，形成某种接近于公众舆论的一致意见，以对抗武断的、压迫性的公共权力，从而维护公共福祉。

③ 参见夏建中《中国公民社会的先声——以业主委员会为例》，载《文史哲》2003年第3期。

快速发展，中国社会正在发生急剧、深刻的现代化转型，如何推进城市基层治理现代化成为实现城市治理现代化的一项紧迫课题。

首先，城市社区自治是应对单位制解体，重构社区治理体制的必然要求。随着社会主义市场经济体制的确立，单位制逐步崩解。单位把原来所承担的大量社会职能剥离出来，转移给政府和社区。单位制调控模式解体后，政府自身需要重构社会治理方式，以填补单位制解体后形成的权力真空，实现社会控制，维护社会稳定。同时，单位制的解体使社区逐步从社会治理的边缘角色转变成社会职能的主要承担者。社区必须创新治理体制，完善社区自治机制，充分调动各种社会力量参与社区公共事务的管理，才能实现城市社区的良好治理。

其次，城市社区自治是化解城市社会矛盾，维护城市稳定的必然要求。市场化使城市的社会结构发生了根本性的变化，由单位人构成的社会转变为由社会人构成的社会。工业化和城市化使大量农村人口进入城市，由农民转变为城市市民。城市社区人口数量的膨胀和人口结构的复杂化使城市社区成为各种社会矛盾的聚居之地。城市社区自治可以充分动员社区力量，促进沟通与协商，凝聚共识，化解矛盾，从而维护社区安全与城市稳定。

最后，城市社区自治是应对政府"失灵"，提高政府行政效率的必然要求。1949年以后，新中国逐渐形成了与计划体制相适应的中央高度集权的政治体制，国家全面垄断社会资源，国家权力全面控制社会生活的一切领域，从而构建了全能型政府体制。随着政治体制改革和经济体制改革的推进，国家与社会逐步分离，政府开始从全能政府向有限政府转变。政府把部分权力下放给地方和社会，推动地方自治和基层社会自治。但由于分税制的推行，中国城市基层政府所拥有的资源较少，而管理的事务范围广。基层政府"很累"，不堪重负。实行社区自治既可以帮助城市基层政府减少行政管理成本，提高行政效率，又可以获得城市社区居民的认同。密尔指出："所要办的事，若由个人来办会比由政府来办要更好一些"①，而且"有许多事情，虽然由一些个人来办未必像政府官吏办得那样好，但是仍让个人来办而不要由政府来办；因为作为对于他们个

---

① [英]约翰·密尔:《论自由》，许宝骙译，商务印书馆1959年版，第118页。

人的精神教育的手段和方式来说，这样可以加强他们主动的才能，可以锻炼他们的判断能力，还可以使他们在留给他们去对付的课题上获得熟悉的知识"①。

二 城市社区自治的基本原则

理想的城市社区自治应该遵循以下基本原则：

1. 坚持党的领导的原则。坚持中国共产党的领导是中国特色社会主义建设事业必须坚持的四项基本原则之一。作为执政党，中国共产党是中国社会主义民主政治建设的领导者，发挥着"总揽全局，协调各方"的作用。社区是中国共产党在城市的执政基础，社区党组织建设是巩固党在城市执政地位的基础性工作。执政党在城市社区建立党组织，通过法定程序参与城市社区自治，既把执政党的意志贯彻到社区自治之中，引导城市社区自治的发展方向，也积极维护城市社区的自治权利，使党组织获得社区居民的认同，巩固党的执政基础。因此，城市社区自治是中国共产党领导下的自治，社区自治不能脱离党的领导。

2. 民主的原则。自治是民主的重要体现形式，是与政府的"他治"相对而言的。推进城市社区自治就必须划分政府权力的边界，确立社区自治的范围。政府的管理与社区自治有明确清晰的界限，政府不干预社区自治范围内的事务，社区自主管理大部分社区公共事务。城市社区自治的目的就是要让社区居民真正当家做主。社区居委会在日常管理中必须充分发扬民主，认真听取居民意见和建议，同居民进行平等、坦诚的交流、沟通和协商，接受居民全方位的批评与监督。

3. 责任原则。社区领导人的角色是提供指导、帮助与支持，而不是代替居民决策，成为居民的上级。推进城市社区自治必须大力提升居民的责任意识，促使社区领导人与居民共同参与社区公共决策的全过程，从确立政策议题开始，到制定公共政策，再到公共政策的执行与监督，最后到公共政策的绩效评估。

4. 理性原则。城市社区自治是一项理性的事业，需要居民审慎的思考，需要居民有表达诉求的机会，需要具有把居民意见传递给政府的渠

---

① ［英］约翰·密尔：《论自由》，许宝骙译，商务印书馆1959年版，第118—119页。

道，需要居民具有容忍、尊重他人不同观点的态度。

三 城市社区自治的特性

作为城市基层自治，与其他形式的自治相比，城市社区自治具有独特性：

1. 直接性。直接性是指城市社区公共事务必须由社区居民直接参与、自主管理、自主决策、自我约束。城市社区自治的直接性实质上是直接民主的体现。一方面，政府不能干预社区。政府必须尊重社区的自治权，让社区自主管理自治范围内的事务；另一方面，社区必须建立完善的参与机制、协商机制、决策机制与议事机制，保障所有社区居民都有机会平等参与社区事务的管理。

2. 有限性。有限性是指城市社区自治在自治地域和自治事务上是有限的。地域上的有限性是指城市社区自治仅限于《居民委员会组织法》所规定的社区居委会辖区内，社区自治不能跨越城市社区的地理疆界。自治事务上的有限性是指城市社区有权自主管理的社区事务在范围上是有限的，并不意味着城市社区有权自主管理社区范围内的所有事务，比如社区公共安全、社区主要公共基础设施等都属于政府应当提供的公共产品。城市社区部分事务必须由政府管理，因而政府管理与社区自治是相互补充的。

3. 有序性。有序性是指城市社区自治作为一种政治生活样式，必须在宪法、法律法规的范围内有秩序、有步骤地推进和展开。一方面，城市社区自治的实现必须依据宪法与法律。城市社区自治应当在宪法和法律的范围内进行，有严格的实体性规范和程序性规则，不能逾越宪法和法律的界限。另一方面，城市社区自治必须根据我国的国情逐步推进。我国是一个后发现代化国家，正处于工业化、城市化的关键时期。城市社区自治作为我国社会主义民主政治的一个重要组成部分，它的产生、发展与完善需要有相应的社会条件。不能不顾条件，盲目推进。只有在具备了相应社会条件的前提下，城市社区自治的推进才能顺利进行。

第五节 三峡流域城市社区自治案例分析

案例一:

湖北省荆州市沙市区民政局推行居民说事建设和谐社区[①]

湖北省荆州市沙市区地处荆州市的中心城区，总面积492平方公里，辖5个乡镇、1个农场、5个街道办事处，设73个城市社区，城区常住人口近40万。近年来，沙市区以构建和谐社区为中心，以强化基层民主政治建设为目标，大力推行社区"居民说事"制度，着力解决居民群众最直接、最关心、最现实的利益问题，取得了一定成效，有力推动了和谐社区建设。

一 背景

2006年以前，沙市区航空路社区各种矛盾十分突出，经常有居民上访告状，有些人动不动就打"110"，整个社区很不安宁。社区有个居民杨某，精神上有些问题，丈夫下岗在家，自己也下了岗，有一个儿子正在上学，生活十分困难。她曾到社区里的盲人周某夫妇开的按摩店做过一次理疗，一段时间后，她感到自己的精神疾病更加严重了，便多次到周某的店中闹事，说是因按摩加重了病情，要求赔偿4万元钱。有一次，她还提着汽油和硫酸，声称要放火烧掉周某的店。周某夫妇有苦无处说，一直忍着。社区党支部、居民委员会通过这件事情，经过认真分析，发现症结在于缺乏一个居民反映问题、讨论和解决问题的平台，居民有困难、有问题不知道向谁反映，也不知道怎么解决。2006年5月，社区党支部和居民委员会一班人经过商量，决定在社区设立一个"说事厅"，由社区党组织和居民委员会成员、社区协商议事委员会成员、驻社区的人大代表和政协委员、居民代表等组成"居民说事"调解委员会，居民有

[①] 《湖北省荆州市沙市区民政局推行居民说事建设和谐社区》，http://cmzz.mca.gov.cn/article/zxxx/201201/20120100257237.shtml，2009年11月20日。

什么困难、有什么问题就到"说事厅"里来说，大家一起讨论解决的办法，社区能解决的就地解决，社区不能解决的逐级上报，请求上级有关部门帮助解决。周某得知这件事后，第一个来到"说事厅"，诉说了半年多来自己一家与杨某之间的矛盾。社区干部了解详情后，多次上门调解，还与周某一起陪同杨某到精神病医院进行诊断，确诊杨某本来就有精神病，不是因为周某夫妇的按摩导致的。最后，社区干部将双方请到社区"说事厅"，向杨某说明了情况，帮助双方进行了沟通，使问题得到了根本解决。社区居民委员会还帮助杨某落实了低保待遇，解决了生活困难，使她深受感动，不再闹事了。周某夫妇为了感谢、回报社区，悄悄将自家的电灯牵到门前的巷子里为群众照明，每月自己承担50多元的电费。自此，在航空路社区便流传开了"盲人电灯"的故事。

通过"说事厅"，社区找到了一个了解民情、倾听民意、解决民难、满足民需的途径。2008年7月，沙市区区委、区政府在认真总结"居民说事"制度实践经验的基础上，制定下发了《关于在全区城市社区全面推行"居民说事"制度的实施办法（试行）》，对"居民说事"的原则、形式、内容、程序等进行了规范。从此，全区城市社区全面推行"居民说事"制度。

二 "居民说事"的由来

"居民说事"是在社区居委会的领导下，由社区居委会成员、辖区单位负责人、社区居民代表组成"居民说事"调解委员会，接受居民群众说社区大事、说生活难事、说邻里小事、说家中烦事，对小事随说随调，大事定期讨论研究解决方案的一种社区居民实现自我管理的工作机制。2005年，沙市区胜利街道航空路社区为了加强与社区居民的沟通，依靠群众搞好和谐社区建设，尝试在社区开展"居民说事"。2006年在胜利街道的15个社区全面推行。2008年，沙市区认真总结提炼了社区"居民说事"制度试行以来的实践经验，制定下发了《关于在全区城市社区全面推行"居民说事"的实施办法（试行）》，并在胜利街道召开了社区"居民说事"现场推进会，在全区83个城市社区全面推行。

三 推行"居民说事"的主要做法

为全面推行"居民说事",沙市区把"居民说事"的阵地建设作为首要抓手,在全区 73 个社区做到了"八有"——有专门的说事厅,有说事的热线电话,有说事的值班表,有说事的流程图,有说事的记录簿,有说事的公示栏,有说事的意见箱,有说事办理的备忘录。"居民说事"基本工作程序可简单概括为"说事、理事、议事、干事、评事、查事"六个环节。

1. 畅通渠道,开放说事。一是接待群众"说"与登门入户"说"相结合。各社区每天安排专人在说事厅负责接待社区居民说事,定期组织社区干部登门"听事",深入听取民意。二是固定"说"与流动"说"相结合。各社区在每月 5 日、15 日、25 日邀请相关的当事人、居民代表、相关单位和职能部门代表召开"居民说事"议事会,集中讨论解决问题。对急事、特殊事和社区小事等个性问题,采取楼栋"说事"、街头"说事"等灵活多样的方式随遇随听随说随解。三是书面"说"与电话"说"相结合。在各社区中心位置设置"议题征集箱",公布社区居民说事热线,采取定期联系、走访、询问、电话"说事"、发放"来访议题登记卡"等方式,公开征集议题,广泛听取群众意见。

2. 落实责任,分类理事。根据说事性质,沙市区对群众反映的问题及时进行分类登记,认真梳理,妥善处置。对能当场协调解决的个性问题,与当事人面对面的协调解决。对不能及时解决的一般共性问题和牵涉面大的难事,采取规定性议事的方式进行,整理成议题,进入既定程序,并告知当事人。对超出居民自治范围以外问题,调解委员会分类进行整理,并上报到街道党工委,由街道党工委分类上报处理,并将上报处理情况反馈给说事人。

3. 集中民智,民主议事。对涉及居民利益的重大事项,沙市区采取民主协商、集体决策的办法,实行"三级议事"。从居民到说事厅所反映的问题中筛选出议题,由社区"居民说事"调解委员会初步制定议题解决预案和列出需要讨论协商的具体事项,提交"居民说事"议事会讨论,并在会议召开前 3 日内,通过书面公告等方式,将会议时间、地点、主要议题等在社区显眼处进行预告。召开居民议事会,原则上由社区"两委"主要负责人召集并主持,当场总结形成解决问题的最终方案,采取举手表决的方式予以确定,如遇复杂问题一时难以达成一致意见的,可以暂搁该议题,宣布延期再议,并明确再议时间。

4. 整合力量,明责办事。沙市区建立了"分类办理、分级负责、上下联动、整体配合"的办事机制。对群众反映的问题,按照所属关系,分级负责,解决问题,做到小事不出居民组,大事不出社区,上访不越级。对议事会议定的事项,根据事情的性质,指派社区干部或协调相关单位负责办理,并明确办理时限和工作要求,接受群众监督,定时向社区居民和当事人反馈事情办理的进展情况。对社区无力解决的大事、难事,指定专人逐级向街道、区委甚至市委反映情况,积极宣传发动群众想办法,广泛争取社会支持,大力协调相关部门合力解决。

5. 强化管理,公开评事。全区统一制作了居民说事"三卡",即"议题征集卡"、"议题登记卡"、"议题办理结果反馈卡"。制定了说事议题反馈制,由社区"两委"根据情况以文件、会议、答复函、"议题办理结果反馈卡"等方式向参会对象及群众反馈,实行结果公示制。各社区还专门设置"议事公告栏",对群众反映问题的相关事项、办理责任人、办理措施、办理结果进行公示,接受群众监督。实行民主"评事"制,街道党工委对社区"居民说事"制度的执行情况实行半年检查、年终考核,并纳入社区党组织书记基层组织建设目标责任制考评内容。

6. 督察考核,追踪查事。由居民代表组成督办组,对一般问题定期督办,重大问题跟踪督办,办结事项及时反馈。同时,建立考核和责任追究制度,把各职能部门参与支持社区"居民说事"的工作情况纳入年终部门行风评议和"三服务"考核内容,明确指出社区居委会对"居民说事"负有组织和领导责任,社区居委会主任为第一责任人,要求各职能部门对社区"居民说事"所涉议题做到件件有回复。

四 "居民说事"的主要成效

"居民说事"制度的积极推行,不仅"说"消了民怨,"说"拢了民心,也"说"新了社区民主管理机制,"说"升了党和政府的形象。其主要成效体现在以下几个方面:

1. 化解了社会矛盾,促进了社区和谐。"居民说事"制度的广泛推行，彻底改变了以往社区居民诉求不畅的状况，使居民表达诉求变得便捷而有效。仅 2008 年 8—9 月，沙市区 73 个城市社区就受理"居民说事"1200 余件，召开"居民说事"议事会 324 场，95% 的"居民说事"得到妥善解决，群众对"居民说事"的满意率达到 97%。推行"居民说事"制度以来，各街道的信访件比去年同期下降 40%，社区治安案件发案率也大幅度下降，越级上访事件基本杜绝。"居民说事"使许多矛盾纠纷被发现和化解在萌芽状态。

2. 密切了干群关系，巩固了执政基础。"居民说事"制度把社区干部与社区群众的联系，以制度的形式固定下来，使群众与干部平等"说事"。沙市区解放街道白云桥社区、崇文街道洪垸社区、胜利街道文星楼社区、朝阳街道红星路社区等地，把实现居民群众最关心、最直接、最现实的需求作为为民服务的第一目标，做到"三摸清三到家"，即：摸清居民的生活需求、摸清居民思想需求、摸清居民工作需求；把党的关怀送到家、把政府温暖送到家、把社区帮助送到家，切实提高了社区工作的针对性和实效性，赢得了居民群众的交口称赞。

3. 扩大了社区参与，完善了居民自治。"居民说事"制度以群众踊跃"说事"、干部扎实"干事"的良好氛围，吸引了居民群众的广泛参与，并对居民参与社区事务的方式、内容、范围等进行了规范，使居民群众参与社区管理从无序变成有序。社区群众既是问题的提出者，也是解决问题的参与者和监督者，更是"说事"结果的受益者，使居民得到了尊重，地位和作用得到了体现，极大地激发了大家关心社区建设、参与社区建设的主人翁意识。目前，全区"社区关心人人，人人关心社区"已蔚然成风，居民自发组织成立了 70 余支老姨妈（爹）社区治安义务巡逻队和近千人的门栋关照员队伍，各种志愿者服务队活跃在社区建设的方方面面。

4. 创新了工作机制，推动了社区发展。"居民说事"制度使居民从利益诉求的"被动者"变成为"主动者"，从社区建设的"观众"变成为"演员"；社会各界资源得到有效整合，为社区的建设和发展提供了正确导向和强大推动力，使社区工作开创了新的局面。2008 年，沙市区社会治安综合治理工作进入全省先进行列；人口计划生育工作得到国家计生委的充分肯定，做法和经验在全国推广；以创业促就业，基本实现无零就业家庭；健全和完善帮扶、救助体系，孤寡老人、留守儿童、困难群体等基本生活得到有效保障，省委老龄办在沙市区召开了全省为老服务现场会，社区基础设施建设明显改观，居民工作、生活环境大改善。

五 启示

1. 应充分尊重广大居民的话语权

扩大居民民主参与，首先就是给广大居民以"话语权"，让社区居民把处在萌芽状态的各种问题和矛盾充分表达出来。"居民说事"制度是扩大基层民主、发展社区居民自治，解决社区矛盾和问题，使居民"话语权"得以充分表达、真正当家作主的好形式。一方面，使居民群众有表达的渠道和发泄途径，尊重其当家作主的民主权利；另一方面，使社区党组织和其他组织掌握真实情况，把准群众的脉搏，了解群众的诉求，这是做好社区工作的基础。

2. 需搭建起解决问题的平台

社区居民群众参与基层公共事务和公益事业的管理，必须有一个好的形式和载体。"居民说事"制度正是基层创造的居民自治的一种有效形式，它让群众有地方反映问题，有条件发表意见，有制度保障行使权利。"居民说事"制度随说随调，简便易行，快捷实用，为广大居民所欢迎，具有较强的生命力。

3. 使群众成为"说事"的主体

只有让人民群众真正参与进来，才能充分发挥他们的积极性、创造性。"居民说事"使社区群众既是问题的提出者，也是解决问题的参与者和监督者，更是"说事"结果的受益者。这种制度设计保障了居民自治的权利，实现了人民当家作主。

第二章

社区民主选举

民主选举居委会成员是居民自治的前提,既直接关系到居委会成员的素质、能力和居委会的凝聚力、号召力,也关系到居委会能否真正为居民服务。因此,社区民主选举是居民自治的基础环节,是衡量社区民主程度和自治程度的重要指标。

城市居民自治制度是在新中国成立后形成的,城市社区民主选举经历了从普遍的间接选举向直接选举逐步演进的过程。三峡流域城市社区民主选举是与全国城市社区民主选举同时起步的,并在完善社区民主选举的过程中探索出许多城市社区民主选举的独特经验。但是,由于城市化水平不高以及居民民主素养的欠缺,三峡流域城市社区民主选举还存在居民参选意识淡薄、选举规范化水平低、候选人选举竞争性不强、直接选举比例偏低、行政干预过多、选举费用不足等问题。三峡流域城市社区民主选举是在政府主导下进行的,政府要推动城市社区民主选举的发展,就必须采取措施完善社区选举方式,转变政府与社区职能,培育社区社会资本。

第一节 选举的产生与发展

一 选举的产生

选举是人类组织社会生活需要的产物。选举作为一种社会性活动方式,早在原始社会就存在,当时采用选举形式产生部落联盟的首领;作为一种参与社会政治的方式,选举的历史可以追溯到古希腊罗马和中世纪的欧洲。

古希腊雅典民主政治的基础就是选举。为了缓解贵族与平民之间的矛盾，公元前594年，执政官梭伦（约前638—约前559年）进行了一系列以选举为核心的政治改革。公民大会成为城邦最高权力机关，由公民大会选举产生执政官；公民均可参选政府机关四百人会议的职位；每个公民都可参选最高司法机关陪审法庭的陪审员。梭伦改革奠定了"群众力量的主要基础"，使"人民有了投票的权力"，选举使平民"成为政府的主宰"。① 公元前509年，雅典政治家克里斯提尼（约前570—前508年）当选为执政官后进行了政治改革，进一步完善了雅典的选举制度。他将雅典分为十个行政选区，以地域原则取代血缘原则。他还创设五百人议会，代替原来的四百人议会。五百人议会由每个行政选区以抽签方式各选出50人组成，作为公民大会的执行机构和最高权力机构。行政官员都通过选举产生。大概一百名需要专业技能的官员由公民大会从行政选区提供的多名人选中选举，然后进行测试和职前培训。而五百名官员由公民大会从自愿者中选出。克里斯提尼改革巩固了民主体制，使雅典所有公民都有机会通过选举参与国家政治事务。到公元前四世纪，雅典的民主选举制度已基本成熟，公民大会是城邦最高权力机关，城邦所有重大问题、官吏任免和审判事项由公民大会投票或举手表决，实行人人平等、一人一票和少数服从多数的选举原则。雅典的行政官员通过两种选举方法产生：军官、财政官员和主管宗教事务的官员由投票选举产生，其他官员从年满30岁的公民中抽签选举产生。

古罗马王政时代曾实行一种以财产为基础的不平等选举制度。公元前六世纪，罗马平民与氏族贵族的矛盾日益尖锐，第六位国王塞尔维乌斯·图利乌斯实行政治改革，他废除了原来以血缘为基础的三个氏族部落，按地域把罗马划分为四个行政区域，设立相应管理机构；对罗马自由民进行财产普查，按财产多少把公民分为五个等级，第五等级以下的称为无产者；各等级按军队方式组成数目不等的森图里亚（即百人团）；第一等级有80个百人团，第二等级至第四等级各有20个百人团，第五等级有30个百人团；第一等级最富有的公民组成18个骑兵百人团，第二等

---

① [古希腊]亚里士多德：《雅典政制》，日知、力野译，商务印书馆1959年版，第12页。

级附加2个工匠百人团，第四等级附加2个号角百人团，五个等级之外的无产者有一个百人团，五个等级共计193个百人团。图利乌斯创建森图里亚大会，取代原先由胞族代表组成的库里亚大会（氏族权力机关）成为新的公民大会。森图里亚大会处理国家重大事务，选举执政官和高级官员，通过或否决法律，决定战争与议和等。森图里亚大会实行集体投票制，每个百人团在森图里亚大会只有一票表决权。第一等级富人拥有98个百人团，超过了百人团总数的一半，在森图里亚大会占据绝对控制地位。森图里亚大会按照次序先由骑兵队和第一等级投票，然后由其他等级依次投票。如果第一等级投票内容一致，议事内容立即通过，后面的等级无须投票。如果投票内容不一致，再按顺序由第二、第三等级来投票。图利乌斯的改革打破了氏族制的藩篱，以地域和财产为标准确定公民身份，把大批外来移民吸收为公民，扩大了公民的权力和罗马城邦公民集体的基础。公元前5世纪上半期，古罗马成立特里布大会（即平民会议）。公元前474年获得承认。特里布大会最早只允许平民参加，对平民事务进行表决，如选举保民官等，其决议也只对平民有效，后来围绕其法律效力问题展开了长期的斗争。公元前449年，根据执政官瓦列里乌斯和荷拉提乌斯颁布的法案，特里布大会逐渐转变为全体罗马人参加的公民大会，其决议对全体公民具有法律效力。公元前287年，平民领袖霍腾西阿被任命为独裁官后，再次批准特里布大会的决定对全体公民都有法律效力。随着公民权力的扩大，罗马共和国末期，选举制度的平等性和普遍性有了很大提高。首先，行政官员都由公民大会选举产生。由平民选出保民官，保护平民利益。保民官权力很大，有权否决执政官和元老院的决议，有权否决法官的死刑判决。其次，各阶层都有自己的选举机构，能够代表本阶层参与国家事务的管理，平衡了各阶层的利益。

中世纪的欧洲，选举作为日耳曼原始民主制的遗迹和古希腊罗马的民主传统仍然存在，但选举已不具有民主的实质意义，难以对国家的政治生活产生实际影响力。民主的选举制度不能适应中世纪的封建领主制和土地所有制。但是一些选举现象依然存在。例如：教皇由具有选举权的枢机主教组成的选举会议选举产生；神圣罗马帝国的皇帝是从选帝侯中选举产生的；自治城市的议会议员由市民选举产生；封建王权下等级议会的部分议员由选举产生。

二 选举的发展

现代选举制度以民主为核心，同时选举又是民主的载体和实现民主的必要手段。选举的发展过程，就是选举中民主的实质因素和形式因素逐步完善的过程。选举中民主的实质因素指的是选举出的代表和机构对国家政治生活的实际影响力，选举中民主的形式因素指的是选举权的广泛性或普遍性。近代民族国家出现以后，由于各国政治、经济、文化和社会发展程度的不同，各国选举制度的发展呈现出不同的特点，但是从发展趋势来看，各国的选举都是从基于财产、出身、性别和种族的特权选举权向普选权方向发展的。

1. 英国

英国是世界上最早实行代议制的国家，其选举制度不仅对英国自身的代议民主政治具有十分重要的意义，而且对西方国家的代议民主政治都具有非常深远的影响。英国选举制度的发展大致经历了三个阶段。

第一阶段：中世纪至资产阶级革命，确立议会民主制度。英国的选举制度源于中世纪英国国会中下院即平民院议员的选举。1295年，英国国王爱德华一世为了征收税款，首次邀请平民议员参加国会，为英国下议院的产生奠定了基础。1311年以后，平民议员成为议会的正式成员。1343年，议会分成贵族院（即上院）和平民院（即下院）。上院议员由贵族和教士代表担任，下院由骑士和平民代表组成，下院议员全部由土地占有者投票选举产生。都铎王朝实行专制统治，国王干预和破坏下院平民议员的选举；同时，整个都铎王朝时期，国王很少召开国会，下院平民议员的选举名存实亡。1688年资产阶级革命后，英国通过宪法正式确立"议会主权"原则和议会民主政体。议会和议会代表在国家政治生活中具有实质性影响力，使得选举的普遍性和广泛性具有广泛意义，并为英国选举制度的发展确立了新的方向。

第二阶段，资产阶级革命至20世纪，逐步完善选举制度。自18世纪中叶工业革命以来，英国的社会结构发生了根本性的变化，贵族阶级衰落，资产阶级和工人阶级日益壮大。英国传统选举制度的弊端日益显露。首先，议席分配不平衡。工业资本家和产业工人代表过少；许多新兴工商业城市如伯明翰、曼彻斯特等，人口众多，却没有议席。其次，选举资格上的财产限制使穷人失去了选举权。再次，选举方法不完善，妨碍选民真实意愿的表达。当时选举主要采用记名投票方式，选民大声叫喊所选人的姓名，由监督官记录。这种选举方法不能真实表达选民意愿。最后，存在议席买卖行为，选举有失公平。

从十八世纪中期的工业革命开始，英国逐步改革选举制度。1832年，英国颁布了选举改革法。其改革措施包括：重新分配议席，给予人口众多的新兴工业城市更多的议席；降低选民的财产资格限制，扩大选民范围。但是，这次选举改革仍然存在贵族所占的议席过多、未能实现工人"有住宅的人都有选举权"的要求。1867年，英国又颁布选举改革法，进一步降低选民的财产资格，凡年收入5镑者均拥有选举权，城市中拥有住宅并居住一年的居民均有选举权，从而使城市选民超过农村选民，削弱了贵族在议会中的地位。此后，1872年颁布《秘密投票法》，把公开投票改为秘密投票。1883年颁布《取缔选举舞弊法》，规定选举费用限额和选举舞弊的刑罚。1884年颁布《人民选举法》，统一了城市与农村选民的财产资格标准。1885年颁布《议席重新分配法》，把原来以地区为标准产生议员的选区划分法转变为以人口数量为标准产生议员的选区划分法。19世纪后期的选举改革在选民的财产资格限制、选区划分、议席分配等方面都有了重大改进，但是尚未实现普选制：一是妇女无选举权；二是仍存在选举权的居住和收入限制；三是复数投票制仍然存在。

第三阶段，二十世纪以后，确立了普选制。1918年颁布《人民选举代表法》，规定年满21岁的男性公民和年满30岁的女性公民享有普选权。1926年选民居住资格由6个月减为3个月。1928年颁布《人民代表制法》，妇女取得了与男子平等的选举权。1948年颁布《人民代表选举法》，规定凡年满18岁的公民，均享有选举权。至此，英国的普选制最终确立。

英国选举制面临的主要问题是贵族特权问题。英国从特权选举权向普选权转变的过程就是议会地位下降，内阁地位上升的过程，同时，英国的权力中心也从国王转向上院，从上院转向下院，再从下院转向首相。伴随普选制的确立，英国也从一个"议会主权"的国家转变成为一个"内阁集权"的国家，英国的民主形式也从代议民主制转变为行政集权民主制。

2. 美国

美国建国前的13个殖民地都是有独立政治体制的政治实体，存在三种类型的选举制度。一是自治（特许）殖民地，如罗得兰、康涅狄格。自治殖民地由英王直接向殖民地颁发特许状，其总督由当地议会选举产生，经英王批准，任期一年。议会采用两院制，议员均由自由民选举产生。二是业主殖民地，如马里兰、宾夕法尼亚、特拉华。业主殖民地是英王封赏给他的大臣或大贵族（即业主）的，其总督由业主任命，英王批准。除宾夕法尼亚之外，特拉华和马里兰都采用两院制。上院议员由英王或业主任命，下院议员自由民选举。三是直辖殖民地，由英王派总督直接管辖，如佐治亚、马萨诸塞、纽约、北卡罗来纳、新泽西、弗吉尼亚、新罕布什尔、南卡罗来纳。直辖殖民地采用两院制，总督和上院由英王任命，下院由自由人选举产生。殖民地居民享有较高的民主权利，选民财产资格仅为四十先令，大多数成年白人男性均拥有选举权，其选民比例高于英国本土。

独立战争后，美国1787年宪法规定了新的选举制度。总统选举采用间接选举制，先由各州选民投票选出与本周国会议员人数相等的选举人，再由各州选举人投票选出正、副总统。议员选举采用直接选举制，参议员和众议员都由选民直接选举产生，参议员各州都是两名，众议员名额在各州按人口比例分配。州长、州议员和某些州的法官、主要行政官员均由选民投票选举产生。各级选举都由共和党和民主党负责。

1787年宪法奠定了美国选举制度的基本框架，但也存在一些问题：一是选民的财产资格限制。到19世纪中期，美国基本取消选民的财产资格限制。1964年美国宪法第24条修正案最终取消了选民的财产资格限制。二是黑人的选举权。与英国不同，作为一个移民国家，美国选举制面临的主要问题是种族歧视问题，特别是黑人的选举权问题。内战结束后，1865年美国颁布宪法第十三修正案，废除了奴隶制度。1868年美国颁布宪法第十四修正案，确定公民权利，给予联邦政府更大权力以要求各州提供平等法律保障。1870年美国颁布宪法第十五修正案保证男性黑人投票权利。至此，黑人选举权的制度性障碍已被排除，但是各州利用文化程度、财产资格、人头税等条件来阻碍黑人的选举权。1924年，联邦最高法院宣布，得克萨斯州的白人预选法因违反宪法第十五条修正案而无效，使黑人选举权取得重大进展。1970年美国颁布选举权法案，进一步保证了黑人的选举权。三是妇女的选举权。1869年，怀俄明州首先赋予妇女选举权。到1914年，美国已有十二个州赋予了妇女以选举权。1920年，美国宪法第19条修正案最终在全美确立了男女平等选举权。

1965年，美国颁布选举法，规定年满18岁的选民拥有选举权，但随后联邦最高法院的判决认为该年龄标准不适用于各州和地方选举。1971年美国颁布宪法第二十六条修正案，最终确定选民的最低年龄资格是18岁。至此普选制在美国确立。

3. 法国

法国的选举制度起源于中世纪的三级会议。1302年，为了对抗教会征税，法王腓力四世召开了第一次三级会议。三级会议由教士、贵族、市民三个等级的代表组成。十四世纪时，三级会议的代表中，第一等级教士和第二等级贵族的代表由国王直接任命，第三等级的代表也由国王选定，而且只限于某些城市。十四世纪以后，三级会议的代表由每个等级自行选举产生。三个等级，不分代表多少，每个代表都有一票表决权。后来各省也召开自己的三级会议。从1302年到大革命爆发的487年，三级会议总共召开过22次。大革命后，三级会议被废除。虽然三级会议是作为君主制的补充而出现的，而且召开次数少，存在也是断断续续的，但是三级会议在一定程度上也制约了王权，为近代议会民主制奠定了基础。可以说，三级会议也是近代欧洲议会民主制的起源之一。

1791年法国颁布宪法，确定国民议会是最高立法机关，国民议会采用一院制。国民议会共有745名议员，全部由人民选举产生，每两年选举一次。但是，该宪法以财产为标准把公民划分为享有政治权利的积极公民[①]和只享有自然权利和公民权的消极公民，只有积极公民才享有选举权和被选举权。按宪法的规定，当时法国2600万人口中约有400多万为积极公民。显然，1791年宪法采用的选举制度还不是普选制。1793年雅各宾派上台后，国民公会颁布了新宪法，规定一切权力必须选举产生；扩大选举范围，取消积极公民与消极公民的界限，废除选举权的财产资格

---

① 所谓积极公民，是指那些25岁以上、出生在法国或归化了法国的、有固定住所的、特别是缴纳了不低于三个工作日日值的直接税的男性公民。

限制；实行男子普选制，凡年满 21 岁的男性公民在某地居住满 10 个月后都可以参加议会的选举。但是，1793 年宪法在实践中没有得到真正的执行。此后，法国经历了两次君主制复辟、两次帝制、五次共和制，颁布过十几部宪法，选举制度也多次发生变化。

1875 年法国成立了法兰西第三共和国，恢复了共和政体，颁布了新宪法。新宪法规定，总统由国民议会选举产生；国民议会采用两院制，由参议院和众议院组成；参议院间接选举产生，众议院普选产生。1945 年实现男女平等选举权。

1946 年法国成立法兰西第四共和国，议会实行两院制，由国民议会和共和国参议院组成。议会两院的地位不平等，国民议会成为国家权力中心。国民议会由普选产生，代表国家；而共和国参议院则由间接选举产生，代表地方政治、地方团体。国民议会享有通过法律及监督政府工作等权力，而参议院只是咨询机构。

1958 年法国在戴高乐主持下成立了法兰西第五共和国，颁布了新宪法。新宪法规定：实行半总统制，总统普选产生，任期 7 年，可连选连任。议会由国民议会和参议院组成，均由选举产生，原拥有的立法权、预算表决权和监督权受到总统和政府的限制，地位与作用较第四共和国有所下降。1974 年选民年龄降到 18 岁。至此，法国也最终实现普选权。

与英美选举制度的发展轨迹不同，法国选举制度是在持续不断的政治动荡中逐步确立和完善的。当然，英、美、法三国选举制度的发展都是以选举、议会及议员在国家政治生活中具有实质性影响为前提的。随着普选制的发展与完善，西方代议民主制逐渐向行政集权民主制和共同参与民主制过渡，特别是共同参与民主制（也称为协商民主制）的出现，使得公民参与国家政治生活的普遍性、广泛性、直接性在提高，一定程度上弥补了竞争性代议民主制的局限，预示了西方民主制未来的发展方向。

4. 俄国

俄国的选举制度是从十月革命以后开始发展的。1918 年十月革命胜利后，俄国颁布了《俄罗斯苏维埃联邦社会主义共和国宪法》，规定全俄最高苏维埃代表大会是国家最高权力机关，由市苏维埃和州苏维埃代表大会代表组成，代表按人口比例选举产生。全俄中央执行委员会是全俄最高苏维埃代表大会闭会期间的常设机关，代行其职权。宪法实现了广泛的选举权，取消了选举资格上的一切限制，但剥夺了剥削阶级的选举权。1918年到1935年，俄国选举制度的特点是：有限的普选权；公开投票制；间接选举为主，直接选举为辅；城乡差别制。

1936年，苏联颁布了新宪法。新宪法进一步取消了选举资格上的一切限制；实行直接选举制，代表由选民直接投票产生；取消了城乡选举中的不平等。从形式上看，苏联的选举制度是当时世界上最民主的，但由于苏联实行高度集权的政治体制，选举制度是非竞争性的，选举、苏维埃代表大会及代表对国家政治生活并不具有实质性影响力，因而苏联选举制度的民主性有待于进一步提高。1977年，苏联的最后一部宪法出台，新宪法规定了全民公决，确立了一人一票、直接选举、无记名投票等选举原则。

苏联解体后，苏维埃代表大会转向西方议会制，俄罗斯开始实行竞争性的选举制度。1995年，俄罗斯颁布《俄罗斯联邦联邦会议国家杜马代表选举法》、《俄罗斯联邦联邦会议联邦委员会组成程序法》，确立了三权分立的政治体制，联邦会议实行两院制，即联邦委员会和国家杜马。联邦委员会共178名代表，由89个联邦主体各派两名代表组成。国家杜马共450名代表，由选民直接选举产生，以多数制和比例制选举产生的议员各占一半，即各为225名。另外，任何政党或运动要想进入国家杜马，就必须在选举中获得5%以上选民的支持。至此，国家杜马正式确立了在国家政治生活中的实质性地位，标志着俄罗斯形成了西方民主式的选举制度。

与英、美、法不同，俄罗斯选举制度的发展主要体现在两个方面：一是由苏维埃选举制度转向了西方民主选举制度；二是随着苏联的解体和西方式议会民主制的确立，选举、国家杜马和议员在国家政治生活中开始发挥实质性影响力。

西方选举制度的发展是人类民主制度发展与完善的标志，极大地促进了西方政治生活的民主化进程，为人类政治文明的发展做出了巨大贡献。但是，西方选举制度存在着难以克服的局限。在西方代议民主制中，选择代表只具有工具性价值，民主仅仅体现为人民对代表的选择，选民对国家政治生活的参与范围和参与程度是相当有限的。①

5. 中国

中国古代不存在西方民主意义上的选举。中国在汉代已有选举之说，如《淮南子·兵略》中就有"选举足以得贤士之心"的记载，《汉书·鲍宣传》也说"龚胜为司直，郡国皆慎选举"。二十四史自《旧唐书》至《明史》都有"选举志"。选举就是举孝廉及贤良方正。但是，中国古代的"选举"，本质上是"选士"、"选官"，是统治者按照既定程序选拔行政官员的一种方式。选举的实质是统治者授予"治权"的过程，所选官员的权力合法性来源于统治者的同意，而不是人民的认可。选举产生的人是统治者的代理人而不是人民的代表，他们只对授予其权力的统治者及上级负责而不对人民负责，这充分说明中国古代的选举与西方民主意义上的选举有根本的区别。

现代民主意义上的选举制度是从西方传入中国的。1911 年 12 月，辛亥革命爆发后资产阶级革命派颁布《中华民国临时政府组织大纲》，规定中华民国临时大总统和参议院议长由选举产生，这是中国现代选举制度的滥觞。1912 年 3 月，中华民国临时政府颁布《中华民国临时约法》，规定人民有选举权和被选举权。北京政府时期和南京国民政府时期，选举制度有所发展，但也有反复甚至倒退。

中国当代选举制度起源于中国共产党领导的革命根据地的选举制度。这一选举制度实行劳动者的普选制，为人民代表大会制度的确立奠定了基础。新中国成立后，1953 年 3 月，中央人民政府颁布《中华人民共和国全国人民代表大会及地方各级人民代表大会选举法》，对我国选举制度的原则、程序、方法作了具体规定，是我国第一部比较完备的选举法。改革开放后，我国的选举制度得到了新的发展。1979 年 7 月，五届全国人大二次会议通过了《中华人民共和国全国人民代表大会和地方各级人民代表大会选举法》，对 1953 年选举法进行了重大修改。主要有：一是把直接选举扩大到县一级；二是把代表候选人的等额选举改为差额选举；三是在投票方法上一律采用无记名投票制。这部选举法进

---

① ［美］约瑟夫·熊彼特：《资本主义、社会主义与民主》，吴良健译，商务印书馆 2000 年版，第 396 页。

一步完善了我国的选举制度，对发展社会主义民主政治具有积极意义。

1979年选举法公布实施以后，又分别于1982年、1986年和1995年先后作了三次修改，主要内容有：一是明确了各级人大代表名额；二是缩小了农村与城市每一代表所代表的人口数比例；三是确立选区划分原则；四是实行一次登记、长期有效的选民登记制度。

中国选举制度的发展已取得了明显的进步，但也应当看到中国选举制度还存在许多政治发展中的问题，这些问题应随着中国社会主义民主政治的不断发展与完善逐步得到解决。

第二节 三峡流域城市社区民主选举的含义、原则、基本要求与发展历程

一 社区民主选举的含义

当代中国社区民主选举主要指城市社区居民委员会选举，而中国城市社区居民委员会选举，是从居民委员会选举发展而来的。1982年12月4日，第五届全国人民代表大会第五次会议通过的第四部《中华人民共和国宪法》①，将"我国长期行之有效的居民委员会、村民委员会等群众性自治组织的地位和作用"列入宪法②，使城市居民委员会的发展和完善具有了宪法依据（第111条），并且在此后四次修改宪法（1988年4月12日，1993年3月29日，1999年3月15日，2004年3月14日）时③，都进一步肯定了此条规定。宪法对居民委员会的选举作出了明确规定："居民委员会、村民委员会的主任、副主任和委员由居民选举。"

1989年12月26日第七届全国人民代表大会常务委员会第十一次会

---

① 参见法律原文见全国人大常委会办公厅研究室编《中华人民共和国人民代表大会文献资料汇编（1949—1990）》（简称《人大文献资料汇编，1949—1990》），中国民主法制出版社1991年版，第103—113页。

② 参见彭真《关于中华人民共和国宪法修改草案的报告》（1982年11月26日），载《人大文献资料汇编，1949—1990》，第113—121页。

③ 历次宪法修正案和最新修改后的法律原文，参见《中华人民共和国宪法》，法律出版社2004年版。

议通过的《中华人民共和国城市居民委员会组织法》(简称《居委会组织法》)①，1990年1月1日起正式实施，1954年12月31日第一届全国人民代表大会常务委员会第四次会议通过的《城市居民委员会组织条例》同时废止。

《居委会组织法》对居委会成员数、选举人、选举方式、居委会委员的任期等都做了具体规定。《居委会组织法》第七条规定：居民委员会由主任、副主任和委员共计五人至九人组成。多民族居住地区，居民委员会中应当有人数较少的民族的成员。第八条规定：居委会主任、副主任和委员由本居住地区全体有选举权的居民或者由每户派代表选举产生；根据居民意见，也可由每个居民小组选举代表二人至三人选举产生。年满十八周岁的本居住地区居民拥有选举权和被选举的权利。第九条规定：居民会议由十八周岁的居民组成。居民会议可以由全体十八周岁以上的居民或者每户派代表参加，也可以由每个居民小组选举代表二人至三人参加。第十四条规定：居委会可以分设若干居民小组，小组长由居民小组推选。显然，宪法赋予了社区居民在社区自治中拥有选举和被选举权。社区居民有权选举和被选举为社区居委会委员、居民代表、居民小组长、社区代表大会成员、社区议事协商委员会委员。

1990年至2000年的10年间，各省、自治区、直辖市均按照《居委会组织法》的要求，组织实施居民委员会选举。2001年以后，随着城市社区建设的推开，居民委员会选举转变为社区居民委员会选举。②

由此可见，社区民主选举就是指社区居民委员会必须由社区居民大会或社区居民代表大会以投票方式民主选举产生。

二 三峡流域城市社区民主选举的原则与基本要求

社区民主选举的基本原则是选举制度的重要组成部分，其根本出发点在于使社区选举充分体现人民主权。

---

① 参见全国人大常委会法制工作委员会常用法律法规全书编写委员会编：《中华人民共和国常用法律法规全书》(2001年版)，吉林人民出版社2001年版，第214—216页。

② 参见史卫民、郭巍青、王金华、刘勇、王时浩《中国社区居民委员会选举研究》，中国社会科学出版社2009年版，第39页。

2004年5月，民政部基层政权和社区建设司发布《社区居民委员会直接选举规程》①，供各地在城市社区民主选举中参阅。《社区居民委员会直接选举规程》第二条规定：社区选举要体现民主、公开、公平、公正的精神，必须遵循以下原则。

第一，普遍选举权原则。年满18周岁、未被依法剥夺政治权利的居民，不分民族、种族、性别、职业、家庭出身、宗教信仰、教育程度、财产状况，均享有选举权和被选举权。

第二，平等选举权原则。选民在平等的基础上参加选举，所有选民的有效投票的效力完全相等。

第三，直接提名原则。候选人由居民公开提名。如果提名候选人名额多于所需正式候选人的名额，应以公开的方式进行预选。

第四，直接选举原则。社区居民委员会主任、副主任和委员均由全体选民以一人一票的方式直接选举产生。

第五，差额选举原则。社区居民委员会候选人的名额应当多于应选人名额。主任、副主任和委员职务的候选人名额都应当多于各职务应选人名额。

第六，竞争选举原则。候选人为了争取居民信任可以进行主动承诺和相互竞争的活动。竞选方式允许多样化，但不能违背公平公正宗旨。

第七，秘密写票原则。投票选举时，必须设立秘密写票处。所有选民必须在秘密写票处填写选票。

第八，公开计票原则。公开唱票计票并公布选举结果。

2006年1月17日，民政部发布《关于做好2006年社区居民委员会换届选举工作的通知》②，对社区居民委员会选举提出了具体要求：

社区居委会选举事关居民群众民主权利，事关和谐社区建设，事关社会稳定。各地要积极推进社区居委会民主选举的制度化、规范化、程序化，通过民主选举，不断提高居民群众在社区事务中当家做主的能力，

---

① 参见詹成付主编《社区居委会选举工作进展报告》，中国社会出版社2006年版，第35—54页；"规程"的"使用指南"，见该书第55—64页。

② 参见詹成付主编《社区居委会选举工作进展报告》，中国社会出版社2006年版，第183—188页。

真正把居民拥护的思想好、作风正、有能力、愿意为居民服务的人选进社区居民委员会之中，为社区居民提供良好的管理和服务。

根据民政部关于城市社区民主选举的原则和要求，三峡流域各省份在居民委员会选举办法（包括选举规程）和规范性文件中结合各地的实际情况制定实施办法和实施细则加以贯彻落实，不仅对选举原则做了明确的阐释，而且对选举工作提出了具体要求。

1. 湖北

1993年11月25日，湖北省八届人大常委会第4次会议通过《湖北省实施〈中华人民共和国城市居民委员会组织法〉办法》，并于1993年11月25日公布。办法第九条规定：居民委员会主任、副主任和委员，按照《居委会组织法》的规定选举产生。第十条规定：居民委员会的选举工作，在不设区的市、市辖区、县人民政府和乡、镇人民政府或者街道办事处的指导下，成立选举工作小组主持进行，依法保障居民行使选举权和被选举权。

2012年8月30日，湖北省发布《中共湖北省委办公厅、湖北省人民政府办公厅关于认真做好2012年全省社区党组织和社区居民委员会换届选举工作的通知》（鄂办发〔2012〕42号）。2012年9月，湖北省发布《湖北省社区居民委员会直接选举规程（试行）》。两个文件明确提出了社区居委会选举必须遵循以下基本原则：

坚持党的领导。要把党的领导贯穿于社区"两委"换届选举工作的全过程，体现到换届选举工作的各个环节，善于运用法律法规实现党对社区"两委"换届选举工作的领导权，发挥党组织善于组织群众、宣传群众、联系群众的政治优势和党员的先锋模范作用，引导群众正确行使民主权利，把党的主张变成群众的自觉行动，树立正确的选人用人导向。

坚持发扬民主。要充分尊重群众、相信群众、依靠群众，切实保障广大党员群众的知情权、参与权、选择权和监督权，最大限度地提高党员群众参与度，坚持代表选举和直接选举相结合，稳步扩大直接选举范围，使换届选举真正成为普及法律知识、增强民主意识的过程，成为发展社会主义基层民主的生动实践。

坚持依法办事。要自觉维护党章和法律权威，依法依规开展社区"两委"换届选举工作，努力使换届选举各个环节、各项工作有法可依、有章可循，绝不允许随意简化程序，坚决防止和纠正违法违规行为，切实维护换届选举工作的法律性、政策性、程序性和严肃性，确保公开、公平、公正。

通知同时规定社区居委会选举必须贯彻的工作要求：

严格把握任职资格条件。社区"两委"成员候选人应具备以下资格条件：政治素质高，坚决贯彻执行党的路线、方针、政策；具有比较丰富的社区工作经验、较强的服务社区居民能力和组织协调能力；工作认真负责，热心服务居民，群众威信高；遵纪守法，廉洁奉公，作风民主，公道正派；身体健康。各县（市、区）要结合实际，进一步明确社区"两委"班子成员选任的条件和标准。

选优配强社区党组织班子。要按照政治思想素质好、社会管理能力强、群众工作能力强的"一好双强"标准，采取内选、外聘、下派等方式，进一步拓宽来源渠道，选优配强社区党组织班子成员特别是党组织书记，着力建设一支守信念、讲奉献、有本领、重品行的社区党组织书记队伍。

依法选举产生社区居民委员会。要严格按照有关法律法规，规范选举程序，把握关键环节，确保居民依法行使民主权利。鼓励社区民警、群团组织负责人通过民主选举程序担任社区居民委员会成员；鼓励党政机关、企事业单位在职或退休党员干部、社会知名人士以及社区专职工作人员依法参与社区居民委员会选举，经过民主选举担任社区居民委员会成员。

优化社区"两委"班子结构。统筹考虑社区"两委"班子成员配备，社区"两委"班子成员一般配置5—9名。结合实际，积极推行"双向进入、交叉任职"；提倡把社区党组织书记按照规定程序推选为社区居民委员会主任候选人，通过依法民主选举担任社区居民委员会主任；提倡把社区党组织成员和业主委员会成员按照规定程序推选为社区居民委员会成员候选人，通过依法民主选举担任社区居民委员会成员；提倡党员通过法定程序当选居民小组长、居民代表。实行社区党组织书记和居民委员会主任"一肩挑"的社区，要配备一名专职副书记。以换届为契机，推进"大学生服务社区计划"，探索先聘后选方式吸纳高校毕业生到社区工作，进一步优化社区"两委"班子的年龄、文化、专业结构。

2012年6月，宜昌市发布《宜昌市社区党组织、社区居委会换届选举工作实施方案》，规定了社区党组织、社区居委会选举工作必须遵循的基本原则：

坚持党的领导。社区换届工作必须坚持和加强党的领导。要按照政治思想素质好、社会管理能力强、群众工作能力强的"一好双强"标准，着力选优配强社区党组织书记，选优配强社区党组织班子。社区党组织要充分发挥领导核心作用，加强对党员、居民的宣传、教育、引导，引导居民充分行使民主权利，积极参与社区换届选举，确保选举工作健康有序进行。

坚持依法办事。社区居委会换届工作必须按照《中华人民共和国城市居民委员会组织法》和《湖北省实施〈城市居民委员会组织法〉办法》的规定，严格依法规范换届选举各个阶段、各个环节、各项程序的工作，确保换届工作依法按程序进行。

坚持居民自治。充分保障基层群众依法行使选举权、知情权、参与权、监督权等民主权利，选举办法、程序和结果要充分尊重民意，接受群众监督。切实把社区党组织、社区居委会委员的提名权、选举权交给居民群众，通过居民自治的方式，通过法定的选举程序，确定社区党组织、社区居委会委员。

坚持德才兼备。选配班子坚持德才兼备、群众公认、注重实绩的原则，积极引导居民把办事公道、廉洁奉公、遵纪守法、作风扎实、热心为居民服务的人选为社区居民委员会成员。注重班子年龄、性别、文化结构的优化，以适应现代城市社区建设发展的需要。同时要统筹考虑社区"两委"班子成员配备，要结合实际，积极推行"双向进入、交叉任职"，提倡把社区党组织书记按照规定程序推选为社区居民委员会主任候选人，通过民主选举担任社区居民委员会主任；提倡把社区党组织成员按照规定程序推选为社区居民委员会成员候选人，通过民主选举担任社区居民委员会成员；提倡党员通过法定程序当选居民代表。实行社区党组织书记和居民委员会主任"一肩挑"。

坚持选聘分离。把社区居委会组成人员的直接选举和社区服务站工作人员的聘用区分开来，社区居委会换届选举依法按章实行"三推一选"，由推选出的居民户代表差额选举产生；社区服务站工作人员按照

《社区专职工作者管理办法》公开招聘。

坚持精干高效。根据相关规定和实际工作需要，社区居委会组成人员职数拟按9人配备，其中设主任1名，副主任2人，具体人数根据街道办事处提出的意见并报区政府审核后，交社区居民代表大会讨论决定。社区服务站的职数按6人配备。社区居委会正、副主任兼任社区服务站正、副站长。

坚持公开公平公正。坚持换届选举工作各程序各环节公开，候选人职位和条件公开，选举结果公开，保证换届选举工作过程和结果公平、公正。

2012年11月26日，宜昌市发布《中共宜昌市委办公室、宜昌市人民政府办公室关于认真做好全市社区党组织和社区居民委员会换届选举工作的通知》（宜办文〔2012〕50号），除了积极贯彻《中共湖北省委办公厅、湖北省人民政府办公厅关于认真做好2012年全省社区党组织和社区居民委员会换届选举工作的通知》（鄂办发〔2012〕42号）和《湖北省社区居民委员会直接选举规程（试行）》关于社区居委会选举的原则与要求外，通知还根据宜昌经济社会发展的实际情况，创新性地提出了宜昌社区居委会选举必须遵循的基本要求：

积极选派第一书记到社区任职，实现社区第一书记选派全覆盖。社区党组织选举主要采取党员和群众公开推荐、上级党组织推荐、党员或党员代表大会选举的"两推一选"方式进行，有条件的地方也可以采取党员和群众公开推荐、党员大会直接选举的"公推直选"方式。

社区居民委员会换届选举可采取直接选举、户代表选举和居民代表选举三种方式进行，积极推行直接选举，稳步扩大直接选举范围，各地直接选举的比例要不低于上届。积极推进"选聘分离"，稳步扩大社区居委会成员来源渠道。

应注重从优秀社区网格管理员中推荐提名社区"两委"班子成员的候选人。

恩施土家族苗族自治州（以下简称"恩施州"）地处鄂西南，交通不便，城市化水平低，经济与社会发展相对滞后。但恩施州也非常重视城市社区自治建设，提出在社区居委会选举中要严格贯彻《中共湖北省委办公厅、湖北省人民政府办公厅关于认真做好2012年全省社区党组织和社区居民委员会换届选举工作的通知》（鄂办发〔2012〕42号）和《湖北省社区居民委员会直接选举规程（试行）》的精神，强调在社区居委会换届选举中，必须坚持三个基本原则：必须坚持党的领导，必须坚持发扬民主，必须坚持依法办事，并且要求选优配强社区居委会，并把优秀大学生村官选进居委会。

恩施州各城市也依据本市的具体情况确定了社区居委会选举的原则与要求。2011年恩施市颁布了《恩施市2011年村（居）民委员会换届选举工作实施方案》，规定社区"两委"（社区党委、社区居委会）选举必须遵循以下原则：

坚持党的领导。换届选举工作要在市委、市政府的统一领导下，有计划、有步骤地进行。各镇道办事处党委要切实加强对换届选举工作的组织领导。社区党组织要充分发挥领导核心作用，切实履行职责，把握选举动态，认真做好居民工作，确保社区组织换届选举工作圆满成功。

充分发扬民主。在换届选举中，要尊重居民的知情权、参与权、选择权、监督权，尊重党员和居民的意愿，支持居民当家作主，保证广大居民依法行使民主权利。要最广泛地动员和组织选民有序参与，引导选民增强法律意识和民主意识，积极、公正地酝酿、推荐或提名符合条件的干部人选，依法依规进行选举。

严格依法办事。换届选举工作必须严格依照有关法律法规进行，做到法定的程序不变通，规定的步骤不减少，从制度上保证换届选举的顺利进行，保护党员和居民的合法权益。制订的换届选举工作方案，必须与相关的法律法规相一致。任何违法或徇私舞弊的行为，都要坚决查处。提倡"一票制"直选，提高选举效率。在一些社情复杂、基础薄弱的社区，可按"两票制"选举办法，严格按规程操作。居民委员会的换届选举工作既可以按照村民委员会的"直选"程序选举，也可以按《城市居民委员会组织法》的规定实行代表制选举。

坚持"两委"统选，提倡交叉任职。依照《中国共产党章程》的要求，统筹社区党组织、居委会的换届选举工作。提倡党组织书记、居委会主任"一肩挑"和"两委"成员交叉任职。当选为社区党支部书记是居民身份的，可依法律程序推选为居委会主任的候选人；当选为社区党支部委员的，可依法律程序推选为居委会成员候选人。通过选民直选为居委会主任、委员，实行交叉任职。

实行"设岗定位"，合理配备班子。此次居民委员会换届选举，社区居委会由5—9人组成，设居委会主任、副主任、财经委员、治保委员、妇女委员等职位，要尽力确保居委会成员中有妇女和懂财会的人当选。具体人数由街道办事处根据各社区实际情况提出后，交居民会议或者居民代表会议讨论决定，报市民政局备案。

利川市则强调社区居委会选举必须坚持维护稳定。紧紧围绕全处改革发展稳定大局，坚决查处换届选举中出现的违规违纪违法行为，努力营造风清气正的换届环境，确保换届选举工作平稳有序进行；坚持居委会精干高效。鼓励党政机关、企事业单位在职或退休党员干部、社区民警、业主委员会、物业服务机构、群团组织和社会组织负责人、大学毕业生、社会知名人士及社区专职工作人员积极参选；实行社区"两委"成员交叉任职。

2. 重庆

1998年9月，重庆市人民政府发布《重庆市居民委员会选举办法》（渝府令（1998）36号），第二条规定：居民委员会的选举工作，必须充分发扬民主，坚持依法办事，严格履行法定程序，充分保障居民行使民主权利。2007年重庆市发布《关于做好2007年"两委"换届选举工作的通知》，要求居委会选举必须充分发扬民主，严格依法办事，坚持公平、公正、公开的原则。2013年重庆市颁布《重庆市第九届村（居）民委员会换届选举工作方案》，明确居委会选举工作要求：

基层组织建设得到加强，居委会成员结构进一步优化，年龄层次、文化程度更趋合理。

基层民主不断发展，社区居委会直选面达到85%以上。

党群干群关系国家密切，居委会凝聚力进一步加强。

突出问题得到解决，组织涣散、管理薄弱、服务水平不高的社区逐步得到治理。

2013年，重庆市涪陵区发布《关于认真做好全区村（社区）"两委"换届选举工作的意见》（涪陵委发〔2013〕26号），涪陵区区民政局制定了《重庆市涪陵区第九届村（居）民委员会换届选举工作方案》（涪民政发〔2013〕144号），规定居委会选举必须遵循以下原则：

党管干部、民主集中原则。社区把加强党的领导贯穿选举工作的全过程，牢牢把握选举工作的领导权和主动权，在重大问题和关键问题上把好关、定好向，把党的意图和群众意愿落到实处。

德才兼备、以德为先原则。坚持把思想素质好、领导发展能力强、服务群众能力强作为居委会成员的选任标准。

任人唯贤、群众公认原则。充分发扬民主、公开职位职数、任职条件和选举程序，扩大识人视野，拓宽选人渠道，做到任人唯贤，真正体现居民的意愿。

依法选举、注重实效原则。选举工作必须按照《中华人民共和国居民委员会组织法》、《重庆市居民委员会选举办法》的规定，注重实际考核，结合社区实际，依法选举。

2013年，重庆市黔江区下发《关于认真开展好村、社区"两委"换届选举工作的通知》，强调居委会选举必须坚持党管干部、群众公认、依法办事的原则，并且提出了居委会选举的工作要求：

选好村、社区"两委"班子，打造一支守信用、讲奉献、有本领、重品行的干部队伍。

要按照精干高效、有利于工作的要求，合理设定干部职数。

要严格选任标准，坚持德才兼备、以德为先，把"一好双强"（思想素质良好、领导能力强和服务群众能力强）作为选任的标准。

要注重优化队伍结构，拓宽选人渠道，打破资历、身份、行业、地域等界限，依法从现任村、社区干部等工作者中遴选。

要依法组织选举，严格把关延期换届选举。

2013年，重庆市万州区颁布《万州区第八届村（居）民委员会换届选举工作方案》，强调社区居委会选举必须坚持依法办事、充分发扬民主、健全基层群众自治、公平、公正、公开的原则，并确定了社区居委会选举的工作要求：

基层组织建设得到加强，居委会成员结构进一步优化，年龄层次、文化程度更趋合理。

基层民主不断发展，居委会实行全面直选。

党群干群关系更加密切，居委会凝聚力进一步增强，群众对居委会成员的满意度进一步提高。

突出问题得到解决，组织涣散、管理薄弱、服务水平不高的村和社区逐步得到治理。

3. 贵州

2013年7月，贵州省人民政府印发《贵州省第九届村（居）民委员会换届选举工作实施方案》，强调社区居民委员会必须坚持直接、差额、无记名投票和公平、公正、公开、平等、竞争、择优的原则，落实责任，严肃纪律。该方案强调居委会选举必须坚持以下工作要求：

把群众拥护、思想好、作风正、能力强、有文化、办事公道、真心实意为群众办事的人选进居民委员会班子，提高居民委员会干部的整体素质和工作水平。

按照守信念、讲奉献、有本领、重品行和"一岗双责"的要求，建设高素质基层党组织带头人队伍。

以"一好双强"为目标，采取"两推一选"、"公推直选"等方式，重点在协会负责人、复员退伍军人、社区工作的高校毕业生中选拔社区党组织书记。

2013年贵州省铜仁市发布《铜仁市第九届村（居）民委员会换届选举工作实施方案》（黔府办函〔2013〕96号），强调居民委员会选举必须坚持公平、公正、公开、平等、竞争、择优、和直接、差额、无记名投票的原则，并要求具体落实《贵州省第九届村（居）民委员会换届选举工作实施方案》所提出的选举工作要求和工作目标。

4. 湖南

2006年4月，湖南省发布《中共湖南省委办公厅、湖南省人民政府办公厅关于认真做好全省第六次社区居民委员会换届选举工作的通知》，强调要积极推进社区居委会民主选举的制度化、规范化、程序化，不断提高居民群众在社区事务中当家作主的能力，真正把居民拥护的思想好、作风正、有能力、愿意为居民服务的人选进社区居委会中，为社区居民提供良好的管理和服务，并强调在社区居委会选举中要切实加强党的领导，严格依法依规办事，提倡社区党组织与社区居委会交叉任职。

2012年，中共湖南省委办公厅、湖南省政府办公厅印发《关于认真做好全省社区党组织和第八次社区居民委员会换届选举工作的通知》（湘办发〔2012〕24号）、《湖南省社区居民委员会选举规程》，规定社区居民委员会选举必须坚持加强党的领导、充分发扬民主、严格依法依章依规办事的原则，积极推进社区居委会民主选举的制度化、规范化、程序化，选好配强社区居委会，真正把居民拥护的思想好、作风正、办事公道、能力突出、热心为居民服务的人选进社区居民委员会中，提升社区管理与服务水平。

2012年9月，怀化市发布《怀化市社区"两委"换届选举实施方案》，各地县委、县政府结合实际，制定了《第八届社区居委会换届选举工作实施方案》，提出了居民委员会换届选举工作的原则与要求，强调居委会选举必须坚持党的领导，充分发扬民主，严格依法办事，坚持公开、公平、公正和直接、差额、竞争、无记名投票的选举原则。

2012年7月，张家界市发布《关于认真做好社区党组织和第八次社区居民委员会换届选举工作的通知》，强调社区居委会选举必须坚持以下原则：

坚持党的领导原则。突出社区党组织政治核心作用，把加强党的领导贯穿于选举工作全过程，切实发挥好党组织总揽全局、协调各方的作用，依法引导、保障党员和居民正确行使民主权利，选好社区建设带头人。

坚持依法依规原则。严格按照《中华人民共和国城市居民委员会组织法》、《湖南省社区居民委员会选举规程》等法律法规实施选举，确保规定条件、规定程序、规定环节符合要求。

坚持扩大民主原则。结合实际，积极探索社区自治的多种实现形式，努力扩大社区居民的有序政治参与，切实尊重社区居民的民主权利。

坚持因地制宜原则。按照有利于社区自治有序发展、有利于促进社区和谐稳定等要求，认真贯彻中央和省、市精神，准确把握社情民意，结合社区实际开展工作。

2009年9月，常德市发布《常德市第七次社区居民委员会换届选举工作方案》（常办〔2009〕43号），规定社区居委会选举必须坚持以下基本原则：

普遍选举权原则。年满十八周岁的本居住地区居民，不分民族、种族、性别、职业、家庭出身、宗教信仰、教育程度、财产状况、居住期限，都有选举权和被选举权。但是，依照法律被剥夺政治权利的人除外。

平等选举权原则。凡被确定为选民的居民在平等的基础上参加选举，不允许任何人享有特权，即所有选民在一次选举中只能投一张选票、一人一票，而且所有选票的效力完全相等。

公开提名原则。社区居民委员会候选人由选民公开直选提名。候选人居住的社区原则上应与其参选的社区一致。任何组织或个人均不得以不公开的方式提名产生候选人。

差额选举原则。社区居民委员会选举，候选人名额应当多于应选名额。主任、副主任、委员三种职务，应分别采用差额，不得混在一起，必要时可以将三种职务分开投票。

竞争选举原则。候选人之间为了争取居民信任可开展自我宣传、自我表现、主动承诺和相互竞争的活动。这种活动必须在居民选举委员会组织下有序进行。

"两个提倡"原则。提倡社区党组织书记和社区居民委员会主任通过民主选举，由一人担任；提倡社区党组织领导班子成员与社区居民委员会中的党员成员交叉任职，但是交叉任职要从实际出发，依法办事，不搞"一刀切"。

秘密写票原则。社区居民委员会选举实行秘密的无记名投票，要设立充足、规范的秘密写票处，保证选民真实表达个人选举意愿。

公开计票原则。当场公开唱票、计票，当场公布选举结果。

该通知明确指出社区选举必须切实加强组织领导，要充分发挥基层党组织的领导核心作用，严格依法办事。

2012年，吉首市发布《吉首市社区党组织和第八次社区居民委员会换届选举工作实施方案》，强调社区居民委员会选举必须充分发扬民主，把德才兼备的优秀人才选进社区居委会领导班子，以巩固城镇基层组织，全面推进城镇社区建设，促进城镇改革、发展和稳定。该方案对居民委员会选举提出了具体要求：

切实加强领导，搞好协调。各相关部门、街道（镇）要切实加强领导，把社区居民委员会换届选举工作列入重要议事日程，作为开展社区建设的一项重要工作抓落实。

坚持择优选才，配强班子。要面向社区广选优秀人才，特别是注意从年龄45岁以下，文化程度在大专以上的社区居民中推荐提名和介绍候选人，并在确保候选人基本任职条件相同的情况下，按提名得票相对多数原则确定为正式候选人，通过民主选举，把他们选进居民委员会班子，优化班子成员结构，提高其整体综合素质。鼓励社区民警、群团组织负责人、党政机关、企事业单位在职或退休党员干部、社会知名人士及社区专职工作人员参与社区换届选举，经过民主选举担任社区居委会成员。

严格依法办事，严肃纪律。对在推选居民选举委员会成员、提名确定居民委员会成员候选人、组织投票选举过程中有违法行为的机构或个人，市直相关单位和街道（镇）要及时责令整改，并对有关责任人按程序给予党纪政纪处分。

切实搞好直选，扩大民主。街道（镇）要坚持从社区实际出发，积极扩大居民委员会直接选举的覆盖面，力争实现全市居民委员会直接选举覆盖面达60%以上，部分社区覆盖面100%。

健全完善制度，规范选举。制定下发了《居民委员会换届选举"全程签字"制度》、《居民委员会换届选举工作责任制度》、《居民委员会换届选举重大事项报告制度》、《居民委员会换届选举情况通报制度》、《居民委员会换届选举督导工作制度》、《居民委员会换届选举集体谈话制度》、《居民委员会换届选举信访工作责任追究制度》，以确保社区居民委员会换届选举工作依法公正有序推进。

认真处理信访，维护稳定。街道（镇）及市直有关部门特别是信访、民政、司法部门，一定要充分尊重社区居民的申诉权、信访权，高度重视并正确对待社区居民的来信来访。要坚持及时、就地依法解决问题和思想教育疏导相结合的原则，对居民反映属实，确实存在违法违纪行为的，应及时责成有关单位和人员予以查处整改；对居民反映与实际情况有出入的，要向居民说明情况、澄清事实，消除误会；对居民反映的问题一时解决不了的，要耐心解释，说明原因，争取居民谅解。

坚持党的领导，搞好选举。全市各级各部门党组织在换届选举前要做好宣传动员工作；换届选举中要把握正确方向，充分发挥党组织的核心领导和党员的先锋模范作用，引导和带领广大居民正确行使权利，自觉抵制各种违法行为；换届选举后主动支持、保障新一届居民委员会依法开展工作。居民委员会换届选举与居民委员会党组织换届选举要有机结合。提倡社区党组织领导班子成员、社区居民委员会成员与业主委员会成员交叉任职；提倡社区党组织书记和居民委员会主任通过民主选举，由1人担任。社区居民委员会党组织换届选举要充分发扬党内外民主，全面推行"两推一选"办法，即采取上级党组织、居民党员和居民分别推荐、再由党员大会选举产生居民委员会党组织领导班子成员的方式，条件成熟的居民委员会党组织可实行"公推直选"办法产生领导班子成员，进一步健全和完善民主公开程序以及提高居民党员的认可程度，增强基层党组织的凝聚力、吸引力和战斗力。在社区居民委员会换届选举中落选的，原则上不得推荐为党组织书记人选。

注重分类指导，强化监督。要加强对社区"两委"换届选举工作的监督指导，特别是要重点关注城乡接合部、村改居、外来人口密集、新建住宅区等"难点"社区的选举，要分类指导，周密安排，派驻工作指导组或指导员，有计划性地制订选举方案，确保选举成功。要积极推行媒体监督以及各级党代表、人大代表、政协委员、"三老"（老党员、老干部、老劳模）担任选举监督员等形式，加强社会力量对选举的监督。有条件的街道（镇）可以把选举观察员制度、司法公证等监督力量引入换届选举活动，确保社区"两委"换届选举工作顺利进行。

从三峡流域各省份及各城市的规定来看，主要强调的是选举的公平、公正、公开原则，并希望杜绝指选、派选、贿选现象，有的省份及城市已注意强调直接、差额、无记名、秘密写票等原则，但是对竞选原则较少强调，只有湖南省常德市在社区居委会选举中强调要坚持竞争选举原则。对社区居民委员会选举的工作要求，则主要强调加强党的领导、充分发扬民主、依法依规选举、严格选举程序、做好宣传工作、及时研究处理选举中出现的各种问题、做好选举的善后工作、落实选举工作经费等。①

三 三峡流域城市社区民主选举的发展历程

城市居民自治制度是在新中国成立后形成的，城市社区民主选举经历了从普遍的间接选举向直接选举逐步演进的过程。1954年国家颁布《中华人民共和国城市居民委员会组织条例》，明确规定城市居民委员会

---

① 参见史卫民、郭巍青、王金华、刘勇、王时浩《中国社区居民委员会选举研究》，中国社会科学出版社2009年版，第134页。

是基层群众自治组织。1989年全国人民代表大会常务委员会通过《中华人民共和国城市居民委员会组织法》，重新确认了城市居民委员会自治组织的法律地位，并规定：居民委员会主任、副主任和委员，由本居住地区全体由选举权的居民或者每户派代表选举产生；根据居民意见，也可由每个居民小组选举代表二至人三人选举产生。新中国成立到20世纪90年代末期，城市居民委员会的选举方式主要是居民小组代表选举，没有采用户代表选举和居民直选方式。

伴随着中国经济体制改革的深入发展、社会的巨大变迁以及城市化和工业化的推进，国家开始大力推动城市社区建设，完善社区民主选举制度成为社区建设的重要措施。从1998年开始，全国各地陆续开展社区居委会选举改革，试点户代表选举和居民直选。1998年8月，青岛市四方区进行了居民直选试点，开创了中国城市社区居委会直接选举的先河。1999年6月，沈阳市沈河区首次进行社区户代表选举。2001年，广西在二十多个社区进行居民直选改革，并且首次设立秘密写票间，在国际上产生了广泛的积极影响。2002年，北京市东城区九道湾社区推行直接选举方式，在全国引起极大的关注。

三峡流域城市社区民主选举的发展是与全国其他省份几乎同步进行的，而且三峡流域各省份还根据自身的具体情况进行了社区居民委员会选举制度创新试点。

1. 湖南

1991年8月，湖南省第八届人民代表大会常务委员会通过《湖南省〈城市居民委员会组织法〉实施办法》，以规范性文件的形式规定了城市社区居民委员会选举方式。办法第十二条规定：居民委员会主任、副主任和委员应由本居住地区有选举权的居民或者每户派代表选举产生；根据居民意见，也可以由每个居民小组选举代表二人至三人选举产生。2003年5月，湖南省民政厅发布《关于认真做好全省第五次居民委员会换届选举暨首次社区居民委员会选举工作的意见》，规定社区居民委员会选举一般采用户代表选举或组代表选举的方法进行。但每个市、州可以选择1—2个工作基础较好的社区进行由全体居民投票选举社区居民委员会成员的直选试点。2003年6月，湖南在长沙市开福区四方社区首次进行社区居民委员会"海选"试点，开拓了湖南基层民主建设的新局面。

2004年至2007年，湖南在全省推行社区居民直选、无候选人选举、外来务工人员参选社区居民委员会成员。

2. 湖北

1993年11月，湖北省第八届人民代表大会常务委员会第四次会议通过《湖北省实施〈中华人民共和国城市居民委员会组织法〉办法》，以规范性文件的形式规定了城市社区居民委员会选举方式。第九条规定：居民委员会主任、副主任和委员由本居住地区内有选举权的居民或者户的代表或者居民小组推举的代表选举产生。从1998年到2000年，湖北省在全国较早进行社区居民代表选举的试点，从2001年到2003年，湖北进行户代表选举试点改革，并于2003年7月开始进行社区居民直选的试点。2004年到2006年，湖北在全省推行居民直选、户代表选举，并在全国率先实行"选聘分离"试点改革。2006年8月25日，宜昌市发布《中共宜昌市委、宜昌市人民政府关于进一步加强社区建设工作的意见》（宜发〔2006〕13号），提出要建立和完善党组织领导下的社区自治机制，不断完善"三推一选"和"选聘分离、议行分设"办法，实行社区居民委员会成员由社区居民直接选举产生，推行社区党组织成员与社区居民委员会成员"交叉任职"。2007年2月4日，湖北省发布《中共湖北省委、湖北省人民政府关于深化社区建设推进社区服务的若干意见》，强调社区居委会成员要按照《中华人民共和国城市居民委员会组织法》的规定，在本社区由居民民主选举产生，稳步推进社区居委会直接选举，"十一五"期间，全省社区居委会户代表和居民直接选举要达到40%。2011年恩施土家族苗族自治州发布《中共恩施州委、恩施州人民政府关于加快推进社区建设的意见》（恩施州发〔2011〕16号），提出要规范社区民主选举程序，积极推进社区居民委员会依法直接选举，稳步扩大直接选举覆盖面，到"十二五"期末，全州社区居民委员会由社区居民或户代表直接选举的达到50%以上。居住一年以上的农民工，享有参加居民委员会选举和参与居民自治的权利和义务。2012年12月10日，恩施州人民政府印发《恩施州社区服务体系建设"十二五"规划》，提出建立健全社区组织，到2015年，80%以上的社区居民委员会实行直接选举。2011年8月25日，湖北省发布《中共湖北省委、湖北省人民政府关于进一步加强社区建设的意见》（鄂发〔2011〕26号），强调坚持和完善社区民主选举制度,进一步规范社区民主选举程序,稳步扩大社区居民委员会直接选举覆盖面,到"十二五"期末,全省社区居民委员会由户代表选举产生或由居民直接选举产生的比例达到50%。2012年6月28日,第十五次湖北省民政会议宣布:湖北省40%社区实现居委会和户代表直选。

3. 贵州

1990年9月,贵州省第七届人民代表大会常务委员会第十五次会议通过贵州省实施《中华人民共和国城市居民委员会组织法》办法,以规范性文件的形式规定了城市社区居民委员会选举方式。第十三条规定:居民委员会主任、副主任和委员,采用差额或等额选举,由本居住地区全体有选举权的居民或户派代表或每个居民小组推选的代表2人至3人,选举产生。从2005年1月贵州省开始进行城市社区居民直选试点,并推行无候选人选举试点。2005年—2008年,贵州在全省推行社区居民直选和无候选人选举。

4. 重庆

1998年9月,重庆市人民政府发布《重庆市居民委员会选举办法》,以规范性文件的形式规定了城市社区居民委员会选举方式。该办法规定:居民委员会主任、副主任和委员由本居住地区全体有选举权的居民或户派代表或每个居民小组推选的代表2人至3人,选举产生。从2004年到2006年,重庆市开始进行社区户代表选举试点。从2007年到2008年,重庆在全市推行居民直选、无候选人选举并允许外来务工人员参选社区居民委员会成员。2011年8月31日,重庆市印发《中共重庆市委办公厅、重庆市人民政府办公厅〈关于进一步加强城市社区居民委员会建设工作的意见〉》(渝委办发〔2011〕40号),提出要进一步扩大社区居民委员会直接选举覆盖面。2011年,黔江区发布《黔江区人民政府〈关于进一步加强社区建设工作的意见〉》,强调要完善社区自治机制,社区居民委员会成员由社区居民直接选举产生。2013年10月,涪陵区发布《关于认真做好全区村(社区)"两委"换届选举的意见》(涪陵委发〔2013〕26号),提出2014年社区居委会选举直选面达到85%。2013年10月,万州印发《关于认真做好全区村、社区"两委"换届选举工作的实施意见》(万州委办发〔2013〕11号),规定2013年社区居委会选举全面实行社区居民直选。

第三节 三峡流域城市社区民主选举的形式与程序

一 国外城市社区委员会成员的产生方式

目前国外社区委员会的产生方式大致有两种：一是以美国、日本为代表的选举制；二是以新加坡为代表的委任制。

1. 选举制

作为高度工业化、城市化的现代化国家，美国和日本已经构建了比较完善的城市社区自治组织体系。作为城市基层管理单元，社区设有社区委员会、社区自治会、社区服务顾问团等自治机构。城市都制定了自治宪章或相应的自治法规，规定社区自治组织的权限与职责，保障社区高度自治。

美国的市是州政府的地方自治单位，大都采用"议行合一"或"议行分立"的市政体制。美国的社区是完全的自治体，城市社区没有政府派出机关，社区实行高度自治。政府对社区进行宏观的规划、指导，并给予社区经费支持和服务协调工作，社区事务由社区自治组织自行决策、管理，并负责组织实施。政府与社区权限清晰，社区的自治组织成员和聘用的工作人员责任分明。

美国的社区事务由社区董事会（或称"社区委员会"）来进行自治管理。社区董事会的成员由本社区的居民或在社区具有较大影响力的居民担任。社区董事会的董事由居住在本社区的居民投票选举产生，任期两年。社区董事会成员都是兼职的，没有工资，都是志愿利用业余时间义务为社区服务。社区董事会聘用社区主任，直接负责社区办公室的工作，下设若干工作委员会管理不同事务。

在日本，市也是完全的自治体，享有法律保护的自治权。城市的基本单位是町，相当于中国城市的社区。每个町都设有町内会（即町自治会），居民必须定期向町内会缴纳会费。町内会是町的自治组织，其成员由居民民主选举产生。在基层町内会之上，各地选举产生町内会联合会，在市一级成立联合自治会，以加强町和政府的联系与沟通。

2. 委任制

新加坡对社区实行政府主导和社区自治并行的原则。政府对社区统一规划，制订并实施社区发展计划。政府设立人民协会，在选区层次上组织、领导、协调社区事务。人民协会在社区设立公民咨询委员会、居民联络所和居民委员会等社区组织，具体管理社区各项公共事务。三个主要社区组织的成员都是政府委任的，其工作都是义务的、兼职的。新加坡的居民委员会相当于我国的社区居民委员会，主要负责社区治安、环卫、文体娱乐等活动。目前，新加坡共有居委会493个，每年开办各种项目和活动33167个，参与人数390多万人次。

二 我国城市社区民主选举的方式

按照《居民委员会组织法》的规定，社区居民委员会选举有三种方式：

1. 居民代表选举

居民代表选举是一种间接选举方式。先由街道办事处提出候选人，然后由每个居民小组选举代表2人至3人选举居民委员会成员。当然，居民代表选举也包括居民代表大会选举和选民推选的居民代表选举。由于参加选举的居民代表人数不多，因而选举成本相对较低。但是，居民代表人数少，无法充分体现居民的意愿。

2. 户代表选举

户代表选举也是一种间接选举方式。先选举出候选人，然后由每户派一名代表选举居民委员会成员。相对于居民代表选举，户代表人数过多，因而选举的成本更高，但户代表选举覆盖面更大，更能体现居民的意愿，其所体现的民主程度也更高一些。

3. 居民直选

居民直选是一种直接选举方式，也是最民主的选举方式。先选举出候选人，再由本居住地区全体有选举权的居民直接投票选举居民委员会成员。由于参选居民人数众多，要花费巨大的人力、物力和财力，选举成本在三种社区选举方式中无疑是最高的，但居民直选能充分体现居民的真实意愿，其民主程度也是最高的。

三 三峡流域城市社区民主选举的程序

2004年5月，民政部基层政权和社区建设司发布《社区居民委员会直接选举规程》①，明确了全国各地社区居民委员会选举的程序规范。2006年1月17日，民政部发布《关于做好2006年社区居民委员会换届选举工作的通知》②，进一步完善了社区居民委员会选举程序的规范要求。

（一）成立选举机构

无论采用何种选举方式，成立选举机构都是社区居民委员会选举的启动程序。但是，社区居民委员会选举机构的名称、产生方式以及职责等，三峡流域各省份、直辖市、各城市有不同规定，选举中有不同的做法。

1. 选举机构的名称

选举机构的名称，有不同的称谓。大致有两种称呼：一是领导小组即选举领导小组（或称选举工作小组、选举工作领导组、换届选举工作领导小组、选举工作领导小组等）。二是选委会即选举委员会（或称社区选举委员会、选举工作委员会等），选举机构的组成人数也略有不同，见表2-1。

表2-1　　　三峡流域社区居民委员会选举机构名称、人数

单位名称	《〈居民委员会组织法〉实施办法》规定	选举办法、规程、文件规定	实际选举机构名称
湖北	领导小组（第10条）	居民选举委员会5—11人（选举规程第2节）	选委会
宜昌	—	社区居民选举委员会5—11人（实施方案）	选委会

---

① 参见詹成付主编《社区居委会选举工作进展报告》，中国社会出版社2006年版，第34—54页；规程的"使用指南"，见该书第55—64页。
② 同上；规程的"使用指南"，见该书第183—188页。

续表

单位名称	《〈居民委员会组织法〉实施办法》规定	选举办法、规程、文件规定	实际选举机构名称
恩施	—	居民选举委员会7—9人（实施方案）	选委会
利川	—	社区换届选举工作领导小组11人（实施方案）	选委会
荆州	—	社区换届选举工作领导小组7—11人（实施方案）	选委会
荆门	—	社区换届选举工作领导小组7—11人（实施方案）	选委会
湖南	领导小组（第8条）	社区居民选举委员会7—11人（选举规程）	选委会
怀化	—	社区居民选举委员会7—11人（实施方案）	选委会
张家界	—	社区居民选举委员会7—11人（实施方案）	选委会
吉首	—	—	选委会
常德	—	—	选委会
贵州	领导小组（第11条）	社区选举委员会7—11人（选举规程第6条）	选委会
铜仁	—	社区换届选举工作领导小组9人（实施方案）	选委会
重庆	—	选举小组5—9人（选举办法第7条）	选委会
涪陵	—	社区换届选举委员会9人（实施办法）	选委会
黔江	—	社区换届选举工作领导小组5—9人（实施办法）	选委会

在三峡流域各省份、直辖市的《居委会组织法》实施办法中,社区居民委员会选举机构是领导小组(四个省份,三个省份规定为领导小组,只有重庆市规定为选委会)。开展城市社区建设后,各省份、直辖市的《社区居民委员会直接选举规程》已都将社区居民委员会选举机构称为选举委员会,但是仍有许多城市在社区选举中将社区居民委员会选举机构称为社区换届工作领导小组。将社区居民委员会选举机构全部统一为选举委员会,是今后三峡流域各城市社区选举的发展方向。

2. 选举机构的产生方式

民政部《关于做好2006年社区居民委员会换届选举工作的通知》对选举机构的产生方式做出了明确规定:为保证选举的公正性,各地可比照农村村委会选举的做法,成立居民选举委员会,负责社区居委会选举事宜。居民选举委员会由居民会议推选产生。2006年9月,民政部印发《社区居民委员会直接选举规程》,进一步明确了社区选举委员会的构成及产生方式。第六条规定:社区居民委员会的选举由社区选举委员会主持。社区选举委员会由7—11人组成,设主任、副主任和委员。社区选举委员会应在选举日前45日前成立。第六条规定:社区选举委员会通过居民小组会议民主选举产生。居民小组会议由本组小组长召集和主持,本组18周岁以上的居民参加,选举按照简单多数的原则,采用无记名投票的方法进行。社区居民小组长将本组的社区选举委员会选举结果的名单报社区居民委员会,由社区居民委员会进行汇总,得票数多者当选。社区选举委员会主任、副主任由社区选举委员会成员推选。

根据《居民委员会组织法》、民政部《关于做好2006年社区居民委员会换届选举工作的通知》和《社区居民委员会直接选举规程》,三峡流域各省、直辖市和各城市根据自身的实际情况分别制定了《居民委员会组织法》实施办法、选举规程、社区居民委员会换届选举实施方案,对居民委员会选举机构做出了不同的规定,具体情况见表2-2。

表2-2 社区选举委员会产生情况

单位名称	实施办法规定	选举办法、规程、文件规定	选举机构产生实际情况
湖北	政府指导成立（第10条）	居民选举委员会成员，在社区党组织领导下，由上一届居民委员会主持，通过居民会议或居民代表会议推选产生，并张榜公布，报乡镇人民政府（街道办事处）备案。乡镇人民政府（街道办事处）居民委员会选举工作指导组对居民选举委员会成员构成可以提出建议	居民选举委员会成员，在社区党组织领导下，由上一届居民委员会主持，通过居民会议或居民代表会议推选产生
宜昌	—	成立社区选举工作机构，在社区党组织领导下，由上一届社区居委会主持，通过召开居民代表会议推选产生选举委员会（5—11人）	居民选举委员会成员，在社区党组织领导下，由社区居民代表会议推选
恩施	—	以居民小组为单位召开居民会议，以民主推选的方式产生居民选举委员会。居民选举委员会成员应为单数（7—9人），并从中推选1人主持工作。居民选举委员会组成人员名单报乡镇（办事处）指导组备案，居民委员会发布公告（第一号）	以居民小组为单位召开居民会议，以民主推选的方式产生居民选举委员会
利川	—	居民选举委员会成员，在社区党组织领导下，经社区居民会议推选。居民选举委员会成员应为单数13人，并从中推选1人主持工作	居民选举委员会成员由上一届居民代表会议选举产生
荆州	—	居民选举委员会成员，在社区党组织领导下，由社区居民会议推选	居民选举委员会成员，在社区党组织领导下，经社区居民会议推选
荆门	—	居民选举委员会成员，在社区党组织领导下，由社区居民会议推选	居民选举委员会成员，在社区党组织领导下，经社区居民会议推选

续表

单位名称	实施办法规定	选举办法、规程、文件规定	选举机构产生实际情况
湖南	以上一届居民委员会成员为主组成（第8条）	居民选举委员会由居民会议推选产生（2006年通知）	
怀化	—	社区居民选举委员会由上届社区居民委员会组织选出本届社区选举委员会，选举委员会一般由7—11人组成。选举委员会成员由上届社区居民代表大会从有一定组织能力、有群众威望、办事认真的社区成员中推选产生。选举委员会设主任、副主任、委员，主任、副主任由选举委员会成员推选产生	社区居民选举委员会由上届社区居民代表大会推选产生
张家界	—	社区居民选举委员会一般由7—11人单数组成，其中设主任1人，具体人数由社区党组织、社区居民代表会议共同议定。居民选举委员会由社区居民代表会议推选产生，也可由各居民小组推选产生。推选工作由现任社区党组织和社区居民委员会组织，应在选举日前的25—30日成立	居民选举委员会由社区居民代表会议推选产生，也可由各居民小组推选产生 同上
吉首	—	居民选举委员会由7—11人组成。居民选举委员会产生的办法：其一，居民会议或居民代表会议推选。会议由现任社区居民委员会召集，社区居民委员会主任主持。其二，由各居民小组（社区成员单位）推选。居民小组会议，由现任居民小组长召集和主持。按得票顺序依次当选为居民选举委员会成员。其他任何组织和个人不得指定或委派。居民选举委员会推选产生后，报街道（镇）备案	居民选举委员会成员由居民会议或居民代表会议或各居民小组（社区成员单位）推选 同上

续表

单位名称	实施办法规定	选举办法、规程、文件规定	选举机构产生实际情况
常德	—	社区居民选举委员会成员由社区居民会议或各居民小组会议推选产生	社区居民选举委员会成员由社区居民会议或各居民小组会议推选产生同上
贵州	—	居民选举委员会主持居委员会选举工作，其成员由居民会议、居民代表会议或居民小组会议推选产生	同上
铜仁	—	居民选举委员会主持居委员会选举工作，其成员由居民会议、居民代表会议或居民小组会议推选产生	同上
重庆	政府指导成立（第11条）	由街道办事处、镇（乡）人民政府和居民会议提名推荐，经居民会议通过确定，并报街道办事处、镇（乡）选举工作指导小组备案（办法第7条）。社区居民选举委员会成员可由街道办事处、乡镇人民政府提出建议人选，但必须经社区居民会议或社区居民代表会议通过，任何组织和个人不能指定或委派（2007年通知）	同上
涪陵	—	居民选举委员会成员由居民会议或居民代表会议民主推选产生	同上
黔江	政府指导成立（第11条）	居民选举委员会成员由居民会议或居民代表会议民主推选产生	同上

从三峡流域四个省份和 12 个市或市辖区的规定和实际选举情况来看，已普遍采用居民会议、居民小组或居民代表会议推选产生居民选举委员会，还没有一个省份、直辖市及城市实行居民选举或直接推选社区居民选举委员会成员的做法。三峡流域各省份及直辖市已不采用街道办

事处指定居民选举委员会成员和社区党组织、居民委员会讨论确定居民选举委员会成员两种方式，但是湖北规定选举委员会的推选要由社区党组织和居民委员会主持，重庆规定街道办事处、镇（乡）人民政府能够提名推荐社区居民选举委员会成员，湖北和重庆要求社区居民选举委员会产生后需要报街道办事处备案。

3. 选举机构的职责

2006年，民政部颁布《社区居民委员会直接选举规程》，对社区选举委员会的职责做出了明确规定。根据《社区居民委员会直接选举规程》，社区选举委员会是非常设性机构，自成立之日起履行职责，至新一届社区居民委员会召开第1次会议时终止。社区选举委员会主要履行十三项职责：（1）执行国家法律、法规，代表选民利益；（2）制订本社区居民委员会换届选举工作计划和实施方案；（3）宣传发动居民积极参选，正确行使民主权利，回答选民提出的有关问题；（4）召开选举工作会议，部署选举工作，培训本社区选举工作人员；（5）确定、公布选举日和投票方式、投票具体地点和时间；（6）进行选民登记并造册、审查选民资格、公布选民名单、颁发选民证、受理社区居民提出的有关选民登记工作中的问题；（7）组织社区居民委员会成员候选人的提名确定工作，公布正式候选人名单；（8）宣传介绍正式候选人，召开和主持演讲会议；（9）做好印制选票、办理委托选票、设立秘密选票处等投票选举前的有关准备工作；（10）主持选举会议或投票站的投票选举，公布、上报选举结果和当选名单；（11）处理选举过程中出现的问题，受理有关社区居民委员会选举的申诉、检举，或者控告；（12）总结选举工作，整理选举工作档案并移交新一届社区居民委员会；（13）办理选举工作中的其他事项。

除重庆外，三峡流域各省份都制定了《〈居民委员会组织法〉实施办法》，都没有对居民选举委员会职责做出规定。但是，三峡流域各省、直辖市和各城市都先后制定了居民委员会选举规程或选举办法，对居民选举委员会的工作职责做出了不同的规定，见表2-3。

表 2-3　　三峡流域各省、直辖市和各城市居民选举委员会职责

单位名称	《居民委员会组织法》实施办法	选举规程、选举办法、文件
湖北	未规定	(1) 开展宣传动员工作，告之居民选举事项，解答有关选举的询问；(2) 制订选举工作方案，报乡镇人民政府（街道办事处）居民委员会选举工作指导组备案；(3) 确定并公布选举方式、选举日和日程安排，准备居民委员会成员候选人提名表、选票和其他表格；(4) 提名并公布由居民会议或者居民代表会议通过的监票人、唱票人、计票人等工作人员及行为规范；(5) 组织开展选举工作人员培训；(6) 审查居民选举资格，登记并公布参加选举的居民名单；(7) 受理和调查居民有关选举的检举和申诉；(8) 确定居民委员会成员候选人名额，主持候选人提名、推选工作，审查候选人资格，依法确定、公布候选人名单，组织候选人与居民见面，开展竞选活动；(9) 组织推选居民代表；(10) 审查委托投票申请，办理委托投票手续，公布委托人和受委托人名单；(11) 主持选举大会，组织选举投票，公布选举结果；(12) 建立选举工作档案，总结和上报选举工作情况，主持居民委员会的交接工作。(13) 处理选举工作中的其它事项（《湖北省社区居民委员会直接选举规程（试行）》）
宜昌	—	未规定
恩施	—	未规定
利川	—	未规定
荆州	—	未规定
荆门	—	未规定
湖南	未规定	(1) 确定换届选举工作人员；(2) 审查选民资格；(3) 公布选民名单；(4) 确定选举方式；(5) 组织候选人提名；(6) 确定正式候选人；(7) 组织投票选举；(8) 公布选举结果（《湖南省社区居民委员会选举规程》）
怀化	—	未规定
张家界	—	未规定
吉首	—	未规定

续表

单位名称	《居民委员会组织法》实施办法	选举规程、选举办法、文件
常德	—	未规定
重庆	未规定	（1）宣传有关居民委员会选举工作的法律、法规规章和政策；（2）部署、指导和监督居民委员会选举工作；（3）培训选举工作人员；（4）受理选举工作中的来信来访；（5）负责有关选举资料收集、整理、上报和归档；（6）总结交流选举工作经验；（7）承办选举工作中的其他事项（《重庆市居民委员会选举办法》）
涪陵	—	未规定
黔江	—	未规定
贵州	未规定	未规定
铜仁	—	未规定

从表 2-3 列出的规定来看，湖北、湖南和重庆对居民选举委员会的职责都有具体明确的规定，但贵州没有对此作出规定。除贵州铜仁外，三峡流域各城市依据各省及直辖市的选举办法、选举规程确定居民选举委员会的职责。从规定的内容看，居民选举委员会的主要职责比较类似，主要有以下几项：宣传选举工作的法律、法规、政策；制定选举工作方案；确定选举方式及选举日程安排；审查选民资格；公布选民名单；组织候选人提名；确定正式候选人；组织选举；确认并公布选举结果。

（二）选民资格认定与选民登记

社区居民委员会的选民，既有居民，也有户代表、居民代表。选民不同，具体的规定和做法也不一样。

1. 选民资格认定

三峡流域各省份、直辖市、各城市对选民资格的认定有一个发展变化的过程。20 世纪 90 年代，三峡流域各省份、直辖市主要依据《居民委员会组织法》确定选民的资格。21 世纪初期，随着我国社区建设的展开和社区选举方式的变化，三峡流域各省、直辖市和各城市对选民的资格认定提出了一些新要求,见表2-4。

表2-4　三峡流域各省、直辖市和各城市关于选民资格认定的规定

单位名称	《居民委员会组织法》实施办法	选举规程、选举办法、选举文件
湖北	未规定	(1) 年龄条件:必须年满18周岁。居民年龄的计算时间,以选举日为准。居民出生日期以居民身份证为准;未办理居民身份证的,以户口登记为准。(2) 属地条件:户籍在本社区且在本社区居住的居民;户籍在本社区但不在本社区居住、本人愿意参加本社区选举的居民,需提交本人不在居住地居民委员会参加选举的证明;户籍不在本社区但在本社区居住一年以上、本人愿意参加本社区选举的居民,需提交本人不在户籍所在地居民委员会参加选举的证明;户籍不在本社区但在本社区工作一年以上、本人愿意参加本社区选举居民,需提交本人不在户籍所在地或者居住地居民委员会参加选举的证明。户籍在本社区但不在本社区居住,经居民选举委员会告知后,本人表示不参加本社区选举的或者十日内不答复的,不列入参加选举的居民名单。经医院诊断为精神病患者处于发病期间的,经居民选举委员会确认,不列入参加选举的居民名单。已在户籍所在地社区或者居住地社区参加选举的居民,不得参加其他地方社区居民委员会的选举。(3) 政治条件:未被依法剥夺政治权利。选举权和被选举权是公民政治权利的重要组成部分。未被依法剥夺政治权利的人才享有选举权和被选举权。判断公民是否被依法剥夺政治权利,以司法机关的法律判决文书为准;同时,对因各种严重刑事犯罪案、经济犯罪案而被羁押,正在受侦查、起诉、审判的人,经人民检察院或人民法院决定,在被羁押期间停止行使选举权利。这类情况必须由检察院或法院以公函或文件形式予以认定,其他部门的认定无效。此外,精神病患者、严重智力障碍人员,由于不具有行为能力和正常的精神状态,不能行使选举权和被选举权的,经居民选举委员会确认,不列入参选名单(《湖北省社区居民委员会直接选举规程(试行)》)

续表

单位名称	《居民委员会组织法》实施办法	选举规程、选举办法、选举文件
宜昌	—	户籍在本社区且在本社区居住的居民;户籍在本社区但不在本社区居住、本人愿意参加本社区选举的居民;户籍不在本社区但在本社区居住满一年以上的、本人愿意参加本社区选举,且经居民会议或居民代表会议同意参加本社区选举的公民。户籍在本社区但不在本社区居住,经居民选举委员会告知后,本人表示不参加本社区选举的或十日内不答复的,不列入参加选举的居民名单。已在户籍所在地社区、居住地社区或工作地社区参加选举的居民,不得参加其他地方社区居民委员会的选举《宜昌市 2012 年社区党组织、社区居委会换届选举工作实施方案》
恩施	—	凡年满 18 周岁的村民,不分民族、种族、性别、职业、家庭出身、宗教信仰、教育程度、财产状况、居住期限,都有选举权和被选举权;依照法律被剥夺政治权利和被依法劳教羁押以及无法表达意志的人员除外《恩施市 2011 年村(居)民委员会换届选举工作实施方案》
利川	—	年满 18 周岁的享有政治权利的本社区居民《2012 年利川市社区居委会换届选举工作实施方案》
荆州	—	未规定
荆门	—	未规定
湖南	未规定	居住在本社区年满 18 周岁的非农业户口居民,除依法被剥夺政治权利的人员外,都有选举权和被选举权,应进行选民登记。户口所在地与居住地不一致的选民,原则上在居住地社区进行选民登记;户口和居住地均不在本社区,但工作在本社区的社区居民代表、物业公司负责人,以及管区户籍、区、街下派干部、居委会委员、社区专干(社保和低保专干)可在本社区进行选民登记;在本社区有固定住所并居住一年以上、履行了社区居民义务的非本社区居民,本人要求登记,经社区居民选举委员会确认,也可进行选民登记(《湖南省社区居民委员会选举规程》)

续表

单位名称	《居民委员会组织法》实施办法	选举规程、选举办法、选举文件
怀化	—	凡年满18周岁享有政治权力的本社区公民，均有选举权与被选举权。社区居民的年龄以本人身份证或户籍登记为准，计算年龄的时间截止选举日。户口已迁出的原本社区居民，人居住在本社区并履行居民义务的，本人要求登记，经社区居民选举委员会确认，予以登记。户口未迁入本社区，但在选举日前在本社区居住一年以上的外来人员，要求参加本社区选举并出具户籍所在地有关未参加选举或未登记的证明，经居民选举委员会同意，应予以登记。 不居住在本社区的本社区居民委员会工作人员，本人要求登记，经社区居民选举委员会确认，予以登记《怀化市第八届社区居民委员会换届选举实施方案》
张家界	—	凡是户籍在本社区年满18周岁，有民事行为能力，未被剥夺政治权利的居民或者户口不在本社区且居住一年以上，有选举权的居民（本人出具其未在户籍所在地登记参加选举的证明），本人要求登记且选委会同意，均可登记参加本次社区居民委员会换届选举，逾期不登记的，视为放弃选举权《张家界第七次社区居民委员会换届选举工作实施方案》
吉首	—	下列三种情况按"选民登记"办法进行登记：（1）户口已迁出的原本社区居民，仍居住在本社区并履行社区居民义务的，本人要求登记，经居民选举委员会确认，予以登记。（2）户口未迁入本社区，但本届选举日前在本社区居住一年以上的外来人员，要求参加本社区选举并出具户籍所在地有关未参加选举或未登记的证明，经居民选举委员会同意，予以登记。居住时间以租（购）房契约、暂（居）住证或劳动合同为准。（3）不居住在本社区的本社区居民委员会工作人员，本人要求登记，经居民选举委员会确认，予以登记。对选派到社区工作的机关干部和大学生，可在其工作社区进行登记，但不得在其他地方重复登记《吉首市社区党组织和第八次社区居民委员会换届选举工作实施方案》

续表

单位名称	《居民委员会组织法》实施办法	选举规程、选举办法、选举文件
常德	—	有选举权和被选举权的居民原则上在户籍所在地的社区居民选举委员会进行选民登记，属下列情况之一的，可以在经常居住地的社区居民选举委员会进行登记，但不得重复登记：（1）新迁入本社区的；（2）户口已迁出的原本社区居民，仍居住在本区并履行社区居民义务，本人要求登记，经社区居民选举委员会确认的；（3）户口未迁入本社区，但在本次选举日前在本社区连续居住半年以上的（居住时间以租房契约、买房契约、暂住证或劳动合同签订时间为准）；（4）因婚姻、家庭等关系住进本社区，户口未迁入所在社区，本人要求在所在社区登记，户口所在地社区居委会出具证明，经所居住社区的社区居民选举委员会确认的；（5）精神疾病已治愈康复，经县级以上医疗机构证明、社区居民选举委员会确认的；（6）被剥夺政治权利期满后恢复政治权利的；（7）不居住在本社区的本社区居民委员会工作人员，本人要求登记，经社区居民选举委员会确认的《常德市第七次社区居民委员会换届选举工作实施方案》
重庆	未规定	（1）年满18周岁的居民，除被依法剥夺政治权利的人外，都具有选举权和被选举权。（2）具有选举权和被选举权的居民，应在户口所在地的居民委员会进行选举资格登记。（3）计算年龄的时间，以选举日为准。居民出生日期以户口证明或身份证为准。（4）具有选举资格，承担居民义务的下列人员应予登记：由于婚姻、家庭关系定居本居委会超过1年，其户口尚未迁入的；家居城镇承担居民义务的进城务工经商的农民；街道办事处、镇（乡）下派的挂职干部及本居委会引进的居委会工作人员。（5）由于婚姻、家庭关系迁离本居委会超过1年未承担居民义务而其户口尚未迁出的人员，不予登记。（6）每次选举前应对上届选举资格登记后新满18周岁的、新迁入本居委会具有选举资格的、被剥夺政治权利期满后恢复政治权利的居民予以补充登记。对选举资格登记后死亡、户口迁出本居委会的居民和依照法律被剥夺政治权利的人，从选举资格登记名单上除名。（7）发病期间的精神病患者及痴呆患者，经过选举小组确认，不能行使选举权利的不予登记（《重庆市居民委员会选举办法》）

续表

单位名称	《居民委员会组织法》实施办法	选举规程、选举办法、选举文件
涪陵	—	具有选举和被选举权的城镇居民；户籍所在地与居住地不一致并在自有房屋家居住的城市居民、在城镇自有房屋家居1年以上的农村居民；城市拆迁暂住户居民；具有选举权利、非本社区户籍的国家机关事业单位下派到社区工作的人员、聘用的社区工作人员、在社区租赁房屋居住1年以上的城市居民和进城农村居民、管理本社区的公安户籍民警和社区内物业管理公司负责人《重庆市涪陵区第八届村（居）民委员会换届选举实施方案》
黔江	—	（1）年龄条件：年满18周岁。计算年龄的时间，以选举日为准，出生日期以身份证或户口簿为准。（2）政治条件：被依法剥夺政治权利的人不能享有选举权和被选举权。（3）身体健康条件：精神病患者在发病期间和痴呆傻患者不履行选举权利。（4）可以具有城市社区选民资格的人员：一是由于婚姻、家庭关系定居本社区超过1年，其户口尚未迁入的。二是在社区租赁房屋1年以上的进城农民或其他地区的城镇居民。三是区下派的挂职干部及本居委会聘用或引进的社区居委会工作人员。四是管理联系本社区的公安户籍人员、小区物管公司负责人《重庆市黔江区第八届村（居）委会换届选举工作实施方案》
贵州	未规定	未规定
铜仁	—	未规定

2006年9月，民政部颁布《社区居民委员会直接选举规程》，对选民资格作出了具体明确的规定。选举规程规定选民符合以下情况，可予以登记：（1）年满18周岁，除依法被剥夺政治权利以外的居民，均有选举权和被选举权。选民年龄以选举日为准，选民生日以身份证记载为准；新满18周岁未办理身份证的，以户口簿为准。（2）合格选民应在居住地社区选举委员会进行登记。选民登记在选举日前40日进行。社区选举委员会在选民登记开始前5日在社区内公布登记的时间和地点，居民在社

区选举委员会指定的时间内登记参加选举。（3）符合以下情形之一的居民可以在居住地社区居民委员会登记，但不得在两个或两个以上社区选举委员会登记：户口新迁入本社区的居民；户口已迁出的原本社区选民，仍居住在本社区并履行社区居民义务的，本人要求登记的，经社区选举委员会确认，予以登记；户口未迁入本社区，但自本次选举前已经在本社区连续居住一年以上的居民，予以登记。居住时间以租房契约、买房契约、暂住证为准。居民需持以上证明或证件登记选举；上届选民登记时，因精神疾病无法行使选举权和被选举权或者无法表达真实意愿的人员，现已治愈康复，经区级以上医疗机构证明，社区选举委员会确认，予以登记。（4）具有下列任何一项情形的居民不可以登记参加选举：户口迁出并不再居住在本社区的居民；依法被剥夺政治权利的社区居民。以上四种情况，三峡流域各省份、直辖市、各城市中已有三个省份（湖北、湖南、重庆）做出了相同或类似的规定，只有贵州没有做出相应的规定。

《社区居民委员会直接选举规程》对驻社区单位代表、居委会聘用的人员、外来人员和农民工的选民资格问题未做出相应的规定。对于街道办事处、镇（乡）下派的挂职干部及本居委会引进的居委会工作人员，湖南、重庆及所属三峡流域各城市规定可以进行选民登记。对于外来人员和农民工，湖南规定在本社区有固定住所并居住一年以上、履行了社区居民义务的非本社区居民，本人要求登记，经社区居民选举委员会确认，也可进行选民登记；重庆及所属涪陵区、黔江区则直接规定家居城镇承担居民义务的进城务工经商的农民可以进行选民登记。

2. 选民登记

《居民委员会组织法》和民政部《关于做好2006年社区居民委员会换届选举工作的通知》没有规定选民登记程序。2006年9月，民政部颁布《社区居民委员会直接选举规程》对选民登记程序提出了明确的要求。选举规程第十一条规定："选民应在居住地社区选举委员会进行登记。选民登记在选举日前40日进行。社区选举委员会在选民登记开始前5日在社区内公布登记的时间和地点，居民在社区选举委员会指定的时间内登记参加选举。"

根据《社区居民委员会直接选举规程》，三峡流域各省直辖市和各城市制定了相应的选举规程和实施办法，对社区居民委员会选民登记程序作出了具体规定，见表 2-5。

表 2-5　三峡流域各省、直辖市和各城市关于选民登记程序的规定

单位名称	《居民委员会组织法》实施办法	选举规程、选举办法、文件
湖北	未规定	登记办法有三种：（1）以居民小组为单位设立登记站，居民到站登记；（2）登记员上门登记；（3）对于户籍在本社区但不在本社区居住的居民，居民选举委员会应当履行告知义务。本人愿意参加选举的，可以采取书信、手机短信、电子邮件等方式登记（《湖北省社区居民委员会直接选举规程（试行）》）
宜昌	—	社区居民选举委员会按照选民资格登记居民户代表、社区成员单位代表，公布选民名单。（1）居民户代表：凡有选举权和被选举权的居民都应当在社区进行选民登记，居民户代表的确定以实际家庭关系为准，由每户推选一名代表：户籍在本社区且在本社区居住的居民；户籍在本社区但不在本社区居住、本人愿意参加本社区选举的居民；户籍不在本社区但在本社区居住满一年以上的、本人愿意参加本社区选举，且经居民会议或居民代表会议同意参加本社区选举的公民。户籍在本社区但不在本社区居住，经居民选举委员会告知后，本人表示不参加本社区选举的或十日内不答复的，不列入参加选举的居民名单。已在户籍所在地社区、居住地社区或工作地社区参加选举的居民，不得参加其他地方社区居民委员会的选举。（2）驻社区单位代表：按照社区选举委员会确定的代表名额，经驻社区单位组织民主推选具体人选，在社区一并登记《宜昌市 2012 年社区党组织、社区居委会换届选举工作实施方案》
恩施	—	以居民小组为单位设立登记站，宣传引导有选举权的居民持身份证或户口本主动到登记站进行登记。各登记站的结果在本组内应及时公布。对各登记站的登记结果，由居民选举委员会进行审查和确认，切实做到不漏登、不错登、不强登、不重登。在选举日的 20 日以前对选民名单进行公布，发布公告（第五号），并颁发选民证《恩施市 2011 年村（居）民委员会换届选举工作实施方案》

续表

单位名称	《居民委员会组织法》实施办法	选举规程、选举办法、文件
利川	—	凡至选举日，年满18周岁的享有政治权利的本社区居民为登记对象。注意明确选民登记方法及选民登记对象。特殊情况选民登记《2012年利川市社区居委会换届选举工作实施方案》
荆州	—	未规定
荆门	—	未规定
湖南	—	居住在本社区年满18周岁的本市非农业户口居民，除依法被剥夺政治权利的人员外，都有选举权和被选举权，应进行选民登记。户口所在地与居住地不一致的选民，原则上在居住地社区进行选民登记；户口和居住地均不在本社区，但工作在本社区的社区居民代表、物业公司负责人以及管区户籍、区、街下派干部、居委会委员、社区专干（社保和低保专干）可在本社区进行选民登记；在本社区有固定住所并居住一年以上、履行了社区居民义务的非本社区居民，本人要求登记，经社区居民选举委员会确认，也可进行选民登记。选民登记可实行选民登记员挨家挨户上门登记，也可以社区居民小组为单位设立登记站，由社区居民到站登记。选民登记工作应努力做到不错登、不重登、不漏登（《湖南省社区居民委员会选举规程》）
怀化	—	凡年满18周岁享有政治权利的本社区公民，均有选举权与被选举权。社区居民的年龄以本人身份证或户籍登记为准，计算年龄的时间截止到选举日。户口已迁出的原本社区居民，人居住在本社区并履行居民义务的，本人要求登记，经社区居民选举委员会确认，予以登记。户口未迁入本社区，但在选举日前在本社区居住一年以上的外来人员，要求参加本社区选举并出具户籍所在地有关未参加选举或未登记的证明，经居民选举委员会同意，应予以登记。不居住在本社区的本社区居民委员会工作人员，本人要求登记，经社区居民选举委员会确认，予以登记《怀化市第八届社区居民委员会换届选举实施方案》

续表

单位名称	《居民委员会组织法》实施办法	选举规程、选举办法、文件
张家界	—	居住在本社区年满18周岁的本市非农业户口居民，除依法被剥夺政治权利的人员外，都有选举权和被选举权，应进行选民登记。户口所在地与居住地不一致的选民，原则上在居住地社区进行选民登记；户口和居住地均不在本社区，但工作在本社区的社区居民代表、物业公司负责人，以及管区户籍、区、街下派干部、居委会委员、社区专干（社保和低保专干）可在本社区进行选民登记；在本社区有固定住所并居住一年以上、履行了社区居民义务的非本社区居民，本人要求登记，经社区居民选举委员会确认，也可进行选民登记。选民登记可实行选民登记员挨家挨户上门登记，也可以社区居民小组为单位设立登记站，由社区居民到站登记。选民登记工作应努力做到不错登、不重登、不漏登《张家界第七次社区居民委员会换届选举工作实施方案》
吉首	—	在充分做好选民登记宣传，确保居民知晓选民登记的时间、地点、办法的基础上，经过居民选举委员会决定，可采用以下两种登记办法中的任意一种：（1）"选民登记"。即以居民小组、居民小区或楼栋为单位设立登记站，社区居民在规定的时间内到站登记，逾期不予补登。对自愿放弃登记的，应尊重当事人的选择。下列三种情况按"选民登记"办法进行登记：①户口已迁出的原本社区居民，仍居住在本社区并履行社区居民义务的，本人要求登记，经居民选举委员会确认，予以登记。②户口未迁入本社区，但本届选举日前在本社区居住一年以上的外来人员，要求参加本社区选举并出具户籍所在地有关未参加选举或未登记的证明，经居民选举委员会同意，予以登记。居住时间以租（购）房契约、暂（居）住证或劳动合同为准。③不居住在本社区的本社区居民委员会工作人员，本人要求登记，经居民选举委员会确认，予以登记。对选派到社区工作的机关干部和大学生，可在其工作社区进行登记，但不得在其他地方重复登记。本届选民："本届选民"是指通常为采取"选民登记"办法登记并得到确认的选民。引入"本届选民"概念，须由居民会议或居民

续表

单位名称	《居民委员会组织法》实施办法	选举规程、选举办法、文件
	—	代表会议讨论决定，居民选举委员会报街道（镇）选举领导小组批准，同时报市选举办公室备案。"本届选民"名单须进行公告。（2）"登记选民"。即选民登记员上门入户登记。对具备选民资格的居民按经常居住地由居民小组登记，其中驻社区单位以单位名义集体登记，登记名册报居民选举委员会。对明确表示自愿放弃登记的，应尊重本人的选择（应有记载）。不能行使选举权利的精神病患者，无法表达意志的痴呆人员、法律限制的人员，经居民选举委员会确认，不予登记。不管采用哪种办法进行选民登记，都必须做到不错登、不重登、不漏登。居民选举委员会必须认真审核和确认，做到准确无误。对选民资格的确认，必须严格按照《选举规程》第五章第一节的规定执行《吉首市社区党组织和第八次社区居民委员会换届选举工作实施方案》
常德	—	搞好宣传，确保居民知晓选民登记的时间、地点、办法。社区居民选举委员会可采取"选民登记""登记选民"两种办法中的一种进行登记，必须经严格审核予以确认，确保不错登、不重登、不漏登。依法进行选民登记。有选举权和被选举权的居民原则上在户籍所在地的社区居民选举委员会进行选民登记，属下列情况之一的，可以在经常居住地的社区居民选举委员会进行登记，但不得重复登记：（1）新迁入本社区的；（2）户口已迁出原本社区居民，仍居住在本区并履行社区居民义务，本人要求登记，经社区居民选举委员会确认的；（3）户口未迁入本社区，但在本次选举日前在本社区连续居住半年以上的（居住时间以租房契约、买房契约、暂住证或劳动合同签订时间为准）；（4）因婚姻、家庭等关系住进本社区，户口未迁入所在社区，本人要求在所在社区登记，户口所在地社区居委会出具证明，经所居住社区的社区居民选举委员会确认的；（5）精神疾病已治愈康复，经县级以上医疗机构证明、社区居民选举委员会确认的；（6）被剥夺政治权利期满后恢复政治权利的；（7）不居住在本社区的本社区居民委员会工作人员，本人要求登记，经社区居民选举委员会确认的《常德市第七次社区居民委员会换届选举工作实施方案》

续表

单位名称	《居民委员会组织法》实施办法	选举规程、选举办法、文件
重庆	未规定	(1) 具有选举权和被选举权的居民，应在户口所在地的居民委员会进行选举资格登记。(2) 计算年龄的时间，以选举日为准。居民出生日期以户口证明或身份证为准。(3) 具有选举资格，承担居民义务的下列人员应予登记：由于婚姻、家庭关系定居本居委会超过1年，其户口尚未迁入的；家居城镇承担居民义务的进城务工经商的农民；街道办事处、镇（乡）下派的挂职干部及本居委会引进的居委会工作人员。(4) 由于婚姻、家庭关系迁离本居委会超过1年未承担居民义务而其户口尚未迁出的人员，不予登记。(5) 每次选举前应对上届选举资格登记后新满18周岁的、新迁入本居委会具有选举资格的、被剥夺政治权利期满后恢复政治权利的居民予以补充登记。对选举资格登记后死亡、户口迁出本居委会的居民和依照法律被剥夺政治权利的人，从选举资格登记名单上除名。(6) 发病期间的精神病患者及痴呆患者，经过选举小组确认，不能行使选举权利的不予登记。(7) 采取由户代表或每个居民小组选举2名至3名代表参加投票选举方式的，可以只对参加选举的人员进行选举资格登记，并按时张榜公布（《重庆市居民委员会选举办法》）
涪陵	—	具有选举和被选举权的城镇居民，一般应在户籍所在地的社区进行选民登记。根据我区城镇化快速发展的实际，户籍所在地与居住地不一致并在自有房屋家居的城市居民、在城镇自有房屋家居1年以上的农村居民，在居住地的社区进行选民登记；城市拆迁暂住户居民一般在户籍所在地的社区进行选民登记，也可凭户籍所在地社区证明，在暂停地社区进行选民登记；具有选举权利、非本社区户籍的国家机关事业单位下派到社区工作的人员、聘用的社区工作人员、在社区租赁房屋居住1年以上的城市居民和进城农村居民、管理本社区的公安户籍民警和社区内物业管理公司负责人经本人书面申请或街道办事处（乡镇人民政府）推荐，社区居民代表会议或社区居民选举委员会同意后，予以登记。居民选举委员会进行选民登记时，要按以下程序进行：一要发布公告，

续表

单位名称	《居民委员会组织法》实施办法	选举规程、选举办法、文件
	—	公布选举日和选民登记日；二要确定和培训选民登记员；三要明确登记对象；四要造册登记；五要明确登记办法；六要审核确认选民名单《重庆市涪陵区第八届村（居）民委员会换届选举实施方案》
黔江	—	一般应在户口所在地的社区居民委员会进行选民登记。其中：城镇居民，户口所在地与居住地不一致的，自有房屋的城市居民和自有房屋家居城镇1年以上的农村居民，在居住地的社区居民委员会进行选民登记；城市拆迁暂住户居民一般在户籍所在地社区进行选民登记，也可凭户籍所在地社区证明，在暂住地社区居民委员会进行选民登记，也可凭房屋拆迁证在暂住地进行选民登记；每个选民只能在"一地"登记参选。可以具有城市社区选民资格的人员，根据市、区工作要求，结合我镇发展的实际，户口不在本社区，本人书面申请或镇政府推荐，经社区居民代表会议或社区居民选举委员会同意，可予以登记，有选举权和被选举权：一是由于婚姻、家庭关系定居本社区超过1年，其户口尚未迁入的。二是在社区租赁房屋1年以上的进城农民或其他地区的城镇居民。三是镇下派的挂职干部及本居委会聘用或引进的社区居委会工作人员。四是管理联系本社区的公安户籍人员、小区物管公司负责人《重庆市黔江区第八届村（居）委会换届选举工作实施方案》
贵州	未规定	未规定
铜仁	—	未规定

从表2-5列出的三峡流域各省份、直辖市和各城市的规定看，湖北、湖南已规定或鼓励选民自愿进行选民登记。

3. 公布选民名单

《居民委员会组织法》和民政部《关于做好2006年社区居民委员会换届选举工作的通知》没有规定公布选民名单的时间。2006年9月，民政部颁布《社区居民委员会直接选举规程》对公布选民名单的时间提出了明确的要求。选举规程第十五条规定:"进行登记的选民的名单应在选举日前30日,在社区居民委员会所在地按社区居民小组顺序连续张榜公布7天,并在每个社区居民小组张榜公布该组选民名单。社区居民如对选民名单持有异议,可以在选民名单公布后的7日内,向社区选举委员会提出。社区选举委员会应当在2日之内,做出答复或者补正并公布修正名单。社区选举委员会在选民名单公布后,应向选民颁发选民证。"

根据《社区居民委员会直接选举规程》,三峡流域各省、直辖市和各城市制定了相应的选举规程和实施办法,对社区居民委员会公布选民名单的时间做出了具体规定,见表2-6。

表2-6　　三峡流域各省、直辖市和各城市关于选民名单公布时间的规定

单位名称	《居民委员会组织法》实施办法	选举规程、选举办法、文件
湖北	未规定	参加选举的居民名单应当在选举日的15日前在本社区张榜公布。居民选举委员会填写选举证,选举日前5日内以居民小组为单位发放选举证(《湖北省社区居民委员会直接选举规程(试行)》)
宜昌	—	社区居民选举委员会按照选民资格登记居民户代表、社区成员单位代表,公布选民名单《宜昌市2012年社区党组织、社区居委会换届选举工作实施方案》
恩施	—	在选举日的20日以前对选民名单进行公布,发布公告(第五号),并颁发选民证《恩施市2011年村(居)民委员会换届选举工作实施方案》
利川	—	选民名单经居民选举委员会审核确认后,在选举日的20日前张榜公布。发现错漏时,应当在选举日的5日前依法做出解释或补正《2012年利川市社区居委会换届选举工作实施方案》
荆州	—	未规定
荆门	—	未规定
湖南	未规定	选民名单应在选举日的18日前张榜公布。对公布名单有不同意见的,应在随后3日内向选举委员会提出,选举委员会应

第二章 社区民主选举

续表

单位名称	《居民委员会组织法》实施办法	选举规程、选举办法、文件
	—	当在2日内做出解释或调整。选民名单确定后，应颁发选民证（《湖南省社区居民委员会选举规程》）
怀化	—	选民名单应当在选举日前20日张榜公布，居民对公布的选民名单有异议的，应在选民名单公布后5日内向社区选举委员会提出，逾期不再受理，责任由居民自负。选举委员会应当在3日内做出解释或调整，或者报请上级选举工作领导小组决定《怀化市第八届社区居民委员会换届选举实施方案》
张家界	—	选民名单应在选举日的18日前张榜公布。对公布名单有不同意见的，应在随后3日内向选举委员会提出，选举委员会应当在2日内做出解释或调整。选民名单确定后，应颁发选民证《张家界第七次社区居民委员会换届选举工作实施方案》
吉首	—	选民登记一般在选举日的20日之前结束，并予以公告。选民名单公告后，选民对名单有异议的，应在随后的5日内向居民选举委员会提出，居民选举委员会应在3日内做出调整或解释。选民名单和选民数以调整后的名单为准，调整后的名单必须再次公告。逾期不再受理，责任自负《吉首市社区党组织和第八次社区居民委员会换届选举工作实施方案》
常德	—	选民登记在选举日的20日以前完成并张榜公告《常德市第七次社区居民委员会换届选举工作实施方案》
重庆	未规定	选举资格登记名单应在选举日的20日前张榜公布。对公布的选举资格登记名单有异议的，可在选举日的3日前向居委会选举小组提出，居委会选举小组应在选举日前做出答复（《重庆市居民委员会选举办法》）
涪陵	—	居民选举委员会必须公布选民名单，选民名单必须在选举日的20天前张榜公布《重庆市涪陵区第八届村（居）民委员会换届选举实施方案》
黔江	—	选民名单在投票选举日的20日前张榜公布，并发放《选民证》《重庆市黔江区第八届村（居）委会换届选举工作实施方案》
贵州	未规定	未规定
铜仁	—	未规定

从三峡流域各省份、直辖市、各城市的规定来看，各省公布选民名单的时间是有差别的，各个城市公布选民名单的时间大体一样，但也有不同的规定。湖北省规定在选举日的 15 日前公布，恩施及利川公布选民名单的时间是在选举日的 20 日前。湖南省规定在选举日的 18 日前公布，除张家界严格遵循湖南省的规定时间外，其他城市都规定选民名单应当在选举日的 20 日前张榜公布。重庆及所属涪陵区、黔江区都规定在选举日的 20 日前公布选民名单。湖南和重庆还明确规定选民名单公布后可以提出不同意见，居民委员会选举机构必须对异议做出答复。

4. 户代表选举及登记

由于《居民委员会组织法》和《社区居民委员会直接选举规程》没有对户代表选举及登记程序做出统一的规定，因此三峡流域各省、直辖市和各城市对户代表选举及登记的规定有很大差别，见表 2-7。

表 2-7　　　三峡流域各省、直辖市和各城市关于户代表选举及登记的规定

单位名称	《居民委员会组织法》实施办法	选举规程、选举办法、文件
湖北	过半有效	未规定
宜昌	—	居民户代表的确定以实际家庭关系为准，由每户推选一名代表《宜昌市 2012 年社区党组织、社区居委会换届选举工作实施方案》
恩施	—	未规定
利川	—	未规定
荆州	—	未规定
荆门	—	未规定
湖南	过半有效	未规定
怀化	—	未规定
张家界	—	未规定
吉首	—	未规定
常德	—	过半有效《常德市第七次社区居民委员会换届选举工作实施方案》

续表

单位名称	《居民委员会组织法》实施办法	选举规程、选举办法、文件
重庆	—	采取由户代表或每个居民小组选举2名至3名代表参加投票选举方式的，可以只对参加选举的人员进行选举资格登记，并按时张榜公布（《重庆市居民委员会选举办法》）
涪陵	—	未规定
黔江	—	未规定
贵州	未规定	未规定
铜仁	—	未规定

从表2-7可以看出，三峡流域各省、直辖市和各城市对户代表选举及登记的规定过于笼统，在程序上缺乏可操作性。

5. 居民代表选举及登记

《社区居民委员会直接选举规程》对居民代表选举及登记提出了明确的要求，涉及居民代表产生和居民代表大会选举两个方面。《选举规程》第十六条规定："社区居民会议在选举社区选举委员会的同时，选举新一届社区居民代表和社区居民小组长。居民会议由本届社区居民委员会召集和主持，按照简单多数的原则，采用无记名投票的方法进行选举，并以社区选举委员会的名义分别发布公告。"

三峡流域各省、直辖市和各城市关于居民代表产生方式的规定，见表2-8。

表2-8　　　　三峡流域各省、直辖市和各城市关于居民代表产生方式的规定

单位名称	《居民委员会组织法》实施办法	选举规程、选举办法、文件
湖北	每个居民小组选举代表2—3人（第5条）	居民代表由居民会议或者居民小组会议推选产生。居民代表的推选工作应在参加选举的居民登记名单公布后5日内进行。(1) 居民代表条件：本社区年满18周岁、具有选举权和被选举权的居民；遵纪守法，公道正派，坚持原则，主持正义，热

续表

单位名称	《居民委员会组织法》实施办法	选举规程、选举办法、文件
—	—	心为居民服务；具有一定文化程度，有一定的参政议政和决策能力，密切联系群众，在居民中有一定威望。(2) 居民代表的数额：居民代表应当是本社区参加选举的居民，可以由居民按每 30 至 50 户选举一人，也可以由各居民小组按分配名额选举产生。驻社区党政机关、大专院校、部队、企事业单位和社区内群团组织、社会组织可以推选一名成员单位代表。居民代表和成员单位代表总人数一般不少于 50 人，不超过 100 人，其中，居民代表不少于 2/3。(3) 居民代表产生办法：居民代表选举由居民选举委员会主持，可以由居民按每三十至五十户选举一人，也可以由各居民小组按分配名额选举产生。社区成员单位代表由驻社区党政机关、大专院校、部队、企事业单位和社区内群团组织、社会组织负责人召开相关会议，民主推选。居民代表的任期与居民委员会任期相同，可以连选连任。居民代表因故缺额的，由原推选单位及时补选（《湖北省社区居民委员会直接选举规程（试行）》）
宜昌	—	居民代表应当是本社区登记参加选举的居民，可以由居民按每 30 至 50 户选举一人，也可以网格为单位按分配名额选举产生。社区成员单位代表由驻社区的党政机关、大专院校、部队、企事业单位和社区内群团组织、社会组织推选一名，并经社区居民代表会议同意后产生。社区居民代表总人数原则上不少于五十人，不超过 100 人。其中，居民代表不少于 2/3。社区居民选举委员会应当对当选的居民代表和驻社区单位代表登记造册，颁发代表证书，并张榜公布《宜昌市 2012 年社区党组织、社区居委会换届选举工作实施方案》
恩施	—	居民选举委员会召开会议讨论确定居民代表人数，居民代表不少于 41 人，一般不超过 100 人，并按全居户数比例和 30% 的妇女代表比例分配到各居民小组，由居民选举委员会发布公告（第六号），在推荐居民代表时，应引导居民将有群众威信的党员推选为代表《恩施市 2011 年村（居）民委员会换届选举工作实施方案》

第二章 社区民主选举 113

续表

单位名称	《居民委员会组织法》实施办法	选举规程、选举办法、文件
利川	—	未规定
荆州	—	未规定
荆门	—	未规定
湖南	每个居民小组选举代表2—3人（第5条）	在选举社区居民选举委员会的同时，选举产生新一届居民代表和居民小组长。居民代表按每个居民小组推选2—3名，每个社区单位推选1名的办法产生。代表人数根据社区人口规模以50—100人为宜。居民小组长由居民小组会议选举产生（《湖南省社区居民委员会选举规程》）
怀化	未规定	社区居民代表按每20—50户一名的比例或每个居民小组2—3名推选产生，驻社区单位可按每单位1—2名的比例产生。每个社区居民代表人数在50—100人名。居民小组长的推选可以与社区成员代表的推选同步进行，也可在新一届社区居委会产生后推选《怀化市第八届社区居民委员会换届选举实施方案》
张家界	未规定	居民代表按每个居民小组推选2—3名，每个社区单位推选1名的办法产生。代表人数根据社区人口规模以50—100人为宜。居民小组长由居民小组会议选举产生。居民代表和居民小组长与社区居委会成员届期相同《张家界第七次社区居民委员会换届选举工作实施方案》
吉首	未规定	居民代表由社区居民小组召开会议（社区成员单位会议）推选若干人或按20—50户推选1人，过半数的居民同意为正式当选。每个社区居民代表数在50—100人《吉首市社区党组织和第八次社区居民委员会换届选举工作实施方案》
常德	未规定	居民代表由本社区居民小组的居民推选产生《常德市第七次社区居民委员会换届选举工作实施方案》
重庆	未规定	采取由户代表或每个居民小组选举2—3名代表参加投票选举方式的，可以只对参加选举的人员进行选举资格登记，并按时张榜公布（《重庆市居民委员会选举办法》第16条）
涪陵	未规定	未规定
黔江	未规定	未规定

续表

单位名称	《居民委员会组织法》实施办法	选举规程、选举办法、文件
贵州	每个居民小组选举代表2—3人（第20条）	未规定
铜仁	未规定	未规定

从表2-8列出的规定看，湖北、湖南、重庆对居民代表的条件、数额和产生方式都做出了详细的规定，但各城市在具体实施方案中对居民代表产生方式的规定有很大的差异。

三峡流域各省、直辖市和各城市还对居民代表大会参与选举的程序做出了具体规定，见表2-9。

表2-9 三峡流域各省、直辖市和各城市关于居民代表大会选举的规定

单位名称	《居民委员会组织法》实施办法	选举规程、选举办法、文件
湖北	过半有效（第5条）	未规定
宜昌	—	社区居民选举委员会组织居民依法推选成立社区居民代表大会。社区居民代表大会由本社区的居民代表和社区成员单位代表组成《宜昌市2012年社区党组织、社区居委会换届选举工作实施方案》
恩施	—	未规定
利川	—	未规定
荆州	—	未规定
荆门	—	
湖南	过半有效（第15条）	在选举社区居民选举委员会的同时，选举产生新一届居民代表和居民小组长。居民代表按每个居民小组推选2—3名，每个社区单位推选1名的办法产生。代表人数根据社区人口规模以50—100人为宜。居民小组长由居民小组会议选举产生（《湖南省社区居民委员会选举规程》）

续表

单位名称	《居民委员会组织法》实施办法	选举规程、选举办法、文件
湖北	过半有效（第5条）	未规定
怀化	—	未规定
张家界	—	未规定
吉首	—	未规定
常德	—	未规定
重庆	未规定	实行每个居民小组推选居民代表参加选举方式的，参选代表应占居民代表总数的90%以上，代表总数不得少于40名（2007年通知）
涪陵	—	居未规定
黔江	—	未规定
贵州	未规定	未规定
铜仁	—	未规定

从表2-9列出的情况看，重庆明确规定2/3以上居民代表参加的选举，选举有效。由于居民代表人数较少，将"过半有效"的标准提高到2/3，更能体现选举民主化的要求。

(三) 确定候选人

《居民委员会组织法》没有规定候选人的产生程序。民政部《关于做好2006年社区居民委员会换届选举工作的通知》规定了候选人的条件和产生方式，要求社区居委会候选人必须由选民直接提名产生，候选人应该符合"素质好、威信高、能力强、遵纪守法、廉洁奉公、热心为居民办事"的条件。《社区居民委员会直接选举规程》进一步明确了候选人的产生方式。

根据《关于做好2006年社区居民委员会换届选举工作的通知》和《社区居民委员会直接选举规程》，三峡流域各省、直辖市、各城市结合自身的实际情况制定了选举办法和选举规程，对候选人的产生方式提出了具体的要求。

1. 确定候选人职数

在社区居民委员会选举中,确定候选人职数是选举的重要环节。三峡流域各省、直辖市和各城市关于社区居民委员会成员人数的规定,见表2-10。

表2-10　　三峡流域各省、直辖市、各城市关于社区居民委员会成员人数的规定

单位名称	《居民委员会组织法》实施办法	选举规程、选举办法、文件
湖北	5—9人（第8条）	居民委员会由5—9人组成。多民族居民居住的社区,居民委员会成员中应当有人数较少的民族的成员。民族社区的居民委员会,以建立民族社区的少数民族居民为主组成（《湖北省社区居民委员会直接选举规程（试行）》）
宜昌	—	社区居委会组成人员职数拟按9人配备,其中设主任1名、副主任2人,具体人数根据街道办事处提出的意见并报区政府审核后,交社区居民代表大会讨论决定《宜昌市2012年社区党组织、社区居委会换届选举工作实施方案》
恩施	—	社区居委会由5—9人组成,设村（居）委会主任、副主任、财经委员、治保委员、妇女委员等职位《恩施市2011年村（居）民委员会换届选举工作实施方案》
利川	—	未规定
荆州	—	未规定
荆门	—	未规定
湖南	5—9人（第7条）	社区居委会成员职数由5—9人单数组成。具体职数由区县（市）、街道（乡镇）根据社区规模和工作需要决定（《湖南省社区居民委员会选举规程》）
怀化	—	未规定
张家界	—	未规定
吉首	—	未规定
常德	—	未规定
重庆	—	5—9人（《重庆市居民委员会选举办法》第3条）

续表

单位名称	《居民委员会组织法》实施办法	选举规程、选举办法、文件
涪陵	—	居民委员会由5人组成，设主任1人《重庆市涪陵区第八届村（居）民委员会换届选举实施方案》
黔江	—	未规定
贵州	5—9人（第10条）	未规定
铜仁	—	未规定

从三峡流域各省、直辖市的规定来看，都采用了5—9人的社区居民委员会职数标准，但三峡流域多数城市都未规定社区居民委员会具体职数，在统计的各个城市中，只有宜昌、恩施和涪陵做出了明确的规定，而且不同城市确定的社区居民委员会职数标准有一定的差别，如涪陵将社区居民委员会职数确定为5人。

三峡流域各省、直辖市和各城市还规定了社区居民委员会职数的确定方式，见表2-11。

表2-11　　三峡流域各省、直辖市和各城市关于社区居民委员会职数确定方式的规定

单位名称	《居民委员会组织法》实施办法	选举规程、选举办法、文件
湖北	人数根据本居住地区内人口、地域等情况确定（第8条）	具体人数由乡镇人民政府（街道办事处）根据各社区实际情况提出后，交居民会议或居民代表会议讨论决定。多民族居民居住的社区，居民委员会成员中应当有人数较少的民族的成员。民族社区的居民委员会，以建立民族社区的少数民族居民为主组成（《湖北省社区居民委员会直接选举规程（试行）》）
宜昌	—	社区居委会组成人员具体人数根据街道办事处提出的意见并报区政府审核后，交社区居民代表大会讨论决定《宜昌市2012年社区党组织、社区居委会换届选举工作实施方案》

续表

单位名称	《居民委员会组织法》实施办法	选举规程、选举办法、文件
恩施	—	社区居委会具体人数由乡镇（办事处）根据各居实际情况提出后，交居民会议或者居民代表会议讨论决定，报市民政局备案《恩施市2011年村（居）民委员会换届选举工作实施方案》
利川	—	未规定
荆州	—	未规定
荆门	—	未规定
湖南	名额根据居民委员会规模的大小，按照多数居民的意见确定（第7条）	具体职数由区县（市）、街道（乡镇）根据社区规模和工作需要决定（《湖南省社区居民委员会选举规程》）
怀化	—	未规定
张家界	—	未规定
吉首	—	未规定
常德	—	未规定
重庆	未规定	未规定
涪陵	—	未规定
黔江	—	未规定
贵州	名额由所在地的人民政府或它的派出机关根据居民委员会规模大小、工作任务和经济条件等情况，征求多数居民的意见确定（第10条）	未规定
铜仁	—	未规定

从表2-11列出的情况看，湖北明确规定社区居民委员会的职数由政府确定，湖南的规定有不一致的地方，《〈居民委员会组织法〉实施办法》规定社区居民委员会职数按照多数居民的意见确定，但《湖南省社区居民委员会选举规程》却规定社区居民委员会职数由政府确定，贵州规定

社区居委员会职数由所在地的人民政府或它的派出机关征求多数居民的意见确定。三峡流域多数城市没有对社区居民委员会职数产生方式做出具体规定，只有宜昌、恩施对社区居民委员会职数产生方式提出明确的要求，恩施的规定与湖北省的规定相同，宜昌则要求社区居委会具体人数根据街道办事处提出的意见并报区政府审核后，交社区居民代表大会讨论决定。由此看来，湖北、湖南、贵州及宜昌、恩施关于社区居民委员会职数产生方式的规定充分体现了民主的要求。

2. 候选人的条件

《居民委员会组织法》对候选人的条件提出了明确的标准，要求"居民委员会成员应当遵守宪法、法律、法规和国家的政策，办事公道，热心为居民服务。"《社区居民委员会直接选举规程》进一步规范了候选人应当具备的条件，要求"候选人应是能够认真贯彻落实国家法律法规和政策，热心公益事业，有奉献精神，能带领社区居民遵纪守法、有效实现居民自治的本社区选民，并经社区选举委员会确认。"

根据《居民委员会组织法》和《社区居民委员会直接选举规程》，三峡流域各省、直辖市和各城市按照自身的实际情况制定了选举办法和选举规程，对社区居民委员会候选人的条件提出了具体要求，见表2-12。

表2-12　三峡流域各省、直辖市和各城市关于社区居民委员会候选人条件的规定

单位名称	《居民委员会组织法》实施办法	选举规程、选举办法、文件
湖北	居民委员会成员由具备遵纪守法、作风民主、办事公道、热心为居民服务等条件的居民担任。家属委员会或以一个单位家属为主体的居民委员会可以从本单位干部职工中委派（第8条）	已登记参加本社区选举的居民；遵纪守法、廉洁奉公、品行良好、公道正派、身体健康、热心为居民服务；具有一定的文化水平和组织、协调、管理能力；鼓励党政机关、企事业单位在职或退休党员干部、社区民警、业主委员会负责人、物业服务机构负责人、群团组织和社会组织负责人、社会知名人士以及社区专职工作人员积极参选居民委员会成员。鼓励在社区管理与服务工作中取得显著成绩的居民委员会主任或其他成员连选连任（《湖北省社区居民委员会直接选举规程（试行）》）

续表

单位名称	《居民委员会组织法》实施办法	选举规程、选举办法、文件
宜昌	—	未规定
恩施	—	未规定
利川	—	未规定
荆州	—	未规定
荆门	—	未规定
湖南	模范遵守宪法、法律、法规和国家的政策；廉洁奉公，办事公道，热心为居民服务；工作能力和身体状况能胜任居委会的工作（第9条）	模范遵守宪法、法律、法规和国家的政策；廉洁奉公，办事公道，热心为居民服务；工作能力和身体状况能胜任居委会的工作（《湖南省社区居民委员会选举规程》）
怀化	—	在直接提名初步候选人的基础上，社区居民选举委员会、镇选举工作领导小组要对提名候选人进行资格审查，并将提名候选人情况向选民公示，公示期一般为7天，下列情况之一者，不能确定为正式候选人：（1）选举前3年内受过劳教刑事处罚（包括触犯刑法起诉的）；（2）1990年以来有违法生育行为的；（3）正被司法机关立案侦查的；（4）拒不履行居民义务的；（5）县级以上公安机关确定的重点治安对象的；（6）身体状况或工作能力不能胜任工作的。因上述原因或候选人自愿退出造成候选人缺额的，按照提名结果依次递补《怀化市第八届社区居民委员会换届选举实施方案》
张家界	—	居委会正式候选人应具备三个条件：（1）模范遵守宪法、法律、法规和国家的政策；（2）廉洁奉公，办事公道，热心为居民服务；（3）工作能力和身体状况能胜任居委会的工作《张家界第七次社区居民委员会换届选举工作实施方案》

续表

单位名称	《居民委员会组织法》实施办法	选举规程、选举办法、文件
吉首	—	候选人应具备下列资格条件：（1）必须认真贯彻执行党的路线、方针和政策，模范遵守宪法、法律和法规；（2）作风民主、与人为善、群众关系较好，威信较高，能团结共事，有较强的工作协调能力；（3）坚持原则，依法办事，推进工作有组织能力和应对突发事件的处置能力；（4）廉洁自律，办事公道，热心为社区居民服务，有无私奉献精神；（5）有中专（高中）以上文化水平，其中主任、副主任具有大专以上文化水平；（6）身体健康，能胜任工作，居委会主任、副主任年龄原则上不超过45周岁《吉首市社区党组织和第八次社区居民委员会换届选举工作实施方案》
常德	—	其中有下列情况之一者，不得列为候选人：（1）选举前3年内受过劳教或者刑事处罚（包括触犯刑法不起诉）的；（2）1990年以来有违反计划生育政策行为的；（3）正被司法机关立案侦查的；（4）拒不履行居民义务的；（5）县级以上公安机关列为重点治安对象；（6）本人拒绝提名的；（7）身体状况不能胜任工作的；（8）工作能力不能胜任工作的《常德市第七次社区居民委员会换届选举工作实施方案》
重庆	—	认真贯彻执行法律、法规规章和政策；遵守法纪、廉洁、公道、作风民主、联系群众，热心为居民服务；工作认真负责，有办事能力，能独立完成工作任务；身体健康，具有一定文化知识；有开拓进取精神和较强的组织领导能力，懂经济、会管理，能组织居民群众发展社区服务事业；居民委员会主任一般应在50岁以下（《重庆市居民委员会选举办法》第18条）社区居民委员会成员候选人，一般应有高中以上文化。主任、副主任候选人，一般应在50周岁以下，并取得社区专职工作者职业水平认证资格。特别优秀

续表

单位名称	《居民委员会组织法》实施办法	选举规程、选举办法、文件
	—	的人才，其条件可以酌情放宽。以下几种情形的人员，在3年以内一般不列为正式候选人：被开除党籍处分的人员、违反计划生育政策的人员、在（村）居委任职为依法罢免的或受到自动免职处理的人员、有重大问题正在被立案调查的人员（2007年通知）
涪陵	—	居委会成员年龄应形成合理的梯次结构，原则上要有1人在35周岁以下。居委会主任年龄原则上不超过55周岁，对服务意识和工作能力强、在群众中威信高、特别优秀的，年龄条件可适度放宽，不搞"一刀切"。通过换届，使居委会主任队伍形成以45岁左右为主体的年龄结构。社区居委会成员要以大专以上文化程度为主体。拓宽选人范围。打破资历、身份、行业、地域等界限，依法从现任居委干部和社区工作者中遴选一批，从本土高校毕业生中挑选一批，从外出务工创业人员中回请一批，从本地致富能手中选用一批，从复员退伍军人和退休离岗干部职工中推选一批，从机关和企事业单位工作人员中选派一批，不拘一格选任居委会成员。积极引导和鼓励本地大学生村官、在乡镇和村工作的选调生、改任或担任非领导职务的机关干部、社会工作者参与居委会成员选举。居委会中至少要有1名女性成员。积极推荐符合条件的居团支部书记作为居委会成员候选人，按法定程序参加选举《重庆市涪陵区第八届村（居）民委员会换届选举实施方案》
黔江	—	社区居委会成员候选人，除法律、法规明确的条件外，一般应有高中以上文化；居委会主任候选人，连任者原则上年龄不超过55周岁，新任者一般年龄不超过45周岁、具有大专以上学历。特别优秀的人才，其条件可酌情放宽《重庆市黔江区第八届村（居）委会换届选举工作实施方案》

续表

单位名称	《居民委员会组织法》实施办法	选举规程、选举办法、文件
贵州	名额由所在地的人民政府或它的派出机关根据居民委员会规模大小、工作任务和经济条件等情况，征求多数居民的意见确定（第10条）	拓宽居民委员会干部来源渠道，扩大选人用人范围，允许面向社会招聘居民委员会干部，鼓励从大中专毕业生、下岗待业人员中选聘居民委员会干部，逐步实现居民委员会干部职业化（2001年通知）
铜仁	—	未规定

从表 2-12 所列出的情况看，三峡流域各省、直辖市、各城市关于社区居民委员会候选人条件的规定不仅符合《居民委员会组织法》和《社区居民委员会直接选举规程》对居民委员会候选人的要求，而且在内容上都有所扩展。湖北、湖南、重庆、贵州及所属各城市都对社区居民委员会候选人在身体健康状况、年龄、文化水平、工作能力、候选人的居住地等方面提出了更高、更全面的要求。

3. 候选人提名

《社区居民委员会直接选举规程》规定社区居民委员会候选人提名必须"依据直接提名的原则，可采用三种方式，即海选、联名和自荐。采用海选提名方式，各居民小组应在选举日前 20 日设立提名投票站，选民以一人一票的方式提名候选人"。

依据《社区居民委员会直接选举规程》规定的社区居民委员会候选人提名规则，三峡流域各省、直辖市和各城市依据自身的具体情况提出了社区居民委员会候选人的提名方式，见表 2-13。

表 2－13　　三峡流域各省、直辖市和市关于社区居民委员会候选人提名方式的规定

单位名称	《居民委员会组织法》实施办法	选举规程、选举办法、文件
湖北	居民酝酿提名（第9条）	居民委员会成员候选人，可以采取个人自愿报名、选民提名或者社区内群团组织、社会组织、成员单位提名等方式产生。每位选民、每个组织或者成员单位只有一次报名权或者提名权，居民委员会主任、副主任、委员每个职位只能提名一名候选人（《湖北省社区居民委员会直接选举规程（试行）》）
宜昌	—	按网格组织社区党员、居民户代表、社区单位代表"三推"（社区居委会成员构成按照社区专职工作者占20%，社区单位代表、在职干部职工、退休党员、无职党员和热心公益服务的居民代表80%的比例把握），根据得票多少顺序确定社区居委会初步候选人。如果初步候选人的报名数等于或少于候选人名额，按实际报名数列入候选人。如果初步候选人的报名数多于候选人名额，应进行预选《宜昌市2012年社区党组织、社区居委会换届选举工作实施方案》
恩施	—	居民选举委员会主持召开各居民小组会议，提名居委会主任、副主任和委员候选人，正式候选人按照提名得票多少从高到低依次确定，每个职位确定两名。每位居民提出的候选人数不得超过应选名额。居民委员会、群团组织等向居民选举委员会提名推荐候选人名单，选民也可自荐或联名推荐他人。被推荐者和自荐者到居民选举委员会报名登记《恩施市2011年村（居）民委员会换届选举工作实施方案》
利川	—	社区居委会主任、副主任、委员候选人的确定，原则上可由有选举权的选民10人以上联合提名，或个人自愿报名，需10人以上附议提名，或居民代表直接提名推荐，经社区居民选举委员会资格审查通过后，成为初步候选人，并在选举日前15日内，按姓氏笔画为序张榜公布《2012年利川市社区居委会换届选举工作实施方案》
荆州	—	未规定
荆门	—	未规定

续表

单位名称	《居民委员会组织法》实施办法	选举规程、选举办法、文件
湖南	居民5人、居民小组提名（第10条）	社区居委会候选人由选民直接提名产生（2006年通知）
怀化	—	候选人的提名为直接提名，具体形式有以下3种：①设立投票站，选民直接提名。在选举日10日前，在社区居民小组设立投票站，选民1人1票提名候选人，由社区居民选举委员会汇总各投票站提名票，按相对多数原则确定初步候选人；②社区居民选举委员会在选举日10日前，召开选民会议，1人1票提名候选人，按相对多数原则确定初步候选人；③在选举日10日前，各居民小组召开选民会议，1人1票提名候选人，由社区居民选举委员会汇总各投票站提名票，按相对多数原则确定初步候选人。具体采取哪种具体形式提名，由社区居民选举委员会确定《怀化市第八届社区居民委员会换届选举实施方案》
张家界	—	采取直接选举办法的社区，应在选举日10日前，由社区居民选举委员会组织提名候选人。提名可采取三种方式：①在社区各居民小组设立投票站，由选民直接提名；②召开全体选民会议以无记名方式1人1票提名候选人；③各居民小组召开选民会议以无记名方式1人1票提名候选人。每个选民所提名推荐的候选人数不得超过应选人数。采取间接选举办法的社区，可按照"公开招聘、择优入围"的办法产生初步候选人，也可由有选举权的居民5人以上联合提名或由居民小组提名产生初步候选人。提倡将驻社区单位代表提名为候选人。提名结束后，应按得票多少顺序和设定的候选人差额数公布被提名人名单和得票数《张家界第七次社区居民委员会换届选举工作实施方案》
吉首	—	候选人提名前，居民选举委员会应发布提名办法。提名办法用"公告"形式予以公告；候选人提名方式为直接提名，其人数应多于应选人数，具体有设立投票站提名、召开选民大会提名、各居民小组召开选民会议提名（由居民选举委员会汇

续表

单位名称	《居民委员会组织法》实施办法	选举规程、选举办法、文件
	一	总投票结果）三种。无论采取哪种方式提名，均由居民选举委员会确定，并必须在选举日 10 日前提名；按职位职数提名；坚持无记名投票方式 1 人 1 票提名，并根据相对多数原则确定初步候选人；均应设立验证发票处、秘密写票处、投票处（票箱），并有 3 名以上工作人员负责提名投票工作，必须当场开箱验票计票，当天公布提名投票结果。街道（镇）党组织可将现任居民委员会成员、专职工作人员以及符合居民委员会任职条件的其他人员向选民进行适当推荐，并将所推荐人员的基本情况、政治情况、工作能力情况、身体情况等向选民进行介绍，由选民按照 1 人 1 票提名原则进行提名。居民委员会成员候选人提名结束后，应按获提名票多少顺序和设立的候选人差额数及时公布被提名人名单和得票数。选民或者候选人对名单有异议，可在随后 4 日内提出。居民选举委员会必须在 3 日内做出解释，发现错误及时纠正《吉首市社区党组织和第八次社区居民委员会换届选举工作实施方案》
常德	一	居民委员会主任、副主任、委员候选人，分别由居民选举委员会召集本社区过半数的选民以无记名投票方式提名，或以居民小组为单位召集本组过半数的选民以无记名投票方式提名，按得票多少确定。其中有下列情况之一者，不得列为候选人：(1) 选举前 3 年内受过劳教或者刑事处罚（包括触犯刑法不起诉）的；(2) 1990 年以来有违反计划生育政策行为的；(3) 正被司法机关立案侦查的；(4) 拒不履行居民义务的；(5) 县级以上公安机关列为重点治安对象的；(6) 本人拒绝提名的；(7) 身体状况不能胜任工作的；(8) 工作能力不能胜任工作的《常德市第七次社区居民委员会换届选举工作实施方案》
重庆	未规定	居民 10 人提名、居民自荐并由居民附议、居民代表会议提名、预选确定（《重庆市居民委员会选举办法》第 19 条）

续表

单位名称	《居民委员会组织法》实施办法	选举规程、选举办法、文件
涪陵	—	居委会候选人由本居委选民直接投票提名产生，主任、委员候选人的名额应当多于应选名额。提名的组织形式，可以由居民选举委员会召集全体选民投票提名，参加投票的选民应当超过本居全体选民的半数，按得票多少的顺序确定正式候选人；也可以以居民小组为单位召集选民投票提名，参加投票的选民应当超过本组全体选民的半数，在村（居）民选举委员会成员主持下以村（居）为单位集中计票，按得票多少的顺序确定正式候选人。如果一人同时被提名为两种以上职务的候选人，其高职务得票不能确定为正式候选人时，可以把高职务得票加到低职务得票中计算。必须注意同一村（居）提名必须是在同一时段进行。以村（居）为单位提名的，提名后要当场唱票，分小组提名需送居委会集中唱票的，要有3人以上选举工作人员护送。所有小组送到后，应立即唱票。不能放置到下午或放置到第二天后才唱票。居委会成员正式候选人中必须至少有1名女性人员。如果女性人员得票数同其他人员相比不能按顺序确定为正式候选人的，应当确定1名得票最多的女性作为正式候选人《重庆市涪陵区第八届村（居）民委员会换届选举实施方案》
黔江	—	采用先确定候选人的选举方式。采取以下三种形式提出候选人再按程序进行正式投票选举：一是10名以上享有选举权的居民联名提名；二是居民自荐，并由10名以上享有选举权的居民附议提名；三是居民代表会议提名。每个社区只能选择一种提名方式《重庆市黔江区第八届村（居）委会换届选举工作实施方案》
贵州	选民10人、居民小组、选举领导小组提名（第12条）	未规定
铜仁	—	未规定

从表 2-13 所列出的情况看,三峡流域各省、直辖市、各城市社区居民委员会候选人提名方式主要有三种:一是选民直接提名;二是居民联名提名、居民小组提名;三是居民自荐。三峡流域各省、直辖市、各城市社区居民委员会候选人提名方式各不相同,其中,只有湖南及所属各城市采用选民直接提名方式,湖南、贵州分别采用居民联名提名、居民小组提名,湖北、黔江也采用居民自荐的方式提名。由此可见,三峡流域各省、直辖市、各城市社区居民委员会候选人的提名方式是比较民主的,基本上排除了乡镇人民政府、街道办事处、社区党组织以及上届社区居民委员会提名候选人的方式。

《社区居民委员会直接选举规程》要求在选举日前 20 日公布候选人名单,三峡流域各省、直辖市和各城市的选举办法与选举规程对初步候选人公布时间的规定要求不统一,见表 2-14。

表 2-14　三峡流域各省、直辖市和各城市关于社区居民委员会初步候选人名单公布时间的规定

单位名称	《居民委员会组织法》实施办法	选举规程、选举办法、文件
湖北	未规定	未规定
宜昌	—	未规定
恩施	—	未规定
利川	—	初步候选人在选举日前 15 日内,按姓氏笔画为序张榜公布《2012 年利川市社区居委会换届选举工作实施方案》
荆州	—	未规定
荆门	—	未规定
湖南	所提候选人应张榜公布(第 10 条)	未规定
怀化	—	未规定
张家界	—	未规定
吉首	—	未规定
常德	—	未规定
重庆	—	选举日前 15 日公告候选人(《重庆市居民委员会选举办法》第 20 条)

续表

单位名称	《居民委员会组织法》实施办法	选举规程、选举办法、文件
涪陵	—	未规定
黔江	所提候选人要张榜公布（第10条）	未规定
贵州		未规定
铜仁	—	未规定

从表2-14列出的规定看，三峡流域各省、直辖市、各城市对社区居民委员会初步候选人公布时间基本上没有做出具体的规定，只有利川市明确规定初步候选人名单应该在选举日前15日内公布。

4. 确定候选人

《社区居民委员会直接选举规程》对正式候选人的确定提出了明确具体的程序要求。

（1）采用海选提名方式，依据简单多数的原则确定正式候选人。采用海选提名方式，各居民小组应在选举日前20日设立提名投票站，选民以1人1票的方式提名候选人，并依据简单多数的原则确定正式候选人。社区选举委员会应在提名当日公布正式候选人名单。选民或被提名人如对候选人名单有异议可在随后7日内提出，社区选举委员会必须在2日内做出解释，发现错误及时纠正并公布修正名单。

提名的具体事项应在选举日前30天与选民名单一起公布。提名预选确定正式候选人之后，社区选举委员会应立即发布公告，按照姓氏笔画顺序张榜公布正式候选人名单，告知全体社区居民，并上报街道社区居民选举指导委员会备案。

（2）采用联名提名方式，按照选民获得的提名票数确定正式候选人。采用联名提名方式，社区选举委员会应在选民登记时向选民发放"候选人提名表"。提名时间为7日左右。提名的具体事项应在"候选人提名表"上公布。

社区选举委员会应当按照社区居民委员会的职位，根据差额原则，对选民所填写的"候选人提名表"进行汇总，获得10人以上提名的选民成为初步候选人。如果获得10人以上提名的选民数没有达到差额数的要求,则由获得提名数最多的其他选民顺次替补。如果没有选民获得10人以上提名,则根据提名票多少和差额原则确定初步候选人,如果被提名人数没有超过规定差额数,则所有被提名人自动成为正式候选人。社区选举委员会于正式选举日前20日,按候选人的姓氏笔画顺序排列公布初步候选人名单,不得有遗漏。

选民或被提名人可在随后7日内对初步候选人名单提出异议,社区选举委员会必须在2日内做出解释,发现错误及时纠正并公布修正名单。

获得10人以上提名的初步候选人数超过规定的差额数时,应当召开居民会议并设立投票站,以无记名投票方式进行预选,采用简单多数的原则确定正式候选人名单。预选应在正式选举日前10日举行。预选选票应按初步候选人姓氏笔画顺序排列候选人。

社区选举委员会根据计票结果,按照社区居民委员会应设的职位、职数的要求和差额的原则,根据简单多数的原则,确定正式候选人。正式候选人名单应在预选当日公布。公布时各职位候选人按姓氏笔画为序排列。

(3)采用选民自荐提名方式,按照自荐人获得签名支持的自荐人数确定候选人。采用选民自荐提名方式,社区选举委员会应在选民登记时向选民发放"候选人自荐提名表"。自荐提名的选民必须填写该表并获得10名以上选民的签名支持才能成为正式候选人。自荐提名时间为7日左右。

社区选举委员会应当按照社区居民委员会的职位,根据差额原则,对选民所填写的"候选人自荐提名表"进行汇总,获得10名以上选民签名支持的自荐人成为正式候选人。如果获得10名以上签名支持的自荐人数没有达到差额数的要求,则由获得签名数最多的其他自荐人顺次替补。如果没有自荐人获得10名以上选民签名支持,则根据签名多少和差额原则确定正式候选人,如果自荐人数没有超过规定差额数,则所有自荐人自动成为正式候选人。社区选举委员会于正式选举日前20日按候选人的姓氏笔画顺序排列公布正式候选人名单,不得有遗漏。选民可在随后7日内对候选人名单提出异议,社区选举委员会必须在2日内做出解释,发现错误及时纠正并公布修正名单。

依据《社区居民委员会直接选举规程》,三峡流域各省、直辖市和各城市对社区居民委员会候选人的确定方式进行了规定，见表2-15。

表2-15　三峡流域各省、直辖市和各城市关于社区居民委员会候选人确定方式的规定

单位名称	《居民委员会组织法》实施办法	选举规程、选举办法、文件
湖北	酝酿确定候选人（第9条）	居民选举委员会应当根据居民委员会成员候选人自荐和提名情况，主持召开居民会议、居民代表会议或者各居民小组会议，按简单多数原则，推选产生居民委员会主任、副主任和委员候选人。居民委员会主任、副主任和委员的候选人人数应当分别比应选名额至少多一人（《湖北省社区居民委员会直接选举规程（试行）》）
宜昌	—	由社区居民选举委员会组织2/3以上代表参加的社区居民代表大会通过无记名投票方式进行预选，按得票多少确定正式候选人名单，正式候选人产生后要经过街道党工委的考察后进行张榜公布《宜昌市2012年社区党组织、社区居委会换届选举工作实施方案》
恩施	—	居民选举委员会组织登记、审查居民组织推荐和选民自荐、联名推荐的候选人。居民选举委员会公布正式候选人名单，发布公告（第十号）。正式候选人是居民选举委员会或居民选举监督委员会成员的，应退居民选举委员会或居民选举监督委员会。缺额人员根据原居民选举委员会或居民选举监督委员会成员推荐结果，按得票数由多到少依次递补《恩施市2011年村（居）民委员会换届选举工作实施方案》
利川	—	社区居委会主任、副主任和委员的正式候选人人数应分别比配备职数至少多1人。初步候选人数超过规定的差额数时，应召开社区居民代表（2/3以上代表）会议，通过无记名投票、公开计票的方式，采用简单多数的原则确定正式候选人名单《2012年利川市社区居委会换届选举工作实施方案》
荆州	—	未规定
荆门	—	未规定

续表

单位名称	《居民委员会组织法》实施办法	选举规程、选举办法、文件
湖南	酝酿确定候选人（第11条）	提名完成后，社区居民选举委员会应通过社区成员代表会议或居民小组会议的形式对初步候选人进行资格审查。社区居委会主任、副主任、委员的候选人均应按差额的原则确定（《湖南省社区居民委员会选举规程》）
怀化	—	在直接提名初步候选人的基础上，社区居民选举委员会、镇选举工作领导小组要对提名候选人进行资格审查，并将提名候选人情况向选民公示，公示期一般为7天，下列情况之一者，不能确定为正式候选人：（1）选举前3年内受过劳教刑事处罚（包括触犯刑法起诉的）；（2）1990年以来有违法生育行为的；（3）正被司法机关立案侦查的；（4）拒不履行居民义务的；（5）县级以上公安机关确定的重点治安对象的；（6）身体状况或工作能力不能胜任工作的。因上述原因或候选人自愿退出造成候选人缺额的，按照提名结果依次递补《怀化市第八届社区居民委员会换届选举实施方案》
张家界	—	提名完成后，社区居民选举委员会应通过社区成员代表会议或居民小组会议的形式对初步候选人进行资格审查。居委会正式候选人应具备三个条件：（1）模范遵守宪法、法律、法规和国家的政策；（2）廉洁奉公，办事公道，热心为居民服务；（3）工作能力和身体状况能胜任居委会的工作。因不符合条件或候选人自愿退出造成的候选人缺额，按提名得票数顺序递补。社区居委会主任、副主任、委员的候选人均应按差额的原则确定。社区选举委员会应在选举日的5日前，按得票多少发布正式候选人公告《张家界第七次社区居民委员会换届选举工作实施方案》
吉首	—	在直接提名初步候选人的基础上，居民选举委员会、街道（镇）以及市社区居民委员会换届选举办公室应组织对提名候选人进行资格审查，并将提名候选人情况向选民公示，公示期一般为7天，其中下列情况之一者，不得列为候选人，同时适用于对党组织班子候选人的资格审查：选举前3年内受过劳教或者刑事处罚（包括触犯刑法不起诉）的；正被司法机关查的；

第二章 社区民主选举　133

续表

单位名称	《居民委员会组织法》实施办法	选举规程、选举办法、文件
	—	被公安机关确定为重点治安对象的；被查实有吸毒行为的；热衷于搞封建迷信或宗派活动的；不告知1990年以来有违法生育行为的；拖欠社区集体资金或非法侵占社区集体资产的；拒不履行居民义务的；利用金钱或物资贿赂选民，其行为影响社区"两委"换届正常进行，经查证属实的；连续两次被评定为不称职"两委"干部或专职工作人员的；工作能力或身体、年龄状况不能胜任工作的；长期在外不能履行岗位职责。候选人不足差额时，按提名得票顺序递补。对初步候选人进行资格审查后，于选举日7天前发布正式候选人公告《吉首市社区党组织和第八次社区居民委员会换届选举工作实施方案》
常德	—	居民委员会主任、副主任、委员候选人，分别由居民选举委员会召集本社区过半数的选民以无记名投票方式提名，或以居民小组为单位召集本组过半数的选民以无记名投票方式提名，按得票多少确定。其中有下列情况之一者，不得列为候选人：（1）选举前3年内受过劳教或者刑事处罚（包括触犯刑法不起诉）的；（2）1990年以来有违反计划生育政策行为的；（3）正被司法机关立案侦查的；（4）拒不履行居民义务的；（5）县级以上公安机关列为重点治安对象的；（6）本人拒绝提名的；（7）身体状况不能胜任工作的；（8）工作能力不能胜任工作的《常德市第七次社区居民委员会换届选举工作实施方案》
重庆	未规定	候选人名单公布后，居委会选举小组应向居民广泛征求意见，通过居民小组会议、居民代表会议充分酝酿、协商，根据多数居民的意见，确定正式候选人名单（《重庆市居民委员会选举办法》第20条）
涪陵	—	居委会候选人由本居委选民直接投票提名产生，主任、委员候选人的名额应当多于应选名额。提名的组织形式，可以由居民选举委员会召集全体选民投票提名，参加投票的选民应当超过本居全体选民的半数，按得票多少的顺序确定正式候选人；也可以以居民小组为单位召集选民投票提名，参加投票的选民应

续表

单位名称	《居民委员会组织法》实施办法	选举规程、选举办法、文件
	—	当超过本组全体选民的半数，在村（居）民选举委员会成员主持下以村（居）为单位集中计票，按得票多少的顺序确定正式候选人。如果一人同时被提名为两种以上职务的候选人，其高职务得票不能确定为正式候选人时，可以把高职务得票加到低职务得票中计算。必须注意同一村（居）提名必须是在同一时段进行。以村（居）为单位提名的，提名后要当场唱票，分小组提名需送居委会集中唱票的，要有3人以上选举工作人员护送。所有小组送到后，应立即唱票。不能放置到下午或放置到第二天后才唱票。居委会成员正式候选人中必须至少有1名女性人员。如果女性人员得票数同其他人员相比不能按顺序确定为正式候选人的，应当确定1名得票最多的女性作为正式候选人《重庆市涪陵区第八届村（居）民委员会换届选举实施方案》
黔江	—	采用先确定候选人的选举方式。采取以下三种形式提出候选人再按程序进行正式投票选举：一是10名以上享有选举权的居民联名提名；二是居民自荐，并由10名以上享有选举权的居民附议提名；三是居民代表会议提名。每个社区只能选择一种提名方式。有下列情形的人员3年内不列为正式候选人：一是刑满释放人员；二是被开除党籍处分的人员；三是在村（居）委会和村（居）民小组任职被依法罢免、辞职或职务自行终止的人员；四是违反计划生育政策未接受处理或接受处理时间未满3年的人员；五是正在被立案调查的人员也不列为正式候选人《重庆市黔江区第八届村（居）委会换届选举工作实施方案》
贵州	酝酿确定候选人（第12条）	未规定
铜仁	—	未规定

从表2-15列出的情况看，湖北及所属城市是依据选民票数按简单多数原则确定正式候选人，湖南及所属各城市是按照选民获得的提名票数依据差额的原则确定正式候选人，重庆及所属各城市则是选举小组根据

多数居民的意见确定正式候选人。

《社区居民委员会直接选举规程》要求在选举日前20日公布正式候选人名单，三峡流域各省、直辖市和各城市的选举办法与选举规程对正式候选人公布时间的规定要求不统一，见表2-16。

表2-16　　三峡流域各省、直辖市和各城市关于社区居民委员会
正式候选人名单公布时间的规定

单位名称	《居民委员会组织法》实施办法	选举规程、选举办法、文件
湖北	未规定	居民选举委员会应在选举日的十日前公告正式候选人名单，并上报乡镇人民政府（街道办事处）备案。候选人名单按职务和得票多少的顺序公布，票数相等的，按姓氏笔画公布（《湖北省社区居民委员会直接选举规程（试行）》）
宜昌	—	正式候选人产生后要经过街道党工委的考察后进行张榜公布《宜昌市2012年社区党组织、社区居委会换届选举工作实施方案》
恩施	—	未规定
利川	—	公示居委会成员的正式候选人名单和简介，按候选人的姓氏笔画顺序排列张榜公告（时间不少于5天）《2012年利川市社区居委会换届选举工作实施方案》
荆州	—	未规定
荆门	—	未规定
湖南	选举日前（第11条）	社区选举委员会应在选举日的5日前，按得票多少发布正式候选人公（《湖南省社区居民委员会选举规程》）
怀化	—	在选举日的7日前公布《怀化市第八届社区居民委员会换届选举实施方案》
张家界	—	未规定
吉首	—	选举日的7日前发布正式候选人公告《吉首市社区党组织和第八次社区居民委员会换届选举工作实施方案》
常德	—	未规定
重庆	—	选举日前15日公告候选人（《重庆市居委员会选举办法》第20条）

续表

单位名称	《居民委员会组织法》实施办法	选举规程、选举办法、文件
涪陵	—	选举日前5日公告候选人《重庆市涪陵区第八届村（居）民委员会换届选举实施方案》
黔江	—	选举日前5日公告候选人《重庆市黔江区第八届村（居）委会换届选举工作实施方案》
贵州	未规定	未规定
铜仁	—	未规定

居民选举委员会对居民委员会成员候选人进行资格审查后，在选举日的10日前按提名职务和提名得票多少的顺序公布候选人名单。

从表2-16列出的规定来看，公布正式候选人的时间有三种做法：一是选举日的10日前（湖北）；二是选举日的7日前（湖南）；三是选举日的5日前（重庆）。上述三种做法没有达到《社区居民委员会直接选举规程》规定的选举日的20日前公布正式候选人的要求。三峡流域各城市关于社区居民委员会正式候选人公布时间的规定各不相同，比较模糊，并没有做出统一的规定，因而利川规定选举日5日前公布候选人名单，怀化、吉首规定选举日7日前公布候选人名单，重庆市规定选举日15日前公布候选人名单，但涪陵和黔江都规定选举日5日前公布候选人名单。显然，各城市公布候选人的时间都比较短，没有给予选民足够的时间考察候选人，因此，延长候选人公布时间是以后完善社区选举制度的方向。

5. 候选人退出的处理

对于候选人退出的处理方法，目前只有湖北省颁布的《湖北省社区居民委员会直接选举规程（试行）》做出相应的规定。规程要求"候选人自愿放弃候选人资格的，应当在候选人名单公布之日起二日内向居民选举委员会提出书面意见，因此造成候选人差额不足时，应当在原提名的候选人中按得票多少的顺序递补。如按顺序递补的候选人都提出书面申请自愿退出竞争，则由居民选举委员会研究确定，可以在居民委员会选举中实行等额选举"。

6. 候选人竞选

《居民委员会组织法》和各省、自治区、直辖市颁布的《〈居民委员会组织法〉实施办法》都没有设置社区居民委员会候选人竞争选举程序。为了使选民了解候选人，民政部《关于做好2006年社区居民委员会换届选举工作的通知》设置了宣传候选人的程序，要求选举机构"通过公开演讲、见面会等简便形式，为候选人提供展示自己、宣传自己的机会，为选民提供了解候选人的机会。有条件的地方还可以通过墙报、广播、社区局域网络等多种形式，建立起候选人与选民之间的沟通渠道"。

随着社区建设的展开和我国基层自治建设的推进，在社区民主选举中有必要设置社区居民委员会候选人竞争选举程序。《社区居民委员会直接选举规程》规定了社区居民委员会候选人选举竞争程序，候选人可以采用两种方式进行竞选：

组织介绍。组织介绍即社区选举委员会向选民介绍正式候选人的情况，包括简历、文化程度、家庭成员、经济状况、工作能力和本人特长、优点、当选打算及承诺为居民办哪些实事、好事，等等。可利用广播、黑板报等形式向选民介绍候选人的情况；也可以把候选人的情况印成书面材料向选民散发或在公共活动场所张贴。组织介绍应实事求是、客观公正、不偏不倚。

自我介绍。自我介绍，即候选人可以在社区选举委员会指定的时间和地点发放宣传材料，解答选民问题，开展公开竞争选举活动。社区选举委员会成员应在竞选现场监督。

依据《社区居民委员会直接选举规程》，三峡流域各省、直辖市和各城市对社区居民委员会候选人之间的竞争选举方式进行了规定，见表2-17。

表 2-17　三峡流域各省、直辖市和各城市关于社区居民委员会候选人竞争选举的规定

单位名称	《居民委员会组织法》实施办法	选举规程、选举办法、文件
湖北	未规定	投票前，居民选举委员会应组织候选人的宣传、介绍和竞选活动。竞选活动采取公开、公平、文明的方式进行。严禁对他人进行人身攻击、侮辱和诽谤；严禁使用贿赂、欺骗、作假、暴力威胁或其他不正当手段从事竞选活动，违反者一经发现，取消其候选人资格，构成犯罪的，依法追究其刑事责任。候选人竞选活动的形式：（1）将候选人有关情况印成书面材料向选民发放，或在公共场所张贴，或利用网络、广播电视、展板等方式进行。候选人的情况，包括个人简历、文化程度、受过何种奖惩、工作能力、本人特长、当选后的打算等。（2）指导和监督候选人进行个人竞选。候选人可以采取设宣传台、入户宣传、张贴宣传海报等方式，开展竞选活动。（3）召开候选人竞选会议，候选人发表竞选演说并回答选民提问（《湖北省社区居民委员会直接选举规程（试行）》）
宜昌	—	社区选举委员会通过多种途径宣传候选人的基本情况、工作能力和特长、竞选职位和当选后的工作打算，组织候选人开展合法、文明的竞选活动；组织候选人竞选演讲，回答选民提问《宜昌市2012年社区党组织、社区居委会换届选举工作实施方案》
恩施	—	居民选举委员会召集候选人布置竞选演讲事宜。候选人准备演讲稿，交居民选举委员会审核。居民选举委员会组织候选人到指定地点开展演讲。演讲活动在居民选举委员会主持和居民监督委员会的监督下，公开、公平、公正地进行，居民选举委员会要制止贿选、宗族势力和黑恶势力干预等违法行为《恩施市2011年村（居）民委员会换届选举工作实施方案》
利川	—	未规定
荆州	—	未规定
荆门	—	未规定
湖南	未规定	正式候选人确定后，社区居民选举委员会应通过公开演讲、见面会、广播、印发书面资料等形式，向选民宣传、介绍候选人，公布其任期目标及施政设想（《湖南省社区居民委员会选举规程》）

续表

单位名称	《居民委员会组织法》实施办法	选举规程、选举办法、文件
怀化	—	正式候选人产生后，可在投票选举前由选举委员会组织进行竞选演讲，演讲稿事先应由选举委员会审查，演讲内容不得违反法律法规、不得诋毁、侮辱他人《怀化市第八届社区居民委员会换届选举实施方案》
张家界	—	正式候选人确定后，社区居民选举委员会应通过公开演讲、见面会、广播、印发书面资料等形式，向选民宣传、介绍候选人，公布其任期目标及施政设想《张家界第七次社区居民委员会换届选举工作实施方案》
吉首	—	（1）选举机构对正式候选人的介绍。居民选举委员会可以采取会议（广播）等平台或书面形式对正式候选人进行介绍。介绍正式候选人的时间，一般是从正式候选人名单公布时开始，到投票选举日的前一天结束。对正式候选人的介绍内容，一般应包括：本人简历、文化程度、家庭情况、工作状况、经济情况、现实表现、工作能力、身体健康状况、本人的特长以及有无违反计划生育政策情况等。介绍候选人要坚持平等原则、客观原则和公开原则。（2）在居民选举委员会组织下，正式候选人也可以依据合法竞争的原则进行自我介绍。自我介绍的内容应与选举机构对正式候选人的介绍内容一致。禁止正式候选人及其亲属或委托人通过请客、送礼等手段"拉选票"，利用家族势力和派系冲突"抢选票"，以及花钱"买选票"等。居民选举委员会要依据《居民委员会组织法》等法律法规和政策规定，对正式候选人竞争行为作出规定，经居民代表会议通过，予以公示，以规范正式候选人竞争行为，确保选举规范有序运行《吉首市社区党组织和第八次社区居民委员会换届选举工作实施方案》
常德	—	未规定
重庆	未规定	向选民宣传介绍正式候选人的情况（《重庆市居民委员会选举办法》第21条）

续表

单位名称	《居民委员会组织法》实施办法	选举规程、选举办法、文件
涪陵	—	正式选举前，在居民选举委员会统一组织下，居委会成员候选人、竞选人应当在指定场所与居民见面，了解民情民意，介绍履职设想，回答群众提出的问题。绝不允许候选人、竞选人私自活动，严防出现拉票贿选等非组织行为《重庆市涪陵区第八届村（居）民委员会换届选举实施方案》
黔江	—	未规定
贵州	未规定	未规定
铜仁	—	未规定

从表2-17列出的规定看，三峡流域各省、直辖市、各城市主要采用了《社区居民委员会直接选举规程》规定的组织介绍的竞选方式，湖南吉首还采用了自我介绍的竞选方式，湖北、湖南明确提出候选人应发表竞选演说。

（四）投票选举

《居民委员会组织法》和各省、自治区、直辖市颁布的《〈居民委员会组织法〉实施办法》都没有设置社区居民委员会选举的投票程序。民政部《关于做好2006年社区居民委员会换届选举工作的通知》，对社区居民委员会选举的投票程序做了原则性规定，要求"严格维护投票大会的现场秩序，严格按照选举程序组织投票，禁止任何人在选举现场向选民展示钱物等扰乱选举现场秩序、影响选举投票意向的行为。要通过充足规范的秘密写票处，保证选民在投票时完全按照自己的真实意愿划票。投票结束后，应公开唱票、计票，当场公布选举结果"。

《社区居民委员会直接选举规程》完善了社区居民委员会选举的投票步骤，对社区居民委员会选举的投票程序提出了明确具体的要求：

1. 设置投票站。选举时可以设立投票会场或投票站。投票站的开放时间应保证选民投票不受上下班影响，不能少于12小时。每个投票站至少应由3位选举工作人员负责，候选人及其直系亲属不得担任投票站的任何工作。

2. 委托投票。对在选举日生病、外出或因残疾等特殊原因无法到投票现场投票的选民，可以委托其信任的人代写。每一选民接受委托票不得超过2人。委托和受委托选民应在选举日1日前到社区居民委员会办理委托投票手续，并领取选民委托投票证。

3. 公布投票时间、地点。社区选举委员会提前7日公布投票选举的具体时间、地点。

4. 发放选票。选票一般由区级民政局设计样式，下发各街道和社区。有条件的社区可参照样式自行印制，不具备条件的社区可由街道印制。印制后的选票必须加盖公章并签封，待选举日在选举大会或投票站，由选举工作人员当众启封使用。设立验证发票处。

5. 秘密写票。选民应当在秘密划票间填写选票。文盲或者因其他原因不能填写选票的，可以委托代写员或除候选人以外的选民在指定代写处代写，代写人不得违背选民的意愿。代写处的设置应和一般划票间相同。选民填写选票时，对候选人可以投赞成票，可以另选他人，也可以弃权。填写选票后，须折叠选票后再投入票箱。

6. 封存票箱。投票结束后，票箱应该当众封存，并由监票员密封签字盖章，之后由选举工作人员至少3人共同护送到中心投票站，允许选举观察员和选民陪送。但选民和选举观察员不得干涉护送过程。

7. 计票。当票箱到达中心投票站后，由计票人员当众检查封条及票箱是否完好。之后当众开启票箱，清点各票箱票数，在确认收回票数等于或少于发出票数后，把所有票箱选票混合后，方得计票。计票结束后，将计票结果报告社区选举委员会。

8. 公布选举结果。社区选举委员会汇总并当场公布选举结果。社区居民委员会主任、副主任和委员3种职位应分别计票，不得相加。候选人获得实际投票数半数以上的选票，始得当选。获得半数以上选票候选人人数多于应选名额时，以得票多的当选；如果票数相同，不能确定当选人时，应当就票数相同的候选人再次投票，以得票多者当选。在不采用委托投票方式的社区，全体选民的过半数参加投票，选举有效，以简单多数的原则确定当选者。

依据《社区居民委员会直接选举规程》，三峡流域各省、直辖市、各城市结合自身实际对社区居民委员会投票程序做出相应的规定。

1. 召开选举大会、设置投票站、流动票箱和秘密写票处

三峡流域各省、直辖市出台了选举规程和选举办法，对城市社区居民委员会选举大会的召开以及投票站、流动票箱和秘密写票处的设置作出了规定。

三峡流域各省、直辖市和各城市关于社区居民委员会召开选举大会或设置投票站的规定见表 2-18。

表 2-18　三峡流域各省、直辖市和各城市关于社区居民委员会召开选举大会或投票站的规定

单位名称	《居民委员会组织法》实施办法	选举规程、选举办法、文件
湖北	未规定	居民选举委员会应结合本社区的实际情况，制定本届居民委员会选举的投票办法，提请居民会议或居民代表会议讨论通过并公布。投票办法中应明确是否设立投票站作为选举大会投票的补充形式；如设立投票站，应明确投票站的数量、位置等（《湖北省社区居民委员会直接选举规程（试行）》）
宜昌	—	由社区居民选举委员会设置投票站《宜昌市 2012 年社区党组织、社区居委会换届选举工作实施方案》
恩施	—	居委会可以实行代表制选举，也可以实行召开选举大会直接选举《恩施市 2011 年村（居）民委员会换届选举工作实施方案》
利川	—	召开选举大会《2012 年利川市社区居委会换届选举工作实施方案》
荆州	—	未规定
荆门	—	未规定
湖南	未规定	投票选举可采取选举大会投票、投票站投票两种方式，由社区居民选举委员会根据实际情况确定。实行直选的社区，原则上应设立一个选举中心会场，召开选举大会，由候选人发表竞职演说（《湖南省社区居民委员会选举规程》）
怀化	—	规模较大或居住分散的社区可以同时设立中心投票站和分投票站《怀化市第八届社区居民委员会换届选举实施方案》

续表

单位名称	《居民委员会组织法》实施办法	选举规程、选举办法、文件
张家界	—	投票选举可采取选举大会投票、投票站投票两种方式，由社区居民选举委员会根据实际情况确定。实行直选的社区，原则上应设立一个选举中心会场，召开选举大会《张家界第七次社区居民委员会换届选举工作实施方案》
吉首	—	投票方式分为三种，即召开选民大会投票、投票站投票（这两种方式均为直接选举）和召开居民代表会议投票（间接选举）。具体采用哪种方式，由居民选举委员会根据实际情况确定，但成建制村改居的社区必须实行直接投票选举，其他社区条件具备的也应实行直接投票选举。居住分散的，可采取设立中心投票站和分投票站相结合（中心投票站汇总选票、验票、计票）的方法进行选举《吉首市社区党组织和第八次社区居民委员会换届选举工作实施方案》
常德	—	选举投票时，各社区居委会设立中心投票站和分投票站《常德市第七次社区居民委员会换届选举工作实施方案》
重庆	未规定	投票选举时，应当召开选举大会。根据居民居住状况和便于选举的原则，设立中心会场和若干投票站（《重庆市居民委员会选举办法》第24条）
涪陵	—	设立选举会场和投票站《重庆市涪陵区第八届村（居）民委员会换届选举实施方案》
黔江	—	设立选举会场和投票站《重庆市黔江区第八届村（居）民委会换届选举工作实施方案》
贵州	未规定	未规定
铜仁	—	未规定

从表2-18列出的规定看，湖北、湖南和重庆及所属各城市明确规定社区居民委员会投票选举可采取选举大会投票、投票站投票两种方式，由社区居民选举委员会根据实际情况确定。两种投票方式既可单独采用，也可同时并用。

三峡流域各省、直辖市和各城市关于社区居民委员会选举设置流动票箱的规定见表2-19。

表 2-19　三峡流域各省、直辖市和各城市关于社区居民委员会选举设置流动票箱的规定

单位名称	《居民委员会组织法》实施办法	选举规程、选举办法、文件
湖北	未规定	居民选举委员会应结合本社区的实际情况，制定本届居民委员会选举的投票办法，提请居民会议或居民代表会议讨论通过并公布。投票办法中应明确是否采用流动票箱；如使用流动票箱，应明确流动票箱的数量，流动票箱的行走路线，接纳投票的居民范围等（《湖北省社区居民委员会直接选举规程（试行）》）
宜昌	—	未规定
恩施	—	未规定
利川	—	未规定
荆州	—	未规定
荆门	—	未规定
湖南	未规定	未规定
怀化	—	不便到投票站投票的选民，可在流动投票箱投票，每个流动投票箱必须有3名以上监票人《怀化市第八届社区居民委员会换届选举实施方案》
张家界	—	未规定
吉首	—	不设流动票箱《吉首市社区党组织和第八次社区居民委员会换届选举工作实施方案》
常德	—	未规定
重庆	未规定	投票选举时，对不便到选举会场或投票站投票的，可设流动票箱。每个票箱必须制定3名以上监票人员负责。采取由每个居民小组选举2名至3名代表参加投票的选举，不设分会场和流动票箱（《重庆市居民委员会选举办法》第24条）社区居民委员会选举所设流动票箱要规范，每个票箱监票不得少于3人（2007年通知）
涪陵	—	未规定
黔江	—	未规定
贵州	未规定	未规定
铜仁	—	未规定

从表 2-19 列出的规定看，湖北和重庆允许设置流动票箱，把设置流动票箱作为选举大会和投票站的补充形式，但重庆对流动票箱的设置进行了控制，规定由居民小组代表投票选举的，不设选举分会场和流动票箱。三峡流域各城市对流动票箱的设置没有作出明确的规定，只有怀化市对流动票箱的设置提出了明确的要求。

三峡流域各省、直辖市和各城市关于社区居民委员会选举设置秘密写票处的规定见表 2-20。

表 2-20　三峡流域各省、直辖市和各城市关于社区居民委员会选举设置秘密写票处的规定

单位名称	《居民委员会组织法》实施办法	选举规程、选举办法、文件
湖北	未规定	为了保证参加选举的居民不受干扰、自主填写选票，在投票会场和投票站，必须设立秘密写票处，使居民独立地秘密填写选票。秘密写票处要因地制宜、科学设置：第一，要按有参加选举的居民比例设置，一般按 50—100 位居民设置 1 个秘密写票处为宜，避免投票的居民等候时间过长；第二，与验证发票、投票箱的距离不能太远，便于居民领到选票以后很快进入写票处填写选票，将选票投入票箱；第三，写票处要摆放桌、椅、笔，便于居民写票（《湖北省社区居民委员会直接选举规程（试行）》）
宜昌	—	由社区居民选举委员会设置秘密写票处《宜昌市 2012 年社区党组织、社区居委会换届选举工作实施方案》
恩施	—	选举委员会设置秘密划票间《恩施市 2011 年村（居）民委员会换届选举工作实施方案》
利川	—	未规定
荆州	—	未规定
荆门	—	未规定
湖南	未规定	要提供充足、规范的秘密写票处（2006 年通知）
怀化	—	选举实行无记名投票，选举时应设立秘密写票处《怀化市第八届社区居民委员会换届选举实施方案》

续表

单位名称	《居民委员会组织法》实施办法	选举规程、选举办法、文件
张家界	—	设立秘密写票处《张家界第七次社区居民委员会换届选举工作实施方案》
吉首	—	中心投票站和分投票站均应设立秘密写票间《吉首市社区党组织和第八次社区居民委员会换届选举工作实施方案》
常德	—	各投票站均应设立秘密写票处，组织选民进入秘密写票处填写选票《常德市第七次社区居民委员会换届选举工作实施方案》
重庆	未规定	正式选举大会会场必须设秘密写票处，一个选举会场，可以设若干个秘密写票间（2007年通知）
涪陵	—	正式选举大会会场必须设秘密写票处，一个选举会场，可以设若干个秘密写票间《重庆市涪陵区第八届村（居）民委员会换届选举实施方案》
黔江	—	设立秘密写票处《重庆市黔江区第八届村（居）委会换届选举工作实施方案》
贵州	未规定	未规定
铜仁	—	未规定

从表2-20列出的规定看，湖北、湖南、重庆及所属各城市明确要求社区居民委员会选举时设置秘密写票处，只有极少数城市如利川、铜仁没有对秘密写票处的设置做出规定。2001年，上海市率先在社区居民委员会选举时设置秘密写票处，随后秘密写票的做法在全国各个省份得到推广，湖北、湖南和重庆秘密写票处的设置率都普遍达到90%以上。

2. 委托投票

《社区居民委员会直接选举规程》规定：对在选举日生病、外出或因残疾等特殊原因无法到投票现场投票的选民，可以委托他人投票。根据《社区居民委员会直接选举规程》的规定，三峡流域各省、直辖市和各城市结合自身实际情况对社区居民委员会选举选民委托投票提出了具体要求，见表2-21。

表 2-21　　三峡流域各省、直辖市和各城市关于社区居民委员会
　　　　　　选举选民委托投票的规定

单位名称	《居民委员会组织法》实施办法	选举规程、选举办法、文件
湖北	未规定	对不能参加现场投票并要求投票的选民，可委托其信任的选民，代表本人投票，但每一选民接受委托不得超过3人，被委托人必须按委托人的意愿投票。居民委员会候选人不得接受投票委托。委托人和受托人应当面在居民选举委员会办理填写委托书，办理委托投票证；委托人因故不能到场的，受托人可根据委托人的书信、传真件、手机短信、电子邮件等办理委托投票证。已接受委托的选民，在投票日当天，凭委托证和本人选举证领取选票。居民选举委员会经审查，确认委托有效后，应当在选举日5日前公布委托人和受托人名单，并发放委托投票证。持委托投票证的居民，在选举日当天应亲自参加选举大会或到投票站凭证领取选票、写票和投票，不得将委托投票证交他人再委托投票。选举工作人员也应认真核对"委托投票证"中的被委托人的姓名后，再发选票。由于委托投票容易使居民委员会的直接选举成为变相的间接选举，所以能不用委托投票的尽量不用。通过书信、传真件、手机短信、电子邮件等形式接受委托的，受委托人应当将书信、传真件、手机短信、电子邮件等资料提交居民选举委员会审核（《湖北省社区居民委员会直接选举规程（试行）》）
宜昌	—	未规定
恩施	—	外出务工的选民不能回社区选举的可委托在社区的直系亲属投票，居民选举委员会要造册登记，发给委托证并在被委托选民的选民证上注明《恩施市2011年村（居）民委员会换届选举工作实施方案》
利川	—	未规定
荆州	—	未规定
荆门	—	未规定
湖南	未规定	未规定
怀化	—	选民自己不能填写选票的，可以委托其信任的人代写《怀化市第八届社区居民委员会换届选举实施方案》

续表

单位名称	《居民委员会组织法》实施办法	选举规程、选举办法、文件
张家界	—	未规定
吉首	—	不接受口头委托；禁止投票现场临时委托，禁止工作人员持票箱上选民家讨票；取消函投。选民因特殊原因无法到投票现场投票，可委托除候选人以外的选民代投，每一选民接受委托投票不得超过1张，受委托人填写选票时不得违背委托人的意愿。委托投票选民必须在选举日的1日前到居民选举委员会办理委托投票手续，领取委托投票授权书。委托人和受委托人的名单均应公告《吉首市社区党组织和第八次社区居民委员会换届选举工作实施方案》
常德	—	未规定
重庆	未规定	享有选举权的居民在选举期间外出的，经居委会选举小组同意，可以书面委托其他有选举权的居民代为投票。但每一选民接受委托投票不得超过3人。外出1年以上的选民，无法与本人取得联系，在选举日未能回居委会参加选举，又未委托其他有选举权的居民代其投票的，不计算在本届参选人数内（《重庆市居民委员会选举办法》第24条）。 严格委托投票程序，不得随意扩大委托投票人员的数量和范围（2007年通知）
涪陵	—	登记参加选举的居民，选举期间不能到场参加投票的，可以书面委托本居有选举权的近亲属包括配偶、父母、子女、兄弟姐妹、祖父母、外祖父母、孙子女、外孙子女代为投票。但是，每一登记参加选举的居民接受委托投票不得超过3人。代为投票不得违背委托人的意愿。委托人或者受委托人应当到居民选举委员会办理委托投票，居民选举委员会审核后发放委托投票证，并在居民委员会和各居民小组所在地公布委托人和受委托人名单。对这种特殊情况，必须从严掌握，不准扩大范围。被委托的选民，必须亲自参加投票，不得再委托；禁止投票现场临时委托《重庆市涪陵区第八届村（居）民委员会换届选举实施方案》

续表

单位名称	《居民委员会组织法》实施办法	选举规程、选举办法、文件
黔江	—	未规定
贵州	未规定	未规定
铜仁	—	未规定

从表2-21列出的规定看，湖北、湖南、重庆均允许选民委托投票，但由于委托投票容易使居民委员会的直接选举成为变相的间接选举，所以湖北、重庆、涪陵对委托投票进行了规范和限制：一是每一选民接受委托不得超过3人（湖北、重庆）；二是被委托的选民，必须亲自参加投票，不得再委托（湖北、涪陵）；三是被委托的选民必须是委托选民的近亲属（涪陵）。目前，在三峡流域各省份、直辖市、各城市的社区居民委员会选举中，委托投票现象比较普遍。

3. 计票

《居民委员会组织法》和各省、自治区、直辖市颁布的《〈居民委员会组织法〉实施办法》没有对社区居民委员会选举计票做出规定。《社区居民委员会直接选举规程》对社区居民委员会选举计票提出明确的要求：

（1）确定选举工作人员。社区选举委员会确定每个投票站发票人员、登记人员各1人，监票人员2人。候选人可在每个投票站指定观察员1人，观察投票过程（第41条）。

（2）统计选票。投票结束后，票箱应该当众封存，并由监票员密封签字盖章，之后由选举工作人员至少3人共同护送到中心投票站，允许选举观察员和选民陪送。但选民和选举观察员不得干涉护送过程（第44条）。

当票箱到达中心投票站后，由计票人员当众检查封条及票箱是否完好。之后当众开启票箱，清点各票箱票数，在确认收回票数等于或少于发出票数后，把所有票箱选票混合后，方得计票（第45条）。

每位候选人可指定与计票小组数相等的计票观察员，观察计票（第46条）。

每组计票人员包括唱票员1人、计票员1人和监票员1人，计算票数。计票结束后,将计票结果报告社区选举委员会(第47条)。

社区居民委员会主任、副主任和委员3种职位应分别计票,不得相加。候选人获得实际投票数半数以上的选票,始得当选。获得半数以上选票候选人人数多于应选名额时,以得票多的当选;如果票数相同,不能确定当选人时,应当就票数相同的候选人再次投票,以得票多者当选(第51条)。

根据《社区居民委员会直接选举规程》,三峡流域各省份、直辖市、各城市制定相应的选举办法和选举规程,对计票人和监票人的产生、选举计票方法、当选标准作出具体规定。

三峡流域各省、直辖市和各城市关于社区居民委员会选举计票人和监票人产生方式的规定见表2-22。

表2-22 三峡流域各省、直辖市和各城市关于社区居民委员会选举计票人和监票人产生方式的规定

单位名称	《居民委员会组织法》实施办法	选举规程、选举办法、文件
湖北	未规定	居民选举委员会提名并公布,由居民会议或者居民代表会议通过(《湖北省社区居民委员会直接选举规程(试行)》)
宜昌	—	由社区居民选举委员会提名并培训《宜昌市2012年社区党组织、社区居委会换届选举工作实施方案》
恩施	—	由社区居民选举委员会安排并培训《恩施市2011年村(居)民委员会换届选举工作实施方案》
利川	—	由社区居民选举委员会安排《2012年利川市社区居委会换届选举工作实施方案》
荆州	—	未规定
荆门	—	未规定
湖南	未规定	未规定
怀化	—	投票选举前,社区选举委员会要提出监票人、唱票人和计票人,并经选举大会通过。社区居民委员会成员候选人,不得担任监票、唱票、计票等工作《怀化市第八届社区居民委员会换届选举实施方案》

续表

单位名称	《居民委员会组织法》实施办法	选举规程、选举办法、文件
张家界	—	由社区居民选举委员会确定《张家界第七次社区居民委员会换届选举工作实施方案》
吉首	—	由选民大会推选唱票、计票、监票人（以下简称"三员"），"三员"由选民推选产生，"三员"的人数根据选民（代表）人数确定，清点选票的人员应包括"三员"各1人，候选人及其直系亲属不得担任"三员"《吉首市社区党组织和第八次社区居民委员会换届选举工作实施方案》
常德	—	由社区居民选举委员会确定《常德市第七次社区居民委员会换届选举工作实施方案》
重庆	未规定	选举委员会确定。居民委员会候选人不得担任选举工作人员，候选人的直系亲属不得担任监票人和监票人（《重庆市居民委员会选举办法》第24条）
涪陵	—	居民选举委员会提名，居民会议或者居民代表会议决定。居委会成员候选人或竞选人不得参与选举大会的组织工作，候选人和竞选人的配偶或直系亲属不得担任监票、计票和唱票工作《重庆市涪陵区第八届村（居）民委员会换届选举实施方案》
黔江	—	由社区居民选举委员会确定《重庆市黔江区第八届村（居）委会换届选举工作实施方案》
贵州	未规定	未规定
铜仁	—	未规定

从表2-22列出的规定看，监票人和计票人的产生有两种方式：一是居民选举委员会提名，居民会议或者居民代表会议决定（湖北及怀化、吉首、涪陵）。二是选举委员会确定（重庆及宜昌、恩施、利川、张家界、常德、黔江）。

三峡流域各省、直辖市和各城市关于社区居民委员会选举计票方式的规定见表2-23。

表 2-23　　三峡流域各省、直辖市和各城市关于社区居民委员会选举计票方式的规定

单位名称	《居民委员会组织法》实施办法	选举规程、选举办法、文件
湖北	未规定	居民委员会选举必须公开计票,在居民的监督下进行计票(《湖北省社区居民委员会直接选举规程（试行）》)
宜昌	—	未规定
恩施	—	公开计票《恩施市2011年村(居)民委员会换届选举工作实施方案》
利川	—	投票结束后,当众开箱进行监、计、唱票《2012年利川市社区居委会换届选举工作实施方案》
荆州	—	未规定
荆门	—	未规定
湖南	未规定	投票结束后,应公开唱票、计票(2006年通知)
怀化	—	选举委员会确认选举有效后,实行公开监票、唱票、计票《怀化市第八届社区居民委员会换届选举实施方案》
张家界	—	公开监票、唱票、计票《张家界第七次社区居民委员会换届选举工作实施方案》
吉首	—	公开唱票、计票《吉首市社区党组织和第八次社区居民委员会换届选举工作实施方案》
常德	—	未规定
重庆	—	投票结束后,居委会选举小组应将所有投票箱于当日集中到中心会场,并当众验证后开箱,由监票员和计票员认真核对,计算票数(《重庆市居民委员会选举办法》第27条) 投票结束后,所有投票箱集中到中心会场当众验证开箱,公开唱票、计票(2007年通知)
涪陵	—	投票结束后,所有投票箱于当日集中到中心会场,由监票人、计票人当众开箱,公开唱票和计票,由监票人当场公布投票结果,并做好记录、签字《重庆市涪陵区第八届村(居)民委员会换届选举实施方案》
黔江	—	监票人、计票人应做好投票站选票的收集,所有票箱集中到中心会场当众验证开箱,公开唱票、计票《重庆市黔江区第八届村(居)委会换届选举工作实施方案》

续表

单位名称	《居民委员会组织法》实施办法	选举规程、选举办法、文件
贵州	未规定	未规定
铜仁	—	未规定

从表2-23列出的情况看，湖北、湖南、重庆及所属各城市都明确要求社区居民委员会选举在投票结束后应该公开唱票、计票，但是迄今为止，三峡流域还没有一个省份和城市按照《社区居民委员会直接选举规程》的要求规定社区居民委员会选举应采用观察员制度。

三峡流域各省、直辖市和各城市关于社区居民委员会选举当选标准的规定见表2-24。

表2-24　三峡流域各省、直辖市和各城市关于社区居民委员会选举当选标准的规定

单位名称	《居民委员会组织法》实施办法	选举规程、选举办法、文件
湖北	本居住地区内有选举权的居民或者户的代表或者居民小组推举的代表过半数参加投票的选举有效。候选人获得参加投票人数的过半数赞成票才能当选。得票过半数的候选人超过应选人名额时，得票多的当选。候选人得票相等时，应就得票相等的候选人重新投票，得票多的当选（第9条）	登记参加选举的居民过半数投票，且收回选票数等于或者少于发出选票数的，选举有效。候选人或参选人获得参加投票的居民过半数选票，始得当选。获得过半数选票的候选人或参选人的人数超过应选名额时，以得票多的当选；因得票数相同而不能确定当选人时，应当当场就得票数相同的候选人或参选人再次投票，以得票多的当选。经投票选举，当选人数不足应选名额时，不足的名额另行选举。另行选举的，第一次投票未当选的人员得票多的为候选人，候选人以得票多的当选，但是所得票数不得少于已投选票总数的1/3《湖北省社区居民委员会选举办法（试行）》（第30条、第31条、第32条） 参加选举的居民登记过半数投票，且收回选票数等于或者少于发出选票数的，选举有效。候选人或者参选人获得参加投票的居民的过半数的选票，始得当选。（《湖北省社区居民委员会直接选举规程（试行）》）

续表

单位名称	《居民委员会组织法》实施办法	选举规程、选举办法、文件
宜昌	—	未规定
恩施	—	投票数超过登记选民的半数，选举有效；获得投票数过半数的，方可当选。在计算主任以下候选人是否当选时，得票可实行"高票低计"，如果某职位一次投票选举未过半数，按得票数从多到少依次取前2名作为该职位的候选人，在选举大会后的7日内重新召开选举大会进行投票选举，得票多的人当选《恩施市2011年村（居）民委员会换届选举工作实施方案》
利川	—	未规定
荆州	—	未规定
荆门	—	未规定
湖南	有选举权的全体居民或户代表或居民小组代表的过半数参加投票，选举有效。居民委员会主任、副主任和委员的候选人获得参加投票居民或户代表或居民小组代表的过半数同意，始得当选。得票过半数的候选人超过应选人名额时，得票多的当选。得票相等不能确定当选人时，应就得票相等的候选人重新投票，得票多的当选。居民委员会主任、副主任和委员的当选人少于应选人名额时，可以在没有当选的正式候选人中另行选举，以得票多的当选，但是得票数不得少于选票数的1/3（第13条）	必须有全体选民（间接选举的为户代表或社区居民代表）的过半数参加投票，选举才能有效；候选人必须获得参加选举人数的过半数选票，始得当选。收回的选票等于或少于发出的选票，选举有效；多于发出的选票，选举无效。得票过半数的候选人超过应选人名额时，得票多的当选。候选人得票相等时，应就得票相等的候选人重新投票，得票多的当选。居民委员会主任、副主任和委员的当选人少于应选人名额时，也应进行另行选举，其候选人可以在未当选的候选人中投票选举，也可以重新确定候选人投票选举，以得票多的当选，但是得票数不得少于选票数的1/3（《湖南省社区居民委员会选举规程》）

续表

单位名称	《居民委员会组织法》实施办法	选举规程、选举办法、文件
怀化	—	如果选举投票数等于或者少于投票人数的有效，多于投票人数的无效。每张选票所选人数等于或少于规定应选名额的有效，多于规定应选名额的为废票《怀化市第八届社区居民委员会换届选举实施方案》
张家界	—	必须有全体选民（间接选举的为户代表或社区居民代表）的过半数参加投票，选举才能有效；候选人必须获得参加选举人数的过半数选票，始得当选。收回的选票等于或少于发出的选票，选举有效；多于发出的选票，选举无效。得票过半数的候选人超过应选人名额时，得票多的当选。候选人得票相等时，应就得票相等的候选人重新投票，得票多的当选《张家界第七次社区居民委员会换届选举工作实施方案》
吉首	—	候选人必须获得过半数参选选民（代表）票数，才能当选《吉首市社区党组织和第八次社区居民委员会换届选举工作实施方案》
常德	—	未规定
重庆	—	候选人获得参加选举过半数的选票始得当选。采取由每个居民小组选举2名至3名代表参加投票的选举，90%以上的代表参加投票的选举有效，获得代表总数过半的始得当选。获得半数以上选票的候选人名额多于应选名额时，以得票多的当选。如果票数相等，不能确定当选人时，应当就获得票数相等的候选人重新投票以得票多的当选。获得半数以上选票候选人名额少于应选名额时，不足名额应当在没有当选的候选人中重新制票另行选举（按得票多少排列候选人），以得票多的当选。但得票数不得少于选票的1/3（《重庆市居民委员会选举办法》第29条）

续表

单位名称	《居民委员会组织法》实施办法	选举规程、选举办法、文件
涪陵	—	候选人获得参加选举过半数的选票始得当选。采取由每个居民小组选举2名至3名代表参加投票的选举，90%以上的代表参加投票的选举有效，获得代表总数过半的始得当选。获得半数以上选票的候选人名额多于应选名额时，以得票多的当选。如果票数相等，不能确定当选人时，应当就获得票数相等的候选人重新投票以得票多的当选。获得半数以上选票候选人名额少于应选名额时，不足名额应当在没有当选的候选人中重新制票另行选举（按得票多少排列候选人），以得票多的当选。但得票数不得少于选票的1/3《重庆市涪陵区第八届村（居）民委员会换届选举实施方案》
黔江	—	选民投票选举的，过半数选民参加投票，选举有效，获得票数最多的当选《重庆市黔江区第八届村（居）委会换届选举工作实施方案》
贵州	选举时，必须有全体有选举权的居民或户派代表或居民小组推选的代表过半数赞成，始得当选（第13条）	未规定
铜仁	—	选举时，必须有全体有选举权的居民或户派代表或居民小组推选的代表过半数赞成，始得当选《铜仁市第九届村（居）民委员会换届选举工作实施方案》

从表2-24列出的规定看，湖北、湖南及恩施、张家界、吉首、涪陵、铜仁明确规定必须有全体选民的过半数参加投票，选举才能有效，候选人必须获得参加选举人数的过半数选票，始得当选。重庆和贵州则规定候选人获得参加选举过半数的选票即可当选，但是重庆规定居民小

组代表参加投票的选举 90% 以上的代表参加投票的选举有效，获得代表总数过半的始得当选。

4. 公布选举结果

《社区居民委员会直接选举规程》要求社区居民委员会选举投票结束后必须现场公布选举结果。根据《社区居民委员会直接选举规程》，三峡流域各省、直辖市和各城市制定了相应的选举办法和选举规程，对选举结果的公布与备案、当选证书的颁发提出了具体的要求。

三峡流域各省、直辖市和各城市关于公布社区居民委员会选举结果的规定，见表 2-25。

表 2-25　　　三峡流域各省、直辖市和各城市关于公布

社区居民委员会选举结果的规定

单位名称	《居民委员会组织法》实施办法	选举规程、选举办法、文件
湖北	选举结果当场宣布（第9条）	居委员会的选举结果由居民选举委员会依据本办法确认是否有效，当场公布（《湖北省社区居民委员会选举办法（试行）》第33条）。 当场公布选举结果。要公布全部候选人和其他被选人的姓名及得票数，候选人和被选人即使得一票也应公布（《湖北省社区居民委员会直接选举规程（试行）》）
宜昌	—	当场公布选举结果《宜昌市 2012 年社区党组织、社区居委会换届选举工作实施方案》
恩施	—	选举结束后由居民选举委员会公告当选人名单（第十二号）《恩施市 2011 年村（居）民委员会换届选举工作实施方案》
利川	—	当场公布选举结果《2012 年利川市社区居委会换届选举工作实施方案》
荆州	—	未规定
荆门	—	未规定
湖南	未规定	当场公布选举结果（《湖南省社区居民委员会选举规程》）
怀化	—	当场公布选举结果《怀化市第八届社区居民委员会换届选举实施方案》

续表

单位名称	《居民委员会组织法》实施办法	选举规程、选举办法、文件
张家界	—	选举结果应当场公布《张家界第七次社区居民委员会换届选举工作实施方案》
吉首	—	公布当选名单《吉首市社区党组织和第八次社区居民委员会换届选举工作实施方案》
常德	—	选举结果应当场公布《常德市第七次社区居民委员会换届选举工作实施方案》
重庆	未规定	居委会选举小组确认选举有效后，当场公布选举结果（《重庆市居民委员会选举办法》第31条）
涪陵	—	选举委员会当场宣布选举结果，并于当日或次日张榜公布当选居委员会成员名单《重庆市涪陵区第八届村（居）民委员会换届选举实施方案》
黔江	—	当场公布选举结果《重庆市黔江区第八届村（居）委会换届选举工作实施方案》
贵州	未规定	未规定
铜仁	—	未规定

从表2-25列出的情况看，湖北、湖南和重庆及所属各城市明确规定社区居民委员会选举必须当场公布选举结果，但是贵州及贵州铜仁没有对公布社区居民委员会选举结果做出明确的规定。

《社区居民委员会直接选举规程》规定社区居民委员会选举结果公布后3天内报街道社区居民委员会选举工作指导委员会备案，同时在社区公告选举结果。街道社区居民委员会选举工作指导委员会应当向区级社区居民委员会选举工作指导委员会报告备案。三峡流域各省、直辖市和各城市也对选举结果备案提出了具体要求，见表2-26。

表2-26　　三峡流域各省、直辖市和各城市关于社区居民委员会
选举结果备案的规定

单位名称	《居民委员会组织法》实施办法	选举规程、选举办法、文件
湖北	选举结果报乡、镇人民政府或街道办事处备案（第9条）	选举结果报乡镇人民政府（街道办事处）和县级人民政府民政部门备案（《湖北省社区居民委员会选举办法（试行）》第33条）
宜昌	—	未规定
恩施	—	未规定
利川	—	应及时报换届选举工作领导小组和处换届选举工作指导小组备案《2012年利川市社区居委会换届选举工作实施方案》
荆州	—	未规定
荆门	—	未规定
湖南	选举结果报不设区的市、市辖区、县人民政府备案（第13条）	选举结果应报街道办事处和区民政局备案（《湖南省社区居民委员会选举规程》）
怀化	—	选举结果报镇政府备案《怀化市第八届社区居民委员会换届选举实施方案》
张家界	—	选举结果应报街道办事处和区民政局备案《张家界第七次社区居民委员会换届选举工作实施方案》
吉首	—	居民选举委员会应于当日或次日将选举结果上报街道办事处和镇人民政府、市民政局《吉首市社区党组织和第八次社区居民委员会换届选举工作实施方案》
常德	—	未规定
重庆	—	选举结果报街道办事处、镇（乡）选举工作指导小组和区县（市）民政部门备案（《重庆市居民委员会选举办法》第31条）
涪陵	—	选举结果报镇人民政府备案《重庆市涪陵区第八届村（居）民委员会换届选举实施方案》
黔江	—	将选举结果报镇政府备案《重庆市黔江区第八届村（居）委会换届选举工作实施方案》
贵州	未规定	未规定
铜仁	—	报街道办事处和县级民政局备案《铜仁市第九届村（居）民委员会换届选举工作实施方案》

从表2-26列出的规定看,湖北、湖南、重庆、贵州及所属城市都要求将选举结果上报备案。

《社区居民委员会直接选举规程》规定区级民政部门必须给新当选的社区居委会成员颁发当选证书。三峡流域各省、直辖市和各城市也对颁发当选证书做出了规定,见表2-27。

表2-27 三峡流域各省、直辖市和各城市关于颁发当选证书的规定

单位名称	《居民委员会组织法》实施办法	选举规程、选举办法、文件
湖北	颁发当选证书(第9条)	颁发当选证书(《湖北省社区居民委员会直接选举规程(试行)》) 新当选的居民委员会主任、副主任和委员由乡镇人民政府(街道办事处)颁发省人民政府统一印制的当选证书(《湖北省社区居民委员会选举办法(试行)》第33条)
宜昌	—	未规定
恩施	—	未规定
利川	—	未规定
荆州	—	未规定
荆门	—	未规定
湖南	未规定	颁发当选证书(《湖南省社区居民委员会选举规程》、2006年通知)
怀化	—	向当选人颁发社区居民委员会成员当选证书《怀化市第八届社区居民委员会换届选举实施方案》
张家界	—	向新当选的居委会成员颁发当选证书《张家界第七次社区居民委员会换届选举工作实施方案》
吉首	—	颁发当选证书《吉首市社区党组织和第八次社区居民委员会换届选举工作实施方案》
常德	—	未规定
重庆	未规定	颁发由重庆市民政部门统一制作的当选任职证书(《重庆市居民委员会选举办法》第31条)
涪陵	—	颁发当选证书《重庆市涪陵区第八届村(居)民委员会换届选举实施方案》

续表

单位名称	《居民委员会组织法》实施办法	选举规程、选举办法、文件
黔江	—	未规定
贵州	未规定	未规定
铜仁	—	未规定

从表 2-27 列出的规定看，湖北、湖南、重庆及所属城市明确规定为当选社区居委会成员颁发当选任职证书，湖北规定当选证书由省人民政府统一印制，重庆市则规定当选证书由重庆市民政部门统一印制。

5. 另行选举与重新选举

另行选举是指在本届社区居民委员会选举中，当选人数不足应选名额的，为选出不足名额而进行的再次投票。另行选举是第一次投票选举的继续，不管投几次票，都属于一次选举活动。另行选举不必重新进行选举补充登记，不重新推选候选人，也不重新确定选举程序，但是另行选举的当选标准与第一次选举有所不同，候选人得票数超过选票的 1/3 即可当选。

重新选举是指本届社区居民委员会选举无效，重新进行的选举。由于造成选举无效或当选无效的原因不一样，违法主体不一样，所以重新选举的程序也有所区别。基本分两类情况：第一种，推选居民选举委员会的程序违法。居民选举委员会成员的产生不是由居民会议、居民代表会议或居民小组会议推选，而是由组织或个人指定，因此居民选举委员的产生违法，则整个选举违法，必须从推选居民选举委员会开始重新选举。第二种，居民选举委员会合法产生，但在选举中的某个环节和程序违法，造成选举无效的，要重新选举。对这类情况的重新选举，可采取哪个环节和程序违法就在哪个环节和程序上纠正。如从票箱里收回的选票多于发出的选票，就说明这次投票不合法，要重新投票，而投票之前所进行的程序就不需重来。

《社区居民委员会直接选举规程》对社区居民委员会的另行选举做出明确的规定：如果一次选举中没有候选人当选主任和副主任，则在 3 个月以内以简单多数的原则重新选举主任、副主任。另行选举可以不进行选民补充登记，选举程序也与第一次选举相同，并根据第一次选举得票多少的顺序，按照第一次选举规定的差额数，确定候选人名单。三峡流域各省、直辖市和各城市出台的选举办法和选举规程对社区居民委员会另行选举也提出了明确的要求，见表 2-28。

表 2-28　　　　三峡流域各省、直辖市和各城市关于社区
　　　　　　　　居民委员会另行选举的规定

单位名称	《居民委员会组织法》实施办法	选举规程、选举办法、文件
湖北	未规定	经投票选举，当选人数不足应选名额时，不足的名额另行选举。另行选举的，第一次投票未当选的人员得票多的为候选人，候选人以得票多的当选，但是所得票数不得少于已投选票总数的1/3。当选少于5人的，不能组成新一届居委员会，不足的名额应当在选举日之后的15日内选出。当选人数已达5人或5人以上的，可以组成新一届居民委员会，不足名额暂缺，在选举日之后的三个月内选出。主任暂缺的，由当选得票最多的副主任暂时主持工作；主任、副主任暂缺的，由当选得票最多的委员暂时主持工作，直到选出主任、副主任为止（《湖北省社区居民委员会选举办法（试行）》第32条）
宜昌	—	未规定
恩施	—	未规定
利川	—	未规定
荆州	—	未规定
荆门	—	未规定
湖南	居民委员会主任、副主任和委员的当选人少于应选人名额时，可以在没有当选的正式候选人中另行选举，以得票多的当选，但是得票数不得少于选票数的1/3（第13条）	居民委员会主任、副主任和委员的当选人少于应选人名额时，也应进行另行选举，其候选人可以在未当选的候选人中投票选举，以得票多的当选，但是得票数不得少于选票数的1/3。另行选举应当在第一次选举后的10日内进行（《湖南省社区居民委员会选举规程》）

续表

单位名称	《居民委员会组织法》实施办法	选举规程、选举办法、文件
怀化	—	第一次选举当选名额不足时，应就空缺名额组织另行选举。另行选举时，候选人所得赞成票超过选票1/3即可当选《怀化市第八届社区居民委员会换届选举实施方案》
张家界	—	居民委员会主任、副主任和委员的当选人少于应选人名额时，也应进行另行选举，其候选人可以在未当选的候选人中投票选举，也可以重新确定候选人投票选举，以得票多的当选，但是得票数不得少于选票数的1/3。另行选举应当在第一次选举后的10日内进行《张家界第七次社区居民委员会换届选举工作实施方案》
吉首	—	未规定
常德	—	未规定
重庆	—	获得半数以上选票候选人名额少于应选名额时，不足名额应当在没有当选的候选人中重新制票另行选举（按得票多少排列候选人），以得票多的当选。但得票数不得少于选票的1/3。经过两次以上投票选举，当选人已达5人以上，不足名额可以暂缺。主任暂缺的可以由当选出的副主任临时主持工作，主任、副主任都出现暂缺时，可由居民代表会议讨论，确定1名委员临时主持工作，直至选出主任为止。（《重庆市居民委员会选举办法》第29条、第30条）
涪陵	—	未规定
黔江	—	未规定
贵州	未规定	未规定
铜仁	—	未规定

从表2-28列出的规定看，湖北、湖南、重庆明确规定另行选举候选人以得票多的当选，但是所得票数不得少于选票数的1/3。三峡流域各城市基本没有对另行选举候选人做出相应的规定。

《社区居民委员会直接选举规程》对社区居民委员会的重新选举做出明确的规定：由于选举工作机构或个人的行为，致使选举未按法律、法规规定的程序和办法进行，妨害了居民行使选举权、被选举权，破坏了社区居民委员会选举，造成整个选举无效，经选民举报，在选举期间由区级选举领导小组裁决；区级选举领导小组解散之后，由区级民政局裁定。对裁定不服，可向上级机关提起行政复议。重新选举要由有权认定的法定机关认定后，才能进行。其他组织和个人无权认定重新选举。

三峡流域各省、直辖市和各城市出台的选举办法和选举规程对社区居民委员会重新选举也提出了明确的要求，见表2—29。

表2-29 三峡流域各省、直辖市和各城市关于社区居民委员会重新选举的规定

单位名称	《居民委员会组织法》实施办法	选举规程、选举办法、文件
湖北	未规定	因各种原因造成居民委员会选举无效、需要重新选举的，应当在宣布选举无效之日起三个月内进行。重新选举适用本办法的规定（《湖北省社区居民委员会选举办法（试行）》第33条）
宜昌	—	未规定
恩施	—	未规定
利川	—	未规定
荆州	—	未规定
荆门	—	未规定
湖南	未规定	居民委员会主任、副主任和委员的当选人少于应选人名额时，可以重新确定候选人投票选举，以得票多的当选，但是得票数不得少于选票数的1/3（《湖南省社区居民委员会选举规程》）
怀化	—	如候选人得票相等，不能确定当选人时，应当将票数相等的候选人再次投票，以得票多的当选《怀化市第八届社区居民委员会换届选举实施方案》
张家界	—	候选人得票相等时，应就得票相等的候选人重新投票，得票多的当选《张家界第七次社区居民委员会换届选举工作实施方案》

续表

单位名称	《居民委员会组织法》实施办法	选举规程、选举办法、文件
吉首	—	未规定
常德	—	未规定
重庆	—	未规定
涪陵	—	确认为无效选举后，应在30日内重新组织选举《重庆市涪陵区第八届村（居）民委员会换届选举实施方案》
黔江	—	未规定
贵州	未规定	未规定
铜仁	—	未规定

从表2-29列出的规定看，湖北规定因选举结果无效的应当在三个月内重新选举，但湖北各城市没有对重新选举做出规定。重庆没有对重新选举提出具体要求，但涪陵规定因选举结果无效的，应当在30日内重新选举。湖南及怀化、张家界没有规定重新选举的具体时间，但要求重新选举时候选人的得票数不得少于选票数1/3。

从重庆社区居民委员会另行选举、重新选举的实际情况来看，2004年，有1800个社区一次选举成功，占参选比例的96.10%；另行选举有50次，占参选比例2.67%；重新选举有50次，占参选比例的0.75%；未完成选举有9次，占0.48%。2007年，有1896个社区一次选举成功，占参选比例的93.63%；另行选举有111次，占参选比例5.48%；未完成选举有18次，占0.89%。[①]

6. 辞职

辞职是居民委员会组成后，居民委员会成员因迁出本社区或身体健康状况及其他个人原因，在任期内自己提出辞去居民委员会成员的行为。《社区居民委员会直接选举规程》规定社区居民委员会成员提出辞职应当提交书面报告。社区居民委员会成员提出辞职后，社区居民委员会应进

---

① 参见史卫民、郭巍青、王金华、刘勇、王时浩《中国社区居民委员会选举研究》，中国社会科学出版社2009年版，第209页。

行辞职审计，经由社区居民代表会议通过后，发布公告，告知居民辞职生效。

三峡流域各省、直辖市和各城市出台的选举办法和选举规程对社区居民委员会成员辞职提出明确的要求，见表2-30。

表2-30　三峡流域各省、直辖市和各城市关于社区居民委员会成员辞职的规定

单位名称	《居民委员会组织法》实施办法	选举规程、选举办法、文件
湖北	居民委员会成员因故出缺时，由居民委员会召集居民会议按选举程序进行补选。补选的居民委员会成员任期随本届居民委员会届满终止，可以连选连任（第11条）	居民委员会成员要求辞去职务，应当以书面形式向居民委员会提出，并经居民会议或居民代表会议讨论决定。同意辞职要求的，应当自决定之日起5日内公告，并报乡镇人民政府（街道办事处）和县级人民政府民政部门备案；不同意其辞职要求的，该居民委员会成员在6个月内不得以同一事实和理由再次提出辞职要求。未经居民会议或居民代表会议通过，居民委员会成员擅自离职造成经济损失的，应当承担赔偿责任（《湖北省社区居民委员会选举办法（试行）》第38条） 要求辞职的居民委员会成员，应以书面形式提出，递交居民委员会，同时张贴在社区里的显要位置，告知居民辞职的理由，以便居民会议或居民代表会议讨论。居民委员会成员递交辞职书面声明后，居民委员会应召开居民会议或居民代表会议讨论其辞职请求，并进行表决。居民委员会主任提出辞职，会议由主持工作的副主任主持；居民委员会副主任、委员提出辞职，会议由居民委员会主任主持。辞职未能获得通过，该成员在6个月内不得以同一事实和理由再次提出辞职。当辞职获得通过后，应填写辞职备案表一式三份，一份留存，同时附审计报告，向乡级政府、县级政府民政部门各报一份（《湖北省社区居民委员会直接选举规程（试行）》）
宜昌	—	未规定
恩施	—	未规定
利川	—	未规定

续表

单位名称	《居民委员会组织法》实施办法	选举规程、选举办法、文件
荆州	—	未规定
荆门	—	未规定
湖南	未规定	未规定
怀化	—	未规定
张家界	—	未规定
吉首	—	未规定
常德	—	未规定
重庆	—	对居住变迁、工作调动或其他原因提出辞职的居民委员会成员，居民会议应履行免职手续（《重庆市居民委员会选举办法》第36条）
涪陵	—	未规定
黔江	—	未规定
贵州	未规定	未规定
铜仁	—	未规定

从表2-30列出的规定看，湖北明确要求社区居民委员会成员辞职必须提出书面申请，由居民会议或居民代表会议讨论决定，并报乡镇人民政府（街道办事处）和县级人民政府民政部门备案。重庆要求社区居民委员会成员辞职，居民会议应履行免职手续。湖南及三峡流域各城市均未对社区居民委员会辞职做出明确的规定。

7. 罢免或撤换

罢免是指在任的居民委员会成员有违法乱纪行为，不能胜任或不宜继续担任本职工作，而被本社区有选举权的居民通过一定法律程序，解除其职务的一种法律行为。罢免居民委员会成员的权利属于有选举权的居民。其他任何组织和个人，都无权撤换居民委员会成员的职务。罢免居民委员会成员是一项严肃的法律行为，必须依照法律规定的程序进行。

《社区居民委员会直接选举规程》规定社区1/5以上选民联名，可以要求罢免社区居民委员会成员，罢免要求应书面提出，并申明罢免理由。被要求罢免的社区居民委员会成员有权提出申辩意见。社区居民委员会应当在接到罢免要求之日起 30 日内召开居民会议，进行无记名投票表决。对同一成员在 1 年之内不得提出超过两次罢免要求，两次提出罢免的间隔不能少于 5 个月。

三峡流域各省、直辖市和各城市出台的选举办法和选举规程对罢免或撤换社区居民委员会成员提出明确的要求，见表 2-31。

表 2-31　三峡流域各省、直辖市和各城市关于罢免或撤换社区居民委员会成员的规定

单位名称	《居民委员会组织法》实施办法	选举规程、选举办法、文件
湖北	有 1/5 以上的年满 18 周岁的居民联名，可以向居民会议提出撤换居民委员会成员的建议，由居民会议依法决定（第 11 条）	本社区 1/10 以上有选举权的居民或 1/3 以上的居民代表联名，可以以书面形式向居民委员会和乡镇人民政府（街道办事处）提出罢免居民委员会成员的要求，并说明要求罢免的理由。居民委员会成员有下列情形之一的，乡镇人民政府（街道办事处）可以向居民委员会提出书面罢免建议：违反法律、法规，不适合继续担任居民委员会成员的；失职、渎职造成重大损失或严重后果的；连续一个月以上无正当理由不参加居民委员会工作的。居民委员会应当自接到罢免要求书或罢免建议书之日起的一个月内召开居民会议或居民代表会议，投票表决罢免建议。居民委员会在一个月内拒绝召开居民会议或居民代表会议投票表决罢免要求的，乡镇人民政府（街道办事处）应当召集居民会议或居民代表会议，投票表决罢免要求。表决和罢免结果报乡镇人民政府（街道办事处）和县级人民政府民政部门备案。被提出罢免要求或罢免建议的居民委员会成员有权出席会议，进行申辩或提出书面申辩意见。罢免居民委员会成员，须有登记参加选举的全体居民或居民代表过半数投票，并须经参加投票的居民或居民代表过半数通过。罢免获得通过的，被罢免的居民委员会成员自通过之日起终止职务，10 日内办理工作交接手续。罢免未获得通过的，居民、户代表和居民代表或乡镇人民政府（街道办事处）在 6 个月以内不得以同一事实和理由再次提出罢免要求或罢免建议。居民委员会成员因罢免等原因离职的，应当由乡镇人民政府（街道办事处）负责组织对其进行离任

续表

单位名称	《居民委员会组织法》实施办法	选举规程、选举办法、文件
	一	经济责任审计，并邀请居民代表参加，审计结果应当及时公布（《湖北省社区居民委员会选举办法（试行）》第40条、第41条、第42条、第43条） 有下列行为之一的，居民可以提出罢免要求：违反法律、法规，不适合继续担任居民委员会成员的；失职、渎职造成居民利益重大损失的；连续一个月以上无正当理由不参加居民委员会工作的。必须有本社区1/10以上有选举权的居民或1/3以上的居民代表联名，方可提出罢免居民委员会成员的要求。罢免方案或罢免要求应以书面形式向居民委员会或乡镇政府提出，并有明确的与事实相符的罢免理由，附联名居民或居民代表的签名表。居民委员会接到罢免要求书或者罢免建议书后，应在一个月内组织调查核实罢免理由。经调查核实，罢免理由成立的，应立即召开罢免会议；罢免理由不成立的，由调查人员向提出罢免要求的居民通报调查核实情况，并建议居民撤回罢免要求。投票表决罢免事宜，应当根据本届社区居民委员会选举产生的方式，直接选举的召开居民会议，户代表选举的召开由每户推选一名代表的会议，居民代表选举的召开居民代表会议，居民委员会在一个月内拒绝召开相应会议投票表决罢免要求的，由乡级人民政府组织居民会议，投票表决罢免要求。罢免居民委员会副主任、委员的居民会议由居民委员会主任主持；罢免居民委员会主任的居民会议，由居民委员会副主任主持，未设副主任的，由一名委员主持；副主任或委员不便主持的，可以由居民会议推举若干名有选举权的居民组成一个类似于选举委员会的组织来主持，也可以请乡镇政府的负责人主持。罢免居民委员会成员，须经参加投票居民的过半数通过。表决和罢免结果由居民委员会报乡级政府和县级民政部门备案。罢免居民委员会成员的居民会议结束后，不论罢免案是否通过，居民委员会都应填写罢免备案表，一式三份：一份留存、一份报乡镇、一份报县级民政局。同时，相关部门要组织对已通过罢免的人员进行离任经济责任审计，不负责经济财务工作的可不予审计（《湖北省社区居民委员会直接选举规程（试行）》）

续表

单位名称	《居民委员会组织法》实施办法	选举规程、选举办法、文件
宜昌	—	未规定
恩施	—	未规定
利川	—	未规定
荆州	—	未规定
荆门	—	未规定
湖南	未规定	未规定
怀化	—	未规定
张家界	—	未规定
吉首	—	未规定
常德	—	未规定
重庆	—	居民会议有权罢免、撤换居民委员会成员。1/5 以上有选举权的居民联名，可以要求罢免、撤换居民委员会成员，但应经居民会议讨论通过。居民委员会成员任期内未经居民会议同意，任何组织或个人不得随意罢免、撤换。罢免、撤换、补选居民委员会成员必须报街道办事处、镇（乡）人民政府和区县（市）民政部门备案。街道办事处或镇（乡）人民政府对不称职的居民委员会成员可以提出罢免、撤换建议，但应经所在居委会居民会议讨论通过。其中，对停职处理的居委会成员，停职期限不得超过 3 个月。居民会议在讨论居民委员会成员罢免案时，提案人应到会回答问题，被罢免人有权出席会议并提出申诉意见或书面申诉意见，罢免撤换居委会主任、副主任时，街道、镇（乡）政府应派员出席并主持会议（《重庆市居民委员会选举办法》第 32 条、第 33 条、第 34 条、第 35 条）
涪陵	—	未规定
黔江	—	未规定
贵州	未规定	未规定
铜仁	—	未规定

从表 2-31 所列出的规定看，重庆规定 1/5 以上居民可以提出罢免社区居民委员会成员的要求，但湖北将罢免门槛降低到 1/10 以上居民或 1/3

以上居民代表。湖北和重庆规定罢免社区居民委员会成员的要求，必须由居民会议通过或表决。湖南及三峡流域各城市均未对罢免社区居民委员会成员作出明确的规定。

8. 补选

补选是在居民委员会换届选举之后，由于各种原因导致居民委员会成员出现职务空缺时而进行的选举。《社区居民委员会直接选举规程》规定在社区居民委员会任期届满半年之前，社区居民委员会成员因辞职或被罢免等出现缺额时应进行补充选举。补选的社区居民委员会成员任期到本届社区居民委员会届满为止。补选的程序基本上与社区居民委员会选举程序相同。

三峡流域各省、直辖市和各城市出台的选举办法和选举规程对补选社区居民委员会成员提出了明确的要求，见表2-32。

表2-32　　三峡流域各省、直辖市和各城市关于补选社区居民委员会成员的规定

单位名称	《居民委员会组织法》实施办法	选举规程、选举办法、文件
湖北	居民委员会成员因故出缺时，由居民委员会召集居民会议按选举程序进行补选。补选的居民委员会成员任期随本届居民委员会届满终止，可以连选连任（第11条）	居民委员会成员因辞职、职务自行终止、罢免等原因缺额的，应当在三个月以内进行补选。补选由居民委员会主持召开居民会议或居民代表会议进行。参加登记的居民或居民代表过半数参加投票，补选有效。得票多的候选人当选，但是获得的选票应当超过投票总数的半数。补选的具体程序和方法，参照本办法有关规定办理。补选结果报乡镇人民政府（街道办事处）和县级人民政府民政部门备案。补选产生的居民委员会成员的任期到本届居民委员会任期届满时止（《湖北省社区居民委员会选举办法（试行）》第44条） 居民委员会成员因辞职、被罢免、职务自行终止、调离、户口迁出等原因造成缺额的，应依法进行补选。补选居民委员会成员应召开居民会议或居民代表会议，采取无记名投票的方式进行。由乡级政府派人指导，居民委员会组织实施。补选应当在出现缺额的三个月以内进行（《湖北省社区居民委员会直接选举规程（试行）》）

续表

单位名称	《居民委员会组织法》实施办法	选举规程、选举办法、文件
宜昌	—	未规定
恩施	—	如果某职位一次投票选举未过半数，按得票数从多到少依次取前2名作为该职位的候选人，在选举大会后的7日内重新召开选举大会进行投票选举，得票多的当选人《恩施市2011年村（居）民委员会换届选举工作实施方案》
利川	—	未规定
荆州	—	未规定
荆门	—	未规定
湖南	未规定	未规定
怀化	—	未规定
张家界	—	未规定
吉首	—	未规定
常德	—	未规定
重庆	—	居民委员会成员被罢免，或因其他原因缺额时，应及时补选。补选的候选人应根据多数居民的意见确定，实行差额选举。补选方法可以召开居民会议或居民代表会议投票选举（《重庆市居民委员会选举办法》第37条）
涪陵	—	未规定
黔江	—	未规定
贵州	未规定	未规定
铜仁	—	未规定

从表2-32列出的规定看，湖北和重庆都规定采用居民会议或居民代表会议投票选举的方式进行补选，湖北规定补选结果必须报乡镇人民政府（街道办事处）和县级人民政府民政部门备案。

9. 职务自行终止

职务自行终止是居民委员会成员因身体原因或个人行为过失导致的职务丧失。《社区居民委员会直接选举规程》没有对社区居民委员会成员职务自行终止的条件提出要求，《湖北省社区居民委员会选举办法（试行)》填补了这一空白，规定了居民委员会成员职务自行终止的五种情形：（1）死亡的；（2）丧失行为能力的；（3）被判处刑罚的；（4）违反计划生育法律、法规的；（5）连续两次民主评议不称职的。当居民委员会成员中出现上述情形之一的，居民委员会应对其进行经济责任审计，及时召开居民代表会议，宣布某职位、某人、何因、从什么时间职务自行终止，同时公告全体居民，并报乡级人民政府和县级人民政府民政部门备案。

（五）选举违法的调查与处理

居民委员会选举中的违法行为，是指有关组织或个人，违反法律、法规的规定，侵犯居民的选举权利，妨害和破坏居民委员会选举的行为。选举违法的认定机关是乡级人大和政府或者县级人大常委会和政府及其有关主管部门。选举中的违法问题，大都是居民通过信访、上访举报反映的，因此，对居民来信来访举报反映选举中的问题进行认真调查，是查清事实真相、依法做出正确判断、保障居民民主权利的必要途径。有关部门应当尊重居民的举报权、申诉权、信访权，高度重视并正确对待居民的来信来访，切实有效地解决居民反映选举中出现的问题。

民政部《关于做好2006年社区居民委员会换届选举工作的通知》对社区居民委员会选举违法的调查与处理做出了原则性的规定，要求认真对待选民上访，要及时受理社区居委会换届选举过程中发生的群众来信来访，对群众有关政策、法规、选举程序等问题的咨询，要及时给予答复；对到期不选、贿选以及违法操纵选举等严重侵害居民民主权利的行为，要及时调查处理并将调查处理结果与信访人见面；对因居委会选举引发的群体性事件，要早发现，早报告，并配合有关部门早处置。

《社区居民委员会直接选举规程》没有对社区居民委员会选举违法行为的调查与处理做出规定，三峡流域各省、直辖市和各城市出台的选举办法和选举规程对社区居民委员会选举违法行为的调查与处理提出了明确的要求，见表2-33。

表2-33 三峡流域各省、直辖市和各城市关于社区居民委员会选举违法行为调查与处理的规定

单位名称	《居民委员会组织法》实施办法	选举规程、选举办法、文件
湖北	选举结果当场宣布（第9条）	对有下列行为之一的，由乡镇人民政府（街道办事处）或县级人民政府及其有关部门责令改正，对直接责任人依法处理：指定居民委员会成员候选人的；指定、委派、撤换居民委员会成员的；未经依法批准，提前或延期换届选举的；在选举工作中滥用职权、营私舞弊、玩忽职守，造成恶劣影响的；其他违反居民委员会选举有关规定。采取暴力、威胁、欺骗、贿赂、伪造选票、虚报选举票数等不正当手段当选居民委员会成员的，由负责调查的人民政府宣布当选无效；构成违反治安管理行为的，由公安部门依法处理；构成犯罪的，依法追究刑事责任。居民选举委员会不主持工作移交或上一届居民委员会不办理移交手续的，由乡镇人民政府（街道办事处）责令改正；造成集体财产损失的，依法承担赔偿责任。被罢免的居民委员会成员，不按时移交工作和相关资料的，要依法追究有关责任（《湖北省社区居民委员会选举办法（试行）》第45条、第46条、第47条、第48条） 选举违法行为，主要包括以下几种情况：（1）未经县级以上政府批准，违背法律规定的届期时间而进行居民委员会换届选举；（2）违背直接、差额、无记名的选举原则。如先选委员，再由委员或居民代表从委员中推选主任、副主任的；实行等额选举的；采取举手选举的。（3）参加选举的居民数、投票数及当选票数的计算不合法、不准确。如参加投票的居民的票数未超过居民总数半数的、收到的选票多于发出选票总数的。（4）违反《中华人民共和国城市居民委员会组织法》和《湖北省社区居民委员会选举办法（试行）》，候选人不是由居民直接提名的，随意调整、擅自变更居民委员会成员候选人或指定、委派、撤换居民委员会成员的。（5）选举大会或投票站未依照法定程序进行。如不设立秘密写票处、不当场当众开箱公开唱票计票等，投票站、流动票箱未统一集中唱票的。（6）以暴力、威胁、欺骗、贿赂、伪造选票、虚报选票等不正当手段干扰正常选举，妨害居民行使选举权和被选举权，破坏居民委员会选举的。（7）对检举居民委员会

续表

单位名称	《居民委员会组织法》实施办法	选举规程、选举办法、文件
	—	选举中违法行为和要求罢免居民委员会成员的居民打击报复的。（8）破坏居民委员会选举的其他违法行为，如阻碍居民进入选举会场和选举进程，对正在进行的选举起哄、闹事、打砸投票场所；撕毁选票、毁坏票箱；伪造选举文件、文书、选举证、委托证行为。 居民实施了选举违反行为，情节较轻的，由居民选举委员会予以制止；情节严重的，由乡级政府或县级人民政府及其有关部门责令改正和给予警告。构成违反治安管理行为的，由公安部门依法处理；构成犯罪的，由司法机关依法追究刑事责任。社区居民选举委员会成员及选举工作人员滥用职权、营私舞弊、玩忽职守，有选举违法行为的，应及时予以撤换，构成违反治安管理行为的，由公安部门依法处理；构成犯罪的，由司法机关依法追究刑事责任。党政机关、群团组织、企事业单位在居民委员会选举过程中实施违法违规违纪行为的，由其上级机关对其行为予以制止，相关责任人应当给予批评教育或纪律处分。行政机关工作人员在推选、确定居民委员会成员候选人、组织投票选举过程中违法的，应由当地党委、政府及时责令改正，并对其给予党纪、政纪处分。构成违反治安管理行为的，由公安部门依法处理；构成犯罪的，由司法机关依法追究刑事责任（《湖北省社区居民委员会直接选举规程（试行）》）
宜昌	—	当场公布选举结果《宜昌市2012年社区党组织、社区居委会换届选举工作实施方案》
恩施	—	纪检监察部门要及时查处换届选举工作中发生的违纪违规行为，保障居民依法行使民主权利；政法部门要制定应对突发事件的工作预案，协调公检法机关严厉打击黑恶势力操纵、干扰选举等非法行为；信访部门要认真处理换届选举工作中的来信来访，及时将矛盾解决在基层《恩施市2011年村（居）民委员会换届选举工作实施方案》

续表

单位名称	《居民委员会组织法》实施办法	选举规程、选举办法、文件
利川	—	要正确对待换届选举中出现的新情况、新问题，做好耐心细致的工作，把问题解决在社区。对群众来信、来访咨询有关政策、法规、程序等问题，要及时给予答复《2012年利川市社区居委会换届选举工作实施方案》
荆州	—	未规定
荆门	—	未规定
湖南	未规定	严格依法办事，坚决纠正和查处换届选举中的违法行为。对在推选社区居民选举委员会成员、提名确定社区居民委员会成员候选人、组织投票选举中有违法行为的机构或个人，当地党委、政府要及时责令改正，并对有关责任人给予党纪、政纪处分。对以暴力、威胁、欺骗、贿赂、伪造选票等违法手段破坏选举或妨碍选民行使选举权和被选举权的，以及对控告、检举选举违法行为的人进行压制、迫害的，要依法及时查处。情节较轻的，由街道、乡镇政府或县市区民政部门进行批评教育；构成违反治安管理行为的，由公安机关依法处理；构成犯罪的，由司法机关依法追究刑事责任。对假借选举活动，打着宗教旗号从事非法活动和刑事犯罪的，要坚决依法予以打击。要建立健全重大事件报告制度，及时上报因选举引发的重大事件（2006年通知）
怀化	—	在选举过程中，要实事求是，做到违法必究，整体违法，重新选举，局部违法，局部纠正。坚决制止候选人本人或指使他人用金钱、财物贿赂选民或工作人员的行为。以威胁、贿赂、伪造选票等不正当手段妨碍居民行使选举权被选举权，破坏居民委员会选举的，居民有权向县人民代表大会常务委员会和人民政府及其有关部门举报，相关部门应负责调查并依法处理。以威胁、贿赂、伪造选票等不正当手段当选的，一经查实，本届当选无效。对以暴力、威胁、贿赂、仿造选票等手段破坏选举，违反治安管理条例的，由公安部门依法处理，构成犯罪的，由司法机关依法追究刑事责任。选举期间，各镇要设立社区居委会选举信访值班室，负责选举的信

续表

单位名称	《居民委员会组织法》实施办法	选举规程、选举办法、文件
	—	访工作，能解答清楚的，要及时予以解答，需要调查处理的，要及时组织力量进行调查处理，不得敷衍了事，更不能人为激化矛盾。要杜绝因选举问题到市、赴省、进京违法上访事件发生。针对选举中可能出现的信访问题，各镇要建立健全信访登记制度，复信回访制度和重大事项报告制度，确保各社区换届选举的稳定《怀化市第八届社区居民委员会换届选举实施方案》
张家界	—	对在选举中有违法行为的机构或个人，当地党委、政府要及时责令改正，并追究有关人员的责任。对以暴力、威胁、贿赂、伪造选票等违法手段破坏选举或妨碍选民行使选举权和被选举权的，以及对控告、检举选举违法行为的人进行压制、迫害的，要及时依法查处。情节较轻的，由街道、乡镇或区县（市）民政部门进行批评教育；构成违反治安管理行为的，由公安机关依法处理；构成犯罪的，由司法机关依法追究刑事责任。对假借选举活动，打着宗教旗号从事非法活动和刑事犯罪的，要坚决依法予以打击。要建立健全重大事件报告制度，及时上报因选举引发的重大事件《张家界第七次社区居民委员会换届选举工作实施方案》
吉首	—	对在推选居民选举委员会成员、提名确定居民委员会成员候选人、组织投票选举过程中有违法行为的机构或个人，市直相关单位和街道（镇）要及时责令整改，并对有关责任人按程序给予党纪政纪处分。对参与或指使他人以暴力、威胁、欺骗、贿赂、伪造选票等违法手段破坏选举或妨碍选民依法行使选举权和被选举权的，以及对控告、检举选举违法行为的人进行压制、迫害和打击报复的，要根据情节轻重分别给予查处，发现一起坚决查处一起，情节较轻的，由街道（镇）或市民政部门依法处理；构成犯罪的，移交司法部门依法追究刑事责任。对假借选举活动，打着宗教旗号从事非法活动和刑事犯罪的，坚持依法予以打击。对以当选为目的，采取金钱或物资手段拉票贿选，利用宗族派性势力干扰选举等

续表

单位名称	《居民委员会组织法》实施办法	选举规程、选举办法、文件
	—	不正当竞争选举行为，一经查实，被列为并公告为正式候选人的，坚决取消候选人资格，已经当选的，当选无效《吉首市社区党组织和第八次社区居民委员会换届选举工作实施方案》
常德	—	对在推选社区居民选举委员会成员、提名确定社区居民委员会成员候选人、组织投票选举中，发现有违法违纪行为的机构或个人，乡镇党委、政府要及时责令其改正，并对相关责任人给予党纪、政纪处分；对以暴力、威胁、欺骗、贿赂、伪造选票等违法违纪手段破坏选举或妨碍选民依法行使选举权和被选举权的，以及对控告、检举选举违法违纪行为的人进行压制、迫害的，要根据情节轻重分别给予查处；对情节较轻的，给予批评教育；构成犯罪的，由司法机关依法追究刑事责任；对假借选举活动，打着宗教等旗号从事非法活动和刑事犯罪的，要坚决依法予以打击。要建立健全重大事件报告制度，及时上报因选举引发的重大事件。要加强换届选举工作的民主监督，认真做好群众来信来访工作。各有关部门特别是信访、民政、司法行政部门一定要尊重居民群众的申诉权、信访权，高度重视并正确对待群众的来信来访，切实有效地解决居民群众反映的问题，依法维护居民群众的民主权利《常德市第七次社区居民委员会换届选举工作实施方案》
重庆	未规定	为保障选民自由行使选举权和被选举权，对下列破坏选举的违法行为，应当依法给予行政处分、治安处罚：（1）用暴力、威胁、欺骗、贿赂等非法手段破坏选举的；（2）伪造选举文件，虚报选举票数的；（3）对控告、检举选举中的违法行为，或者对于提出要求罢免居委会成员的人进行压制、报复的；（4）不按照法定的任期进行换届选举的；（5）不经选举委任居民委员会成员的；（6）不按照法定程序选举或撤换居民委员会成员的（《重庆市居民委员会选举办法》第38条）

第二章 社区民主选举

续表

单位名称	《居民委员会组织法》实施办法	选举规程、选举办法、文件
涪陵	—	对干扰破坏选举或阻碍他人正常行使选举权等违法违纪行为，要依法处罚，构成犯罪的依法追究刑事责任。各街道要认真开展选举过程中可能出现的矛盾纠纷排查化解工作，及时解决影响换届选举工作的苗头性、倾向性问题。要提供咨询服务，对群众来电、来信来访咨询有关政策、法规、程序等问题，要及时给予答复。对于矛盾集中、问题严重、选情复杂的地方，要制定突发事件应急处置预案，加强对突发事件的防范和处置，对可能引发群体性事件的问题，主要领导要亲自到第一线排查处理，坚决防止和杜绝不稳定因素的发生或蔓延。要建立重大事情请示报告制度和工作责任追究制度，对选举工作中发生的重大问题要及时报告区委和区政府，及时采取措施妥善解决；对因指导工作不力、敷衍应付、处置不当或违法违规操作引发群体性事件和造成不良影响或严重后果的，将追究相关领导和有关责任人员的责任《重庆市涪陵区第八届村（居）民委员会换届选举实施方案》
黔江	—	要按照相关法律法规、文件规定以及党委、政府工作部署，从选民登记、候选人的产生、选举大会的召开到居民代表的推选等，都必须严格按照法定程序进行，绝不允许违背法律、法规另搞一套。要充分发扬民主，严格依法办事，充分尊重党员群众意愿，严格把握好选民登记、张榜公布的法定时间等重要环节，严肃工作纪律，严格按程序进行，确保换届选举公开、公平、公正。切实做到法定程序不变通，规定步骤不减少，群众权利不截留，选举依法、合法《重庆市黔江区第八届村（居）委会换届选举工作实施方案》
贵州	未规定	对群众来信来访，要严格执行信访条例，坚持属地管理、分级负责，谁主管、谁负责，依法、及时、就地、按程序解决问题与疏导教育相结合。要畅通信访渠道，严格登记、受理、告知程序，实行办理、复查、复核三级审查终结制，坚持向信访人出具书面信访处理意见，不能上推下卸，敷衍了事，更不能简单地采取强制措施，激化矛盾。对居委会换届选举

续表

单位名称	《居民委员会组织法》实施办法	选举规程、选举办法、文件
	—	过程中的违纪行为,要及时责令改正,并依照有关规定对有关责任人给予党纪、政纪处分。对以暴力、威胁、欺骗、贿赂、伪造选票、虚报选举票数等违法手段破坏选举或者妨碍选民依法行使选举权和被选举权的,要发现一起坚决查处一起。对参与或指使他人以暴力、威胁、欺骗、贿赂、伪造选票、虚报选举票数等违法手段参选的,一经发现取消其参选资格;已经当选的,其当选无效;违反治安管理规定的,依法给予治安管理处罚;构成犯罪的,依法追究刑事责任《贵州省第九届村(居)民委员会换届选举工作实施方案》
铜仁	—	高度重视群众来信来访。对群众来信来访,要严格执行信访条例,坚持属地管理、分级负责,谁主管、谁负责,依法、及时、就地、按程序解决问题与疏导教育相结合。要畅通信访渠道,严格登记、受理、告知程序,实行办理、复查、复核三级审查终结制,坚持向信访人出具书面信访处理意见,不能上推下卸,敷衍了事,更不能简单地采取强制措施,激化矛盾。严肃查处违法违纪行为。对村(居)委会换届选举过程中的违纪行为,要及时责令改正,并依照有关规定对有关责任人给予党纪、政纪处分。对以暴力、威胁、欺骗、贿赂、伪造选票、虚报选举票数等违法手段破坏选举或者妨碍选民依法行使选举权和被选举权的,要发现一起坚决查处一起。对参与或指使他人以暴力、威胁、欺骗、贿赂、伪造选票、虚报选举票数等违法手段参选的,一经发现取消其参选资格;已经当选的,其当选无效;违反治安管理规定的,依法给予治安管理处罚;构成犯罪的,依法追究刑事责任《铜仁市第九届村(居)民委员会换届选举工作实施方案》

从表 2-33 列出的规定看,社区居委员会选举违法行为主要包括以下几项:(1)以暴力、威胁、欺骗、贿赂等非法手段破坏选举;(2)候选人产生程序违法;(3)对控告、检举选举中的违法行为,或者对于提出要求罢免居委会成员的人进行压制、报复;(4)不按照法定任期进行换

届选举。对选举违法行为的处理，基本上有三种处理方法：（1）党纪、政纪处分；（2）治安管理处罚；（3）追究刑事责任。

第四节 三峡流域城市社区民主选举存在的问题与对策

一 三峡流域城市社区民主选举存在的问题

我国社区居委会选举起步晚、历史短，加之三峡流域属于经济欠发达、城市化水平偏低的地区，因而当前三峡流域社区居委会选举仍面临以下问题：

1. 社区居民委员会选举程序还未达到规范化要求

按照民政部《关于做好2006年社区居民委员会换届选举工作的通知》和《社区居民委员会直接选举规程》，社区居民委员会选举程序的规范化水平可以用8项指标来衡量：（1）选民直接推选选举委员会（包括居民会议、居民小组、居民代表会议三种推选方式）；（2）选民直接提名候选人（包括"海选"和选民、户代表、居民代表联名提名）；（3）以预选或根据提名票多少确定正式候选人；（4）正式候选人以演讲等形式展开竞争；（5）实行秘密写票；（6）公开计票；（7）当场公布选举结果；（8）发放当选证书。[①]

根据三峡流域各省、直辖市和各城市关于社区居民委员会选举的规定和选举实践，三峡流域各省、直辖市、各城市选举程序的规范化情况见表2-34。

表2-34　三峡流域各省、直辖市和各城市关于社区居民委员会选举程序规范化评估表

单位名称	选民直接推选选举委员会	选民直接提名候选人	预选或根据提名确定候选人	候选人以演讲方式展开竞争	秘密写票	公开计票	当场公布选举结果	发放当选证书
湖北	已规定	已规定	已规定	已规定	已规定	已规定	已规定	已规定

[①] 参见史卫民、郭巍青、王金华、刘勇、王时浩《中国社区居民委员会选举研究》，中国社会科学出版社2009年版，第221页。

续表

单位名称	选民直接推选选举委员会	选民直接提名候选人	预选或根据提名确定候选人	候选人以演讲方式展开竞争	秘密写票	公开计票	当场公布选举结果	发放当选证书
宜昌	已规定	已规定	已规定	已规定	已规定	已规定	已规定	已规定
恩施	已规定	已规定	已规定	已规定	已规定	已规定	已规定	已规定
利川	已规定	已规定	已规定	—	—	已规定	已规定	—
荆州	—	—	—	—	—	—	—	—
荆门	—	—	—	—	—	—	—	—
湖南	已规定	已规定	—	已规定	已规定	已规定	已规定	已规定
怀化	已规定	已规定	已规定	已规定	—	已规定	已规定	已规定
张家界	已规定	已规定	已规定	已规定	—	已规定	已规定	已规定
吉首	已规定	已规定	已规定	—	已规定	—	已规定	已规定
常德	已规定	已规定	已规定	—	已规定	—	已规定	已规定
重庆	已规定	可自荐	已规定	可介绍	—	已规定	已规定	已规定
涪陵	已规定	已规定	已规定	可介绍	可介绍	已规定	已规定	已规定
黔江	已规定	已规定	已规定	—	—	已规定	已规定	已规定
贵州	—	已规定	—	—	—	—	—	—
铜仁	—	—	—	—	—	—	—	—

从表 2-34 列出的规定看，三峡流域各省、直辖市、各城市社区居民委员会选举程序的规范化水平参差不齐。在第一项指标（选民直接推选选举委员会）上，湖北、湖南和重庆及其所属各城市已有规定，但贵州和铜仁仍未做出规定。而且，三峡流域各省、直辖市及各城市社区选举委员会的产生方式均以居民会议、居民小组或居民代表会议推选为主，还没有一个省份、直辖市及城市全部实行居民直接推选社区居民选举委员会成员，发展空间较大。第 2 项指标（选民直接提名候选人）进展最快，湖北、湖南和重庆及其所属各城市已有规定，贵州虽做出规定，但铜仁仍未做出规定。而且，只有湖南及所属各城市采用选民直接提名方式，也只有湖北、贵州分别允许采用居民自荐的方式提名。更值得关注的是，迄今为止，三峡流域没有一个省份、直辖市及城市采用"海选"提名方式。显然，提名方式仍需改进。第 3 项指标进展较快，但湖南和

贵州均未做出规定，铜仁也未提出具体要求。第 4 项指标（正式候选人以演讲等形式展开竞争）进展非常缓慢，湖北、湖南和重庆虽有规定，但各城市在具体执行时差异很大，部分城市提出了明确的要求，而利川、吉首、常德、黔江却并未采用此种竞选方式，贵州及铜仁也未做出相应规定，可见，候选人的竞选方式还需要改善。第 5 项指标（实行秘密写票）进展也很缓慢，湖北、湖南做出了规定，但重庆和贵州未提出要求，而且各城市的进展也有很大差异，利川、怀化、张家界、黔江、铜仁均未做出规定，还有较大的改进余地。第 6 项指标（公开计票）进展较快，只有吉首、常德、铜仁未做出规定。第 7 项指标（当场公布选举结果）进展最快，只有贵州及铜仁未做出规定。第 8 项指标（发放当选证书）进展也很迅速，只有贵州及利川、张家界和铜仁未做出规定。

从三峡流域各省、直辖市和各城市的规定可以看出社区居民委员会选举程序规范化的进程很不平衡。贵州及铜仁基本上没有任何规定，另外三个省份的社区居民委员会选举程序规范化进程呈现出三种状态。第一种状态是 8 项指标都有具体确定，已经全部达到选举程序规范化要求，湖北及宜昌、恩施、涪陵属于这种状态。第二种状态是基本达到选举程序规范化要求，8 项指标中 7 项指标已有规定，湖南、重庆及怀化属于此类状态。第三种状态是选举程序规范化水平较低，8 项指标中已作出规定的有 5—6 项，张家界、吉首、常德、黔江、利川属于此类状态。总之，在三峡流域各省、直辖市和各城市中，湖北、湖南、重庆及宜昌、恩施、涪陵、怀化全部或基本达到社区居民委员会选举程序规范化水平，张家界、吉首、常德、黔江、利川的社区居民委员会选举程序规范化水平较低，贵州及铜仁几乎未作规定。因此，三峡流域城市社区居民委员会选举程序在整体上实现规范化任重道远，尚需付出艰苦的努力。

2. 社区居民委员会选民参与程度较低

社区居民委员会选举竞争性和选民参与程度可以从选举的投票率、候选人的提名方式和当选情况等几个方面进行评价。

（1）社区居民委员会选举投票率较低。根据民政部《中国民政统计年鉴》，2006 年全国城市社区居民委员会选举登记选民 37588855 人，投票选民 26318987 人，平均投票率为 70.02%。三峡流域各省、直辖市的投票率,见表2-35。

表2-35　三峡流域各省、直辖市2004—2006年社区居民委员会选举投票率统计表①

单位名称	2006年民政部统计		2004—2006年选举统计数据				
	投票选民	投票率(%)	居民直选(人)	投票率(%)	户代表(人)	投票率(%)	代表投票率(%)
湖北	1285359	43.33	—	—	—	—	—
湖南	5104969	74.55	7510000	88.04	—	—	—
重庆	167617	86.00	—	83.39	—	—	—
贵州	—	—	—	—	—	—	—

从表2-35的统计数据看,与全国平均投票率相比,湖南和重庆的投票率均在80%—89.9%之间,投票率较高,而湖北的投票率在49.9%以下,投票率偏低。贵州的城市化水平在三峡流域所有省份中是相对滞后的,因此,可以合理地推测,贵州城市社区居民委员会选举的投票率应属偏低之列。

(2)居民直选比例偏低。在三峡流域社区居民委员会选举中,居民直选的情况可以通过与不同候选人提名方式所占比例的比较来评估,见表2-36。

表2-36　三峡流域各省、直辖市社区居民委员会选举候选人提名方式统计表②　　单位%

单位名称	选举时间(年)	街道指定	居民小组选举	居民代表选举	选民联名提名	自荐	其他
湖北	2004—2006	—	20.00	60.00	10.00	—	—
湖南	2004—2006	—	10.00	—	80.00	—	—

---

① 2006年统计数据,引自《中国民政统计年鉴(2007)》,中国统计出版社2007年版,第198—199页。

② 表中数据,引自詹成付主编《社区居委会选举工作进展报告》,中国社会出版社2006年版,第11—13页。

续表

单位名称	选举时间（年）	街道指定	居民小组选举	居民代表选举	选民联名提名	自荐	其他
重庆	2004—2006	—	50.00	—	20.00	30.00	—
贵州	2004—2006	—	40.00	—	50.00	10.00	—

从表2-36的统计数据看，只有湖南、贵州把选民联名提名候选人方式作为候选人最主要的提名方式，湖北、重庆仍以"代表提名"（居民小组提名、居民代表提名、户代表提名）为主，由此可见，在三峡流域城市社区居委会选举中，居民直选的比例有待提高。

3. 社区居民委员会候选人竞争程度较低

在三峡流域社区居民委员会选举中，各省、直辖市及各城市已经不再采用"组织提名"（街道办事处提名或推荐）的方式确定候选人，而是普遍采用"代表提名"（包括居民小组提名、居民代表和户代表提名）或"选民提名"（包括选民联名提名、选民自荐和无候选人选举）的提名方式，但是只有湖北恩施和重庆黔江允许居民自荐参选。候选人发表演讲或开展竞选也未成为三峡流域社区居委会选举的普遍做法，目前只有湖北的宜昌、恩施以及湖南的怀化、张家界四个城市明确要求候选人必须进行公开竞职演讲。由于缺乏居民自荐参选和公开竞选，三峡流域各城市选举竞争性不强是一个较为普遍的现象。

4. 干部和居民的民主意识薄弱

干部和居民的民主意识普遍不高，对居委会选举的意义认识不足。从干部来看，主要有三种错误看法：一是社区选举不重要。街道和居委会干部普遍认为，社区建设的中心任务是社区服务而不是社区选举，社区选举与社区建设的关系不大。二是选举影响社区稳定。这种观点认为，居民缺乏民主素质和能力，如果广泛推行社区选举，容易造成社会不稳定。三是选举增加工作负担。选举涉及街道和社区工作的方方面面，选举工作千头万绪，经费紧张，人手缺乏，组织选举会增添工作负担，特别是在居民结构复杂、基础设施差、管理不善、矛盾较多的社区更是如此。从居民来看，城市社区部分选民对选举态度淡漠。他们认为社区居委会选举与选民利益关联度不高，只要不损害自己的核心利益，谁当选都无关紧要。

5. 行政干预过多

目前没有法律法规清晰地界定政府的行政管理与社区自治的界限，政府仍然把居委会当作政府在基层的延伸。政府对社区事务仍然习惯大包大揽，对社区选举干预过多。在三峡流域一些城市社区，政府越俎代庖，由街道办事处或上届居委会推荐或指定候选人，甚至编造候选人名单。为避免不满意的候选人当选，街道办事处将居民信任度高的候选人调至其他社区，在一个陌生的环境参加选举，人为影响选举结果。行政干预过多，政府包揽过多，包办色彩太浓，政府行为就严重偏离指导社区民主选举的角色定位。政府"为民做主"、"替民做主"，在社区选举中越位、错位，限制和束缚了社区居民自治的空间，不利于培养社区居民的民主意识和居民对社区事务的自觉参与，不利于引导、培育社区居民自治。同时，政府过多干预社区选举也加大了政府行政管理的成本。

6. 社区选举经费不足

三峡流域属于经济欠发达地区，各城市财政资源匮乏，政府财政补贴性拨款难以满足社区公共服务的需求，居委会工作人员待遇偏低，工作积极性不高。同时，社区缺乏利用社会资金和社会力量的机制，不能充分利用各种社会资金和社会力量为社区服务。因此，三峡流域各城市社区经费普遍比较紧张。政府投入有限，导致部分社区选举经费预算不够，选举经费无来源，完全靠自筹；有些城市社区虽然选举经费有来源，但不是出自财政，缺乏制度性保障，难以充分调动社会力量特别是志愿者的积极性。

二 完善三峡流域城市社区民主选举的对策

三峡流域城市社区民主选举是在政府主导下进行的，政府要推动城市社区民主选举的发展，就必须采取措施完善社区选举方式，转变政府与社区职能，培育社区社会资本。

1. 转变政府与社区职能，促进政府行政管理与社区自治良性互动

目前居委会开展工作由政府拨款，居委会选举由政府主导，居委会承接了街道的大量行政事务性工作，居委会没有时间、精力、经费为社区居民提供服务。由于居委会公共服务缺位，居委会没有构建与社区居

民进行沟通与交流的互动机制,居委会得不到社区居民的认可。社区与居民缺乏情感上和利益上的联系纽带,社区对居民缺乏凝聚力和吸引力,居民很少主动参与包括选举在内的社区公共事务。显然,只有转变政府与社区职能,重构居委会与街道的关系,使居委会回归自治组织本位,才能为社区民主选举奠定坚实的群众基础。首先,街道应尊重居委会的自治地位,给予居委会更多的自主权。目前,三峡流域大部分城市社区的人事权与财权均受制于街道,不能完全自主管理社区事务,极大地制约了社区自治职能的充分发挥。因此,街道应该转变职能,把权力下放给社区,政府变行政干预为政策指导、资金扶持,从而引导社区自治的成长。其次,政府大力培育社区自治组织,推动社区服务市场化。目前政府包办社区事务,增加了行政成本,政府不堪重负。要改变这一局面,政府就必须培育社会中介组织,引导居委会和中介组织承接社区公共服务。政府可以与居委会和社区组织签订服务合同,政府提供优惠政策和资金扶持,对服务质量进行监督。公共服务社会化、市场化既可以降低行政成本,提高管理效率,又可以增强社区自治能力。

2. 创造社区社会资本,构建居民参与社区选举的动力机制

社会资本是社区居民的黏合剂。美国政治学家罗伯特·帕特南把社会资本看成是社会上个人之间的相互联系——社会关系网络和由此产生的互利互惠和互相信赖的规范。① 社区社会资本以社区居民之间的社会关系网络和互惠规则为核心,会促使社区居民之间合作共赢,构建密切的社会联系,从而有益于居民更加深入地参与社区民主选举。培育社区社会资本可以从两个方面着手:一是利用互联网,构建社区居民公共论坛。以社区论坛为平台,可以为居民提供讨论社区事务的公共空间,促进居民之间、居民与社区之间的交流与互动,加深居民与社区之间的情感联系,增强居民对社区的认同感和归属感。二是培育社区组织,引导社区组织参与社区服务与管理。政府可以通过政策引导和资金支持,在社区发展各类志愿者协会和非政府、非营利型服务机构,如成立业主委员会、社区义务治安巡逻队、业余培训机构,举办各种关于健康、法律、饮食、

---

① 参见[美]罗伯特·帕特南《独自打保龄球:美国社区的衰落与复兴》,刘波等译,北京大学出版社2011年版,第7页。

阅读、婚姻、青少年教育的知识讲座，开展各种形式的社区文化体育、慈善捐助、志愿服务等活动，促进居民之间的互助合作，拉近居民之间的距离。

3. 完善社区民主选举制度，拓宽居民直接参与社区选举的渠道

社区居民委员会直选是培育居民民主意识、自治意识与契约精神，提高居民参与能力、合作能力和组织能力的主要途径。社区要真正实现居民自治，必须引入和扩大居民直接选举机制。只有实现居民直接选举，社区才有可能成为居民的生活共同体，才能通过制度创新和管理创新实现社区公共事务的民主决策、民主管理和民主监督。

目前，三峡流域城市社区居民委员会直选比例在逐渐提高，但仍存在诸多问题：一是居民参选率偏低。由于城市社区是典型的陌生人社会，大部分居民都相对独立的工作空间和生活空间，社区居民委员会直选与居民没有直接的利益关联，因而居民参与直接选举的积极性不高。二是直接选举成本高。社区居委会直选时间长，涉及人数多，需要投入大量财力。2013年宜昌市试点居委会直选的社区平均投入资金四万元，耗时四十天左右。但实际支出远远超过预算，城市社区众多，如果三峡流域所有城市社区全部实行直接选举，选举花费巨大。按照《城市居民委员会组织法》和相关规定，选举所有的费用都由政府财政专款政府。对于经济不发达的三峡流域各城市政府而言，社区居委会直接选举费用是沉重的负担。除街道干部全部投入社区直选外，还需要招聘许多志愿者帮助社区直接选举。三是选民登记难度大。居民参选积极性不高，不愿意主动登记，极大地增加了选民登记工作难度。

要完善社区直接选举制度，政府、社区、居民必须加强合作，三方联动。一是健全社区居委会直选法律法规，为社区居委会直选提供强有力的制度保障。《城市居民委员会组织法》对于选举方式的规定过于原则化，导致社区居委会选举制度供给不足，造成三峡流域各省、直辖市和各城市都自行制定社区选举办法，没有统一的法律法规可供遵循，在社区直选上更是各行其是。因此，政府必须尽快修改《城市居民委员会组织法》，对社区居委会直选的原则与程序做出明确的规定。二是政府必须减少居民代表和户代表选举比例，不断扩大居民直接选举比例，直至完全实现社区居委会直选。三是政府转变职能，不干预社区公共事务的管

理，社区以居委会为主体实现居民自主治理。四是加大投入，通过发放补贴等方式调动居民参选的积极性。

第五节 三峡流域城市社区民主选举案例分析

案例一：

宜昌市伍家岗区社区居委会换届选举"自选动作"出新招[①]

2012年8月15日，湖北省第五届社区居委会换届选举培训观摩会议在宜昌市伍家岗区隆重召开。来自全省各市（州）、县（市、区）民政部门分管基层政权和社区建设的副局长、基政科科长150余人，现场观摩学习了宜昌市伍家岗区万寿桥街道办事处万达社区换届选举工作。在换届选举当天，顺利选出社区居委会主任1名、副主任2名、委员6名，会议取得了圆满成功，形成了有借鉴意义的实践经验。

作为全省社区居委会换届选举试点社区的万达社区，在本次换届选举过程中，除了切实贯彻相关法律法规确定的"规定动作"外，充分结合自身实际探索创新"自选动作"，紧紧把握换届选举过程中的三个环节：

一、把握选民登记环节，创新基层民主参与渠道。在选民登记对象上，注重外来务工经商人员的组织参与，有效提高社区群众参与率。根据上级相关文件要求，针对万达社区非公企业多、个体经营多、流动人口相对稳定集中且参与社区工作的热情较高等特点，该社区在进行选民登记过程中，对户籍不在本社区但在本社区居住或从事社区工作满一年以上、不在户籍地参与选举的外来务工人员也一并进行了登记，有效扩大了外来务工经商人员参与社区民主政治建设参与度。在选民登记方式上，注重整合社会服务管理创新的资源，有效提高选民登记率。工作中以网格为单位，通过网格员逐户上门登记、宣传，进一步密切网格员与

[①] 崔传桃、张静：《宜昌市伍家岗区社区居委会换届选举"自选动作"出新招》，http：//www.ycmzj.gov.cn/art/2012/8123/art_14692_375531/html，2012年8月23日。

社区居民关系，增强网格员在居民中的认可度。同时，将原有居民小组与网格管理统一对接，充分发挥网格员的作用，夯实了居民小组的基础。7月30日，万达社区完成选民登记工作，共有选民1989人。

二、把握党委班子配备环节，创新基层组织设置。设置"社区党委第一书记"，创新落实"社区大党委制"。通过社区党组织换届，针对万达社区非公党组织的不断健全及社区建设发展需要，对原有社区党组织设置进行了调整，撤销了原万达广场党委和原万达社区党总支，成立了中共伍家岗区万寿桥街道万达社区委员会，并将原万达广场党委下属非公党支部及万达社区党总支下属党支部一道并入万达社区党委管理，在万寿桥街道党工委的领导下开展工作，理顺了社区党组织设置。8月1日已经选出9名万达社区党委成员，同时吸收辖区单位党组织负责人、公安派出所民警7人为"大党委"成员，万寿桥街道党工委副书记、万寿桥街办主任、社区联系点领导周京媛为党委第一书记，增强了街道党工委对社区党建工作的领导和社区党组织的统筹协调能力。

三、坚持"选聘分离"，创新社区管理体制。坚持实施"选聘分离"，把社区居委会组成人员的直接选举和社区服务站工作人员的聘用区分开来，社区居委会换届选举依法按章实行民主推荐、公开选举，由推选出的居民户代表差额选举产生，社区居委会成员80%以上为兼职委员；社区专职工作者按照《伍家岗区社区专职工作者管理办法》公开招聘符合要求的大学本专科毕业生，建立职业化专业化社工队伍，优化社区工作者的年龄、文化、专业结构。民主推荐候选人，扩大社区居委会成员来源渠道。按照社区居委会人员构成社区专职工作者占20%，社区单位代表、在职干部职工、退休党员、无职党员和热心公益服务的居民代表占80%的比例要求，召开社区居民小组会议，通过个人自愿报名、社区全体选民和社区单位代表提名等方式，按照得票的多少顺序，确定社区居委会成员的候选人。8月5日，根据提名情况，选举委员会已公开了经居民代表会议推选的候选人名单，其中2人为专职社区工作者、10人为社区其他人士。在8月15日的选举中，坚持德才兼备的原则，将有时间、有精力、有能力、有影响的代表选为居委会成员，使居委会真正成为居民自治组织。

第三章

社区民主决策

任何社区,其决策权力的配置无论是"议行合一"的还是"议行分立"的,决策都由一小部分人代表社区作出,因而社区决策始终存在着一种"代议制的负担"①。当社区决策过程被特定的机构所控制,并且决策机构的成员因为个人的知识局限,不具备社区治理所预期必需的专业知识,社区决策可能既不符合社区公共利益,也违背民主原则。在这种情况下,社区决策就会出现出理查德·C.博克斯所说的"代议制失败"的问题。②为解决"代议制失败"问题,社区决策必须引入民主机制,分散决策权力。居委会向居民、居民代表大会、社区议事协商会、业主委员会让渡部分决策权力,构建一个开放的,居民和社区组织高度参与的民主决策机制。

社区民主决策是社区自治的一个重要环节,也是居民参与社区管理的内在要求。从一定程度上讲,社区民主决策直接体现了社区自治的质量和水平。从民主进程来看,社区民主选举只是社区自治的开端。在社区选举结束之后,社区管理的重心从社区选举转向民主决策,因而民主决策是社区自治的关键环节和核心内容。社区自治的基本精神就是社区居民能够根据自己的意愿自主管理社区公共事务,因而社区民主决策是社区自治的题中应有之义。社区自治终究要落实到社区民主决策上来,也可以说,社区民主决策是实现社区自治的方式和手段,二者是目的和

---

① [美]理查德·C.博克斯:《公民治理》,孙柏英等译,中国人民大学出版社2013年版,第100页。

② 同上。

手段的关系。

为进一步健全和规范社区事务民主决策机制,保障社区居民对重大事务的决策权,三峡流域各城市制定了《社区重大事务民主决策办法》,对社区重大事务决策的内容、形式、程序等进行了全面规范。规定凡是涉及全体居民或大多数居民利益的重要问题,如重大财务支出、经济合同签订等,都必须按照先党内后党外、先党员后群众的原则,通过提出和受理议案、"两委"联席会议研究、召开党员大会、广泛征求意见、居民会议或居民代表会议表决、公示表决结果、组织实施的程序进行。对社区重大事务的决策,未经居民会议或居民代表会议表决通过的,均为无效,相关责任人要承担责任。

第一节 社区民主决策的内涵与意义

一 社区民主决策的内涵

从决策理论来看,决策就是对可行性方案进行分析、比较、权衡,从中选择较优方案并做出决定的过程。从决策方式而言,民主决策意味着拥有决策权的人根据民主原则共同做出决定。[①] 社区民主决策是指在社区公共事务管理过程中,由社区党组织、居民委员会、社区组织和社区居民根据民主原则和民主程序进行讨论、协商并做出决定的抉择过程。

二 社区民主决策的意义

发展基层民主,保障公民享有自我管理基层公共事务和公益事业的民主权利,是发展我国社会主义民主政治不可或缺的重要组成部分。完善城市社区民主决策制度,是发展我国基层民主的重要内容。从民主成长的历史进程来看,民主的内容与形式取决于各国的历史传统、价值观念、经济结构、宗教信仰等因素,民主在世界各国的发展呈现出很大的差异。

中国是世界最大的发展中国家,人口众多,又有着两千多年的专制历史,缺乏民主和基层自治传统。显然,中国要实现政治民主化,必须

---

① 参见徐勇主编《城乡社区自治实务》,湖北科学技术出版社 2008 年版,第 44 页。

选择适合本国国情的民主发展道路。新中国成立后，中国共产党已经探索出一条独特的社会主义民主政治建设路径，即以间接民主为主，以直接民主为辅，把间接民主与直接民主结合起来，分层推进。在中国的民主政治框架中，民主是通过代表制民主和基层直接民主的双重结构、双重途径实现的，即在国家层面实行代表制民主，由公民选举代表治理国家，而在基层实行直接民主，由公民自主管理基层公共事务。由于中国属于后发现代化国家，正在大规模推进城市化，但消除城乡差异，破解城乡二元困境必然是一个艰难且漫长的社会转型过程。因此，我国基层民主在城乡之间呈现出城市社区自治和农村社区自治二元并存的格局。

在我国城市化迅猛发展、国家大力推进社区建设的时空背景下，完善城市社区民主决策制度是发展社会主义民主政治，提高行政管理效率，实现基层治理民主化的必然选择。江泽民同志在十六大报告中曾指出："正确决策是各项工作成功的前提。要完善深入了解民情、广泛集中民意、切实珍惜民力的决策机制，推进政府决策的科学性和民主化。各级决策机关都要充分完善重大决策的规则和程序，建立社情民意反映制度，建立与群众利益密切相关的重大事项社会公示制度和社会听证制度，完善专家咨询制度，实行决策论证制度，防止政府决策的随意性。"决策是社区建设和社区管理的核心，贯穿社区管理全过程，决定着社区管理的效率和社区建设的成效，因此，社区民主决策对于社区建设具有不可替代的作用。

1. 社区民主决策可以提高决策的合法性

在城市化和社会转型过程中，社区社会结构复杂，居民社会地位差异大，利益诉求多元，社区社会矛盾集中，社区管理的难度日益增加，社区管理者面临严峻的挑战。社区的每一项决策都关系到居民的切身利益，居民关注度高。目前，城市社区的决策机制过于封闭，决策权高度集中于政府、社区党组织及居委会，决策常常出现不符合甚至违背居民利益的情况，引发居民对政府、居委会普遍的不信任，出现对抗、矛盾甚至冲突。排斥居民参与社区决策既违背民主原则，也降低了社区管理者的专业技能，弱化了社区管理者的政治合法性。解决这一困境的唯一出路就是社区决策遵循民主的准则，在社区决策中确立居民积极参与的、包容性的原则，构建"深入了解民情、充分反映民意、广泛集中民智、切实珍惜民力"的决策机制,让社区居民、单位、社区组织直接、充分、准确地表达其利益偏好,从而最大限度地减少信息扭曲,使决策能够体现居民的真实愿望,实现居民的最大利益。

2. 社区民主决策可以实现决策的科学化

在全球化时代,社区公共事务日趋复杂,社区建设涉及的领域越来越宽广,居民服务需求日益多样化,决策所需要的信息高度分散。这就要求社区管理者具有战略眼光和丰富的专业知识,善于系统分析,作出科学的决策。在社区管理过程中,如果决策所依赖的组织体系环节多且层次复杂,决策信息在传输过程中可能失真,从而出现决策失误;如果决策者因为个人的知识局限,缺乏决策所必需的专业知识,决策可能违背居民的利益。社区民主决策可以减少信息失真,克服决策者的知识局限,增强决策的科学性。在社区民主决策过程中,居民广泛参与决策议题的提出、决策的平等讨论与协商沟通、决策的执行与监督,使决策者能够准确掌握决策信息,使决策过程成为居民与决策者之间的良性互动。决策者集思广益,深入掌握社情民意,最大限度地减少决策的主观随意性,使决策符合客观实际,从而提高决策的效能和决策的科学性。

3. 社区民主决策可以促进社区治理的现代化

社区是构成城市的基本单元。我国正处于从传统农业社会向现代工业社会转型的关键时期,实现社区治理现代化成为社区建设最为紧迫的课题。首先,社区民主决策可以促进社区治理体系现代化。社区民主决策需要清晰界定政府和社区的职能,理顺基层政府与社区自治组织之间的权责界限,构建责任明确、职能清晰、关系顺畅的社区治理体系,实现政社分开与政社互动。其次,社区民主决策可以促进社区治理能力现代化。实现社区治理能力现代化,社区管理者是决定性因素。社区民主决策可以帮助社区管理者树立"居民自治"的社区工作理念,改变单纯依靠行政命令的传统工作方式,形成政府与社区分工协作的合作治理新模式。同时,社区民主决策可以培育社区工作者队伍,帮助社区工作者提高社区志愿服务能力,从而提高社区服务水平和社区服务效率。最后,社区民主决策可以扩大社会参与。社区民主决策可以充分激发社区社会组织的活力,引导社会组织参与社区治理和公共服务,让居委会从繁杂的行政性事务中解脱出来,从而形成居委会、社区社会组织和居民协商共治的新格局。

第二节 三峡流域社区民主决策的机构、形式与内容

一 社区民主决策的机构

社区决策机构承担决策任务，行使决策权力，是社区决策的主体，是社区决策体制的核心。在社区决策过程中，决策机构的主要任务是以大量准确的信息为依据，充分运用决策者的工作经验、专业技能和科学知识，对涉及社区公共事务的各种可行性方案进行辨别、比较、平衡，从中选出最为合理的方案。

尽管三峡流域各城市在经济、社会、文化等方面的发展程度不同，社区建设水平存在较大差异，但三峡流域各城市的社区决策机构在组织结构上大体上是类似的。在三峡流域各城市，参与社区民主决策的机构较多。决策机构的决策活动形成了一个网络系统，不同的决策机构分工合作、各司其职，建立起密切的横向联系，以保证决策的科学性。目前，在三峡流域各城市，参与社区民主决策的机构主要有社区居民委员会、社区居民代表大会、社区居民大会、社区协商议事会、社区居民，其中，最重要的决策机构是社区居民代表大会。但是，议案必须先由居委会、党支部、居民协商议事会提出并共同讨论，形成决议案，再交由社区居民代表大会表决。而社区的日常决策则是由居委会和党支部协商作出，社区居民也可以就相关事宜提出意见，参与决策。

（一）社区居民代表大会

由于社区的规模和复杂性，几乎所有的，哪怕是最小的社区也不得不选举代表，组成代议机构进行决策，而不是践行直接民主，让所有居民直接参与决策。在社区决策过程中，社区居民代表大会承担着代议机构的职能，居民代表就是真正意义上的代议者。

社区居民代表大会的决策角色和决策地位是由《居民委员会组织法》赋予的。在三峡流域各城市的社区自治实践中，居民代表大会已经成为社区居民参与社区公共事务的专门性社区自治组织，是社区的决策核心。在社区决策体系中，居民代表大会是由社区代表组成，维护本社区居民利益的最高决策机构。根据《居民委员会组织法》第十条的规定，居民

委员会应该向居民代表大会负责并报告工作，对涉及全体居民利益的重大事项，居民委员会必须提请居民代表大会讨论决定。

1. 社区居民代表大会的组成

按照《居民委员会组织法》的规定，居民代表大会并不是常设性社区机构，没有主任等负责人。但是，凡建立居民委员会的社区均应成立社区居民代表大会，负责讨论决定本社区重大问题。根据《居民委员会组织法》第九条的规定，社区居民代表大会由本社区年满十八周岁的居民代表组成。居民代表由居民小组民主推荐产生，每个居民小组可推荐2名至3名代表。

2. 社区居民代表的产生、任期及任职条件

顾名思义，社区居民代表是受委托代替居民向居委会表达意见并进行社区管理与服务的人。居民代表要很好地履职，就必须在能力与影响力等方面具有充分的代表性。因此，必须对居民代表的产生、任期、履职做出相应的规定。

（1）社区居民代表的产生。根据《居民委员会组织法》第九条的规定，居民代表由居民小组民主推荐产生，每个居民小组可推荐2名至3名代表。

（2）社区居民代表的任期。社区居民代表的任期与社区居委会的任期相同，可连选连任。居民代表因故出缺时，由原居民小组（选区）补选。居民代表在任期内丧失代表条件的，由原居民小组（选区）予以罢免，罢免以原居民小组（选区）有选举权的全体居民的过半数赞成票通过。居民代表提出辞职的，由居民代表会议决定是否接受。被依法追究刑事责任的，其代表资格停止履行。

（3）社区居民代表的条件。根据《居民委员会组织法》第十二条的规定，担任居民代表必须符合以下条件：（1）年满18周岁，属本社区居民。但是，依照法律被剥夺政治权利的人员除外。（2）遵守宪法、法律、法规和国家的政策。（3）办事公道，热心为居民办事。（4）热爱、关心社区工作，有一定的参政议事能力。（5）获得居民认可，在居民中有一定的影响力。

3. 社区居民代表的权利与义务

根据《居民委员会组织法》，居民代表拥有如下权利：（1）选举权。

居民代表可以投票选举居民委员会主任、副主任和委员。(2) 罢免权。对不称职和因工作失误造成重大损失的居委会成员,居民代表可以通过居民代表大会撤换和补选。(3) 审议权。审议、通过居民公约、社区发展规划、居委会和议事协商会的年度工作报告。(4) 监督权。居民代表有权对居委会和议事协商会的工作进行民主监督,提出质询和批评意见,居委会和议事协商会应予以解释和说明。(5) 调查权。居民代表有权对居委会的工作进行调查并提出处理意见。(6) 提案权。居民代表可以单独或联名向居委会提出议案,居委会应进行处理并反馈意见。

居民代表拥有充分地参与社区管理的权利,但也必须承担以下义务:(1) 联系、沟通、协调社区成员,把居民意见及时反映给居委会,切实维护居民利益。(2) 学习、宣传、贯彻党和国家关于社区建设和城市管理的方针政策。(3) 学习、宣传、执行社区党支部、居委会、居民代表大会的决议。(4) 协助居委会开展各项工作。(5) 积极主动地完成社区各项工作任务。

4. 社区代表大会的职责

根据《居民委员会组织法》,社区代表大会承担以下职责:(1) 讨论和决定涉及本社区居民利益的重大事项。(2) 讨论和决定社区居委会选举、罢免的有关事项。(3) 推选决定社区居务公开监督小组成员。(4) 民主评议社区居委会工作。(5) 讨论、决定社区居委会成员和居民代表的辞职申请。

5. 社区居民代表大会的召开

根据《居民委员会组织法》第十条的规定,社区居民代表大会由居委会召集和主持。在涉及居委会自身利益时,居委会成员应当回避。居民代表大会一般每半年召开一次,若遇到特殊情况可以临时召开居民代表大会。这种定期和不定期相结合的会期制度,有助于维护居委会的日常管理功能,也有利于居民代表大会将主要精力集中于最重要的社区事务的决策上。居民代表大会必须有过半数的居民代表出席才能召开,其做出的决议或决定必须获得超过半数的出席代表的赞成才能通过。表决方式一般采用无记名投票,在征得全体代表同意时,也可以举手表决方式做出决定。居民代表大会决定问题,实行少数服从多数原则。虽然《居民委员会组织法》没有对旁听和列席做出明确的规定,但是根据基层直接民主和社区自治原则,社区居民有权旁听居民代表大会的会议并就会议决议进行监督,特别是在讨论与居民切身利益密切相关的事项时,应当主动邀请居民列席、旁听会议,自觉接受居民的建议、批评与监督。①

在居民代表大会召开之前,居委会应该广泛征求意见,设置会议议题。一定数量的居民或居民代表也可以提出议题交由居民代表大会讨论决定。居委会应该做好会议组织工作,在会议召开前发布会议公告,邀请提案人和有关居民列席或旁听。

6. 社区居民代表大会的议题

根据《居民委员会组织法》第十条的规定,所有涉及全体居民利益的重要问题,居委会必须提请居民会议讨论决定。由此可见,居民代表大会作为社区事务的最高决策机构,其议题是涉及本社区全体居民切身利益的重大事项。主要包括以下方面:(1)制定、修改、通过社区自治章程、居民公约、社区各类规章制度。(2)社区基础设施建设、社区公益事业,如社区整体环境设计、建设、改造方案、重大社区建设项目、涉及全体居民的费用分摊等。(3)补选、罢免居委会和议事协商会成员。(4)审议居委会工作报告。(5)审议社区经费使用情况,讨论并决定居委会成员的工作补贴。(6)改变或撤销居委会不适当的决议或决定。(7)与社区全体成员切身利益密切相关的其他事项。

(二)社区居民大会

社区居民自治是城市居民直接管理社区事务的直接民主形式,因此,从自治的含义上来说,社区民主决策的主体就是全体社区居民。当然,社区居民决策,并不是由社区居民分散决策,而是通过一定的组织形式让居民参与决策。这个组织形式就是社区居民大会。社区居民大会是社区居民自治组织体系中的最高权力机构,拥有最高的决策权。②《城市居民委员会组织法》规定:"居民会议由十八周岁以上的居民组成。居民会议可由十八周岁以上的居民或者户代表组成,也可以由每个居民小组选举代表二人至三人参加。居民会议必须有全体十八周岁以上的居民,户

---

① 参见徐勇主编《城乡社区自治实务》,湖北科学技术出版社2008年版,第46页。
② 参见邓泉国《中国城市社区居民自治》,辽宁人民出版社2004年版,第122页。

的代表或者居民小组选举的代表的过半数出席,才能举行,会议的决定,由出席人的过半数通过。"在涉及社区最重要的事务时,居民代表大会和居委会都可以提议召开全体居民大会对相关事宜进行讨论、协商并做出决定。

(三) 社区居民委员会

从决策作用来看,社区居民委员会实际执行着城市社区90%以上日常性事务的决策,因而社区居民委员会是城市社区最为重要的日常决策机构。社区居民委员会的决策地位是由社区居民委员会的社会角色决定的。一方面,社区居民委员会是准行政组织,承担着政府代理人的角色。由于在人事、经费等方面都依赖政府,社区居民委员会不得不承担大量政府交办的事务,涉及公共治安、环境卫生、社会保障、医疗保健、公共设施、人口管理等,约占社区事务总量的50%。另一方面,社区居民委员会是社区自治组织,是社区居民的代言人。社区居民委员会所承担的事务涉及社区居民的生活、娱乐、环境卫生等各个方面,约占社区事务总量的50%以上。[①]

(四) 社区居民议事协商会

社区居民议事协商会是由社区居民代表大会选举产生的以民主议事、民主决策等为主要功能的社区自治组织,是一个公开的和欢迎居民参与的对话机制。社区居民议事协商会由社区党组织、社区居民委员会、业主委员会、驻社区单位、社区民间组织、物业管理公司、居民代表、流动人口代表等各方代表组成。

1. 基本原则

社区居民议事协商会以"畅通渠道、汇集民意、促进参与"为原则,在社区党组织的领导下,由社区居委会和社区居民议事协商会负责召集和主持。会议召开应严格遵守国家的有关法律法规,依法有序进行,并自觉接受社区居民代表大会的监督,主动接受政府有关部门和街道办事处的指导。

---

① 参见何金晖《城市社区治理中的权力结构与运行机制研究》,博士学位论文,华中师范大学,2007年,第62页。

2. 议事协商范围

社区居民议事协商会主要涉及社区居民普遍关心，与社区建设与管理的相关的社会事务。研究、讨论社区建设中的薄弱环节和突出问题，为社区管理提供有关意见和建议；积极化解社区内各类不和谐的因素，维护居民合法权益；促进社会资源共享，营造和谐的社会环境；加强社区居委会与业主委员会、物业公司等社区单位及社区居民的联系。应由社区居民代表大会讨论决定的事项，由社区居委会提请社区居民代表大会讨论决定。以决策为主要内容的相关会议，建议召开社区民主听证会进行决策。

3. 议事协商会的功能

社区议事协商会是社区决策民主化的体现，其功能在于指导社区范围内关于决策议题的对话过程，并指导影响社区公共生活的决策的制定。因此，社区议事协商会是社区居民参与社区决策的重要平台，是征集居民意见，汇集居民智慧，加强社区居民、单位沟通的重要途径。居民在议事协商过程中的意见建议是街道、社区决策的重要依据，社区应将议事协商事项处理结果向居民及时反馈。

4. 议事程序

社区议事协商会由社区居委会、社区居民议事协商会召集和主持，应在会议召开前对社区居民反映比较集中的问题进行广泛深入的调查摸底，掌握基本情况，征询群众意见。

社区居民议事协商会是社区民主决策的重要机构。它的这种决策功能是通过两个渠道进行的。一是在社区居民代表大会或社区居委会作出关于社区建设的重大决议、决策、年度工作计划、公共福利事业分配、居民公约等决策前，原则上先由社区议事协商会讨论，提出议题或拟决议草案交社区居民代表大会讨论或决定。社区居委会、社区议事协商会要广泛听取和征求社区居民、驻社区单位的意见和建议，设立居民意见箱，随时听取居民群众心声，促进社区建设人人参与，人人献策。二是共同执行社区日常性事务决策。内容包括社区居民委员会工作任务的所有方面。

5. 决策的落实

社区居委会应采取措施，保证社区居民议事协商会各项意见、建议的落实，需街道及政府相关职能部门办理的，应做好督促、监督，并做好与居民意见的对接；需社区直接办理的，应尽快加以落实。

（五）社区居民

社区居民参与民主决策的形式多种多样。社区居民可以通过提交议案，使提案变成决议，也可以参加社区听证会，直接就听证会的议题发表看法和建议。

二 社区民主决策的形式与内容

1. 社区民主决策形式

社区在对基层事务讨论决策的过程中需要一套规范化、有序化的民主决策方式。在社区内如何就居民普遍关心的事项进行民主决策，三峡流域各城市创造出了许多成功的经验与方式，主要有：

（1）居民会议决定。直接召开社区居民代表大会或社区居民议事协商会，由居民委员会在会上介绍议题和解决方案后，经过讨论，由参会的代表或居民举手表决，并以会议决议的形式通过。

（2）居民公决。即社区全体成年居民对社区中最根本的、最重要的、涉及全体居民利益的重大问题进行讨论并表决的决策形式。民主决策并不是所有事项都要求召开居民会议。实际上，召开居民会议特别是全体居民大会，在场地、时间、人员等方面都是成本很高的决策方式。因此，在决策实践中，有的城市社区实行了一事一决的居民公决方式，很好地解决了这一决策难题。宜昌、恩施、黔江和怀化的一些社区，都尝试通过居民公决的方式来解决社区内部重大问题或开展公益事业建设。

（3）居民委员会决定。由居民委员会内部进行讨论并作出决定，经过社区居民议事协商会批准后，以公告和通知的形式在社区晓谕居民。

（4）公示制度与旁听制度。即在社区居民代表大会或社区居民议事协商会召开前三天，将会议召开时间、地点、内容等在社区公示栏公告，并在会上设立旁听席，允许居民旁听并发表意见。社区居民代表大会或社区居民议事协商会所形成的决议，必须在会议结束三天内向居民公布，接受居民监督。

（5）听证制度。社区听证是指区党工委为保证决策的科学性、合理性，在做出重大决策之前，以社区为平台，广泛听取社会各界意见和建议，并为决策重要依据的有效形式。听证制度适用于政府部门、社区组织在社区内实施具体工程项目或做出重大工作决策时涉及社区公众利益的重大事项。

　　社区听证应遵循合法、公平、民主、便民、实效的原则。举行社区听证，由区党工委负责组织并提出听证方案，确定举行听证会的时间、地点和参加听证的人员组成和人数。听证当事人，一般包括听证参与人、邀请的党代表、人大代表、政协委员和有关专家听证邀请人和拟定重大决策方案的听证作证人。听证主持人、作证人由区党工委负责确定；听证书记员由听证主持人确定；听证当事人一般采取自愿报名的方式，由组织听证会的单位规定的条件和程序确定，报名者应当向组织听证会的单位提供身份证明。听证会应当公开举行。举行听证会，组织听证会的单位应当在举行听证会 10 日前发布听证公告。每次听证会的听证当事人一般不超过 20 人。举行听证会，公民可以按规定向组织听证会的单位申请旁听。组织听证会的单位应当在举行听证会 5 日前将听证事项、相关材料和听证通知送达当事人。听证当事人因故不能出席听证会的，应当在举行听证会前 3 日告知组织听证会的单位。出席听证会的听证当事人未达到应当参加的听证 2/3 的，听证会应当延期举行；若特殊情况，经组织听证会的单位决定，可以取消听证会。听证会要广泛听取社区居民的意见，及时公开，由新闻媒体采访和舆论监督，避免形式主义和排他主义。听证会会议应当按规定制作听证笔录，并应当在听证会结束后 3 日内整理完成。听证当事人可以在组织听证会的单位规定的时间内查阅听证笔录，对其听证笔录有异议的，可以要求更正。听证会结束后，听证主持人应当及时主持草拟听证报告，提交街道党工委。听证结果必须公示，对听证会后形成的书面建议材料，经社区居民委员会确认后公告社区居民知晓。

　　2. 社区民主决策的内容

　　社区组织的民主决策，主要是社区居民会议、社区居民代表大会和社区居民议事协商会对社区公共事务做出决议、决定。《城市居民委员会组织法》第十条规定：涉及全体居民利益的重要问题，居民委员会必须提请居民会议讨论决定。这些问题主要有：讨论社区内的公共事务、公益事业的发展规划等涉及居民利益的重大事项；讨论决定财务情况和社区对居委会成员的补贴；制定、修改居民公约和相关制度；改变和撤销居委会不适当的决定。但是，《城市居民委员会组织法》并没有对"涉及全体居民利益的重要问题"作出明确具体的细化规定。全国各地区居民自治章程对此做出的规定也不是很明确，内容差异很大。

在实践中，目前就三峡流域各城市的有关规定来看，社区民主决策概括起来，共同性的内容主要有以下几项：（1）经济事项。经济事项主要涉及社区资产产权、财产收益及社区财务状况等，其中民主决策的内容有：社区建设公益基金管理使用情况；社区财务收入、支出和债权债务；政府下拨或其他组织提供的款项、经费及物资的使用。（2）社区发展事项。讨论和通过社区居委会半年、全年工作报告；社区投资建设的学校、道路等公益事业的规划、立项、招标、资金筹集、建设承包方案等；社区整体规划改造方案；（3）社区管理事项。社区自治章程和社规民约的制定和修改；社区居委会和社区居民议事协商会的补选和罢免；社区财会和计生等工作人员的聘用、变更方案；急用、大病等居民救济的范围及标准，养老金、最低保障、助学金等社区各类保障、奖励政策的制定；居民养老保险的范围、对象，保险费的筹集、缴纳等重要事项的制定和变更等；社会救济金的发放方案；计划生育指标安排方案；社区居民议事协商会认为与社区居民利益相关的其他事项。对于社区内出现的突发事件如邻里纠纷、自然灾害、环境污染、传染疾病等，需要快速处理，及时应对，可由居民委员会根据实际情况自主做出决策。

第三节　社区民主决策的原则与程序

社区民主决策的原则和程序是社区民主决策公平、公正、公开进行的必要条件，是实现决策民主化、科学化的制度保障。

一　社区民主决策的原则

完善社区民主决策机制，目的是规范决策行为，避免因个人专断、暗箱操作等导致决策失误，以确保决策能广泛吸取各方意见、集中各方智慧，符合社区经济社会发展的实际需求和客观规律。要达到这一目的，首先必须坚持一定的决策原则，这是民主决策机制的基础。

在社区召开会议对社区事务进行讨论并做出决策时，三峡流域各城市社区通常采用票决制。投票表决时，一般遵循以下原则：

双过半原则。即参加决策的居民数或代表数必须超过应该参加的居民数或代表数的半数；拟通过的决议或决定获得的赞成票数应该超过总投票数的半数。

一人一票原则。即所有参加决策的居民或代表在每次投票时只有一个投票权，每人只能领取一张选票或决议表。

秘密写票原则。居民或代表有权在秘密或隐蔽状态下填写选票或决议表，其决策意志的表达不受他人或机器监视和控制。

无记名投票原则。居民或代表不得在选票或决议表上写自己或他人的姓名，也不得在选票或决议表上留下任何与决策无关的信息和记号。

现场公开计票原则。投票后，票箱的打开、唱票、计票、决议或决定的公布等都必须在现场当场公开进行，以接受选民和居民的监督。

居民委员会、社区居民代表大会、社区居民议事协商会决策时应遵循以下几项原则：

民主集中制原则。民主集中制，是民主基础上的集中和集中指导下的民主相结合。在决策时坚持民主集中制原则，一方面要体现"少数服从多数"原则，在决策过程中让多数人参加，在决策结果上反映多数人意愿；另一方面要体现"集体决策"原则，居民委员会、社区居民代表大会、社区居民议事协商会应按照集体领导、民主集中、个别酝酿、会议决定的原则决定重大事项，防止个人专断。

协商原则。居民委员会在讨论相关事项时，如果没有重大分歧，在协商一致的情况下，居民委员会达成一致意见后作出决议或决定。

少数服从多数原则。在居民委员会成员意见不一致时，采取举手表决或投票表决的方式，少数服从多数。

可行性原则。决策前必须进行可行性研究，慎重论证，周密审定，确定其可行性。同时必须进行不可行性论证，全面分析决策的可行性因素和不可行性因素，以不可行性论证来分析其可行性，使决策达到最优化的目的。

法制化原则。一方面是努力使决策上升为法律。另一方面是各级决策都必须遵循宪法和法律的规定，不得与宪法和法律相抵触。

创新性原则。在很多情况下，我们可以说，没有创新就没有正确的决策，没有创新就没有前进和发展。

二 社区民主决策的程序

决策是一个科学化的系统过程。根据决策方式的不同，可以把决策区分为程序化决策与非程序化决策。程序化决策又称常规性决策，是指对重复出现的、日常管理问题所做的决策。这类决策有先例可循，能按原已规定的程序、处理方法和标准进行决策。它多属于日常的业务决策和可以规范化的技术决策。非程序化决策，是指对管理中新颖的问题所做的决策。这种决策没有常规可循，虽然可以参照过去类似情况的做法，但需要按新的情况重新研究，进行决策。它多属于战略决策和一些新的战术决策，这种决策在很大程度上依赖于决策者政治、经济、技术、才智和经验。与非程序化决策相比较，程序化决策可以提高决策的可操作性，节约决策时间，加快决策节奏，从而实现决策的民主化与科学化。

民主决策不仅要明确决策的主体（由谁决策）、决策的内容（决策什么）、决策的方式（如何决策），还必须科学规范各种决策主体的决策程序。中国具有重效果而轻程序的习惯，往往不按照程序决策，其结果是违规决策，进而导致错误决策。因此，建立一套规则化、程序化的社区民主决策制度，是城市社区自治实践中的一个重要问题。[①]

决策程序是指决策需要经过的一系列环节和步骤，这些环节和步骤是民主决策机制必不可少的关节点。科学合理的决策程序，不仅可以有效降低决策成本，而且能够降低决策风险，保障民主决策机制有效、有序运转。

从民主科学决策的一般程序来说，决策的程序主要包括议题提出的程序、讨论程序、表决程序、执行程序等。在社区事务的决策中，由于日常事务的决策程序较为简单，会议式决策（社区居民会议、社区居民代表大会和社区居民议事协商会）的基本工作程序相对复杂。实践中，决策程序主要包括三方面：

---

① 参见邓泉国《中国城市社区居民自治》，辽宁人民出版社 2004 年版，第 125 页。

1. 议题提出及提案形成制度

(1) 设定议题和提出议案。社区党组织、社区居委会、社区居民会议、社区居民代表大会、社区居民议事协商会、1/5 以上 18 周岁以上的居民、1/5 以上户代表、1/3 以上居民代表联名,可以提出议题。议题要根据社区建设的实际情况及社区居民关注的主要问题进行设定。议题在社区党组织领导下,由社区居委会统一受理。从性质上看,议题主要有以下几种:

一是居民委员会的工作报告、社区财务收支及社区公益金使用情况等报告,需要审议和批准。

二是社区自治中的重大事项,如制定或修改社区自治章程等规章制度;审议、批准社区发展规划;罢免或补选社区居民委员会成员。

三是社区居民提出的急需解决的重要问题,需要讨论决定。

议题的来源主要有:社区居民委员会根据工作需要或居民的意见设定相关议题;根据社区居民代表联合提出的提案设定的议题;根据社区居民联合提出的提案设定的议题。

《城市居民委员会组织法》没有规定联合提出提案的社区居民代表人数或社区居民人数,三峡流域各城市的具体规定各不相同,但差别不大。但在一般情况下,如果 1/3 以上的居民代表联合提出提案,居民代表大会则必须将该提案作为议题列入大会的正式议程进行讨论。

(2) 决策项目选定制度。由社区党组织负责人主持召开社区党组织、社区居民议事协商会主席、副主席和居委会全体成员参加的"两委"联席会议,对受理的议题进行讨论,研究提出具体意见或建议。"两委"会议召开时,区党工委要派工作人员列席会议。研究的情况要做好记录,并向区党工委报告。对影响本社区发展全局或涉及居民重大利益的事项,要报街道工委审定。

在议题确定前,召开社区党员大会,社区党组织将经"两委"联席会议研究达成一致意见的议案,向社区党员进行通报,并广泛征求党员意见。对多数党员提出异议无法形成一致意见的议案,要召开"两委"联席会议再次进行研究,进一步修改完善。通过社区居民代表就议题在社区内进行调查研究,收集居民的意见和建议,为会议讨论相关议题做准备。涉及社区单位利益和需要社区单位参与的事项,要征求社区单位意见。要积极推行社区重大事务民主听证会制度，由社区"两委"召集各方面的代表、包社区干部及相关人员，对社区重大事务进行民主听证，对议题的可行性进行充分论证。对专业性强或较为复杂的问题，还应聘请有关专家或专业咨询机构对决策事项进行充分论证、评估。

（3）决策项目的公告制度。主要通过两种方式进行公告：一是提前半个月在社区内公布决策项目，说明决策项目的内容、原因、时间，倡导居民发表意见；二是提前半个月向参会人员发出决策项目通知书，注明议题、时间，并要求就此议题做好前期调研。

2. 通过会议形成决议阶段

根据征求到的意见，由社区居委会对议题进行修改、完善，主持召开社区居民代表大会或社区居民会议进行民主表决，形成会议决定。

会议的基本程序为：

清点与会人数。查明并报告应到人数、实到人数、缺席人数，过半数方可宣布开会。同时报告列席本次会议的人数和列席人员名单。

宣布会议开始，奏国歌。

社区居委会主任介绍会议议题、先后顺序和讨论程序。

按顺序讨论会议议题。充分发扬民主，让每位与会人员都发表自己的意见。

草拟协议书草案。

表决并形成决定。表决前，由社区"两委"向与会居民或居民代表讲明议案的目的意义、论证依据，与会人员充分讨论并发表意见。会议情况要做好记录，经党组织书记、居委会主任和记录人签字后存档。会议召开时，区党工委要派有关人员参加。居民会议或居民代表会议表决情况要报区党工委、办事处备案。对于比较重要但存在较大分歧的议题，应根据多数与会人员的意见，以无记名投票方式表决后，形成待决决议。对于能够达成共识的议题，按照过半数的原则，可以采用当场举手表决的方式形成决定。

统计、宣布表决结果。统计表决结果，填写表决结果报告单，当场宣布表决结果。

3. 决议的执行和监督阶段

按照"共同决策、共同负责"的原则,明确社区党组织、社区居委会成员、社区居民议事协商会成员在执行及监督过程中各自的职责任务。

居委会讨论。居民委员会讨论如何执行决议,并制订执行决议的详细计划。

公布决议。对居民会议或居民代表会议形成的决议、决定,经区党工委、办事处审核后,通过居务公开栏等形式进行公示,公示时间为3—7天。及时公开各项决议,争取居民对决议的理解与支持,既可以保证居民的知情权,又可以发挥居民的监督作用。

宣传决议。通过多种方式向居民广泛宣传决议的内容与精神,以减少矛盾和阻力,降低执行成本。宣传方式可以灵活多样,可以采取到居民家访谈的形式,也可以在社区内张贴布告和公告,还可以通过社区公开栏、黑板报和广播等方式进行宣传。

执行决议。社区居民代表大会是决策机构,居民委员会是决策的执行机构。在决定形成后,在社区党组织领导下,社区居委会按照分工认真抓好落实。社区党组织书记要对决策的落实情况及时进行督促、检查和协调,保证工作的顺利开展。对实施过程中遇到的困难和问题,要及时召开"两委"联席会议进行研究。对决策事项的实施情况、主要环节等,要通过居务公开栏等及时公布,接受群众监督。居民委员会在执行决议时应具有责任感和创造精神,不得推三阻四,要充分利用个人和集体的智慧合法地为决议的执行创造条件。决策执行完毕后,处理结果要反馈在提案表上。

决议执行的汇报和监督。居民会议和居民代表会议作出的决议、决定不得与法律法规和上级有关政策规定相抵触,不得有侵犯居民人身权利、民主权利和合法财产权利的内容。

居民会议、居民代表大会依法通过的决议、决定,居委会和全体居民必须执行。除发生自然灾害等紧急情况外,不得随意更改。如因情况发生变化确需更改的,要通过居民会议或居民代表大会讨论决定。社区党组织要发挥好领导和监督作用。

充分发动广大居民对决策的执行过程及结果进行有效监督,执行机构在决议执行完毕后,应该就社区重大事项的实施情况和完成结果进行总结，撰写详细的报告，及时公开，接受居民代表的审议和社区党员、全体居民的监督。

对社区重大事务的决策，未经居民会议或居民代表会议表决通过的，均为无效，居民有权拒绝，可向社区"两委"提出质询并向上级有关部门反映，必要时可通过法律手段解决。造成的损失由当事人承担，构成违纪的给予党纪政纪处分，涉嫌犯罪的移交司法机关依法处理。

社区居委会要及时做好决策事项有关资料的归档整理工作。社区重大事务决策档案，由社区档案管理人员按档案行政管理部门的要求统一管理，保存期限为十五年以上。社区居民要求查询档案的，经社区党组织批准后应给予查询，但必须有三人以上同时在场。任何人不得以任何理由涂改、毁坏档案。

居民会议有权更改或撤销居民代表大会作出的不适当的决议、决定。在公示期内，如有1/10以上的居民认为居民代表会议的决议或决定有不当之处，建议召开居民会议重新讨论、表决的，社区党组织、居委会应当及时研究并在十日内召开居民会议讨论。在决定执行过程中，如确需更改决定内容，社区党组织和社区居委会应及时召开"两委"联席会议进行研究，并以书面形式将拟更改内容报街道工委审定，然后由社区居民代表大会或社区居民会议重新进行讨论决策，并向社区居民公开，说明理由。在重新作出决定前，任何组织和个人不得有与原决定内容相违背的行为。

第四节 三峡流域城市社区民主决策存在的问题与对策

一 社区民主决策存在的问题

社区决策机制是社区权力机构的核心。目前，由于受到行政管理体制和地方行政制度的局限，三峡流域城市社区没有构建一个开放的、公民和社会组织易于进入决策过程的权力机构和决策机制。政府与社区、社会组织、居民之间的决策角色缺乏清晰的界定，社区决策权集中于政府、社区党组织和社区居委会，居民和社区组织仍然只是局外人和旁观者，被排斥在决策体制之外，社区决策的民主化程度很低。

1. 民主渠道不畅通

社区党务、居务公开透明度还不高，致使党员对党内事务、居民对社区事务了解不够，党员和群众的知情权、参与权、监督权未能很好地落到实处，在重大事项决策方面的民主权力难于行使。有些社区虽然建立了社区网站，但发布的信息少、更新慢，时效性、针对性差，对居民反映的意见建议不能有效回应，难以形成良性互动。

2. 政府与社区居委会决策权限不明晰

社区自治是社区民主决策的基础和前提条件。只有充分保障社区自治，社区才能进行民主决策。因此，如何处理政府与社区自治组织的关系以及如何划分政府与社区居委会的权限是社区决策的关键问题。目前，政府与社区居委会的不少事权和决策权限始终没有明确的法律规定，没有界定清楚各自的职责。政府干预过多，居委会职能错位，行政附属化。居委会由自治组织变成政府行政机构的延伸机构，主要功能偏离对社区利益的协调、矛盾的化解而转向执行政府的各项行政命令，社区居委会的自主决策权难以保障，依法自治受到严重制约。

3. 决策制度不完善

随着社区建设和社区自治的逐步推进，三峡流域城市社区党组织和社区居委会制定了许多社区民主决策制度。但总的来看，这些制度还比较原则，缺乏细化，有些制度在执行中不具有可操作性。例如，就专家咨询制度而言，选什么样的专家都由有关部门确定，有些专家不敢讲真话，迎合领导意图讲违心话。公开听证制度流于形式。一方面，举行听证的权力集中于政府部门，听证议题被政府控制；另一方面，听证的公开性、民主性不足。什么人参加听证，听证的过程公开性如何，听证结果与决策的关系怎样，都没有明确的、硬性的规定。而且有些听证过程充满了各种决策议程，以至于居民几乎没有机会就提出的决策议案进行富有实质意义的对话。

4. 决策权责不明确

目前，在社区内部，决策权限的划分比较模糊。一方面，社区决策的权力集中于社区党组织和社区居委会，社区党组织和社区居委会的决策权往往又集中于"一把手"。权力过分集中弊端很大。部分领导干部作风专断，不进行调查研究，往往在没有充分论证的基础上就由个人拍板说了算，导致决策失误。另一方面，社区居民代表大会、物业管理部门的决策权被弱化。应明确社区居委会的职能、职责，建立完善社区民主决策制度，调动广大居民和社会单位参与决策、支持社区建设的积极性和主动性，实现社区物业管理与社区建设的有机结合，从而形成社区自治的整体合力。

5. 决策监督机制不健全

在一些社区，决策者的权力还没有得到有效制约，纪检、监察、审计等部门的监督作用难以充分发挥。决策权责不清，决策过程没有详细记录，决策失误很难追究责任，名为集体决策、集体负责，实为有人决策、无人负责。

二 完善社区民主决策的对策

构建一个理性的、开放的、民主的决策机制必须重新界定政府、公民、居委会、社会组织的角色定位和相互关系，重新评价政府、公民、居委会、社会组织在三峡流域城市社区自主治理中能够发挥的作用，创设政府、公民、居委会、社会组织之间良好的互动关系，共同创造三峡流域城市社区美好的未来。

1. 建立公众参与、专家咨询和政府决定相结合的决策机制。要实现决策的科学化、民主化，就必须完善深入了解民情、充分反映民意、广泛集中民智、切实珍惜民力的决策机制。一要保障社区居民参与决策。社区居民参与决策既是决策科学化的保障，也是决策民主化的体现。要通过公示、听证等制度，让居民参与决策过程，充分表达决策意愿。二要强化专家在决策咨询论证中的作用。加强研究咨询机构建设，注意发挥专家学者的智力和专长，通过专家论证、技术咨询、决策评估等方式，认真听取专家学者的意见建议，做到尊重实际、尊重基层民主决策过程中引入公证科学、尊重规律。三要提高社区党组织和居委会的决策能力和水平。社区党组织和居委会是社区决策主体，是社区决策的最终决定者。要严格执行民主集中制，在民主的基础上实行正确的集中，防止久拖不决。在做出决策后，必须坚决执行，防止各行其是。

2. 健全社区决策规则。依法科学、合理界定决策权，建立分级自主决策的决策体制，实现事权、决策权和决策责任相统一，坚持决策前的论证制、决策中的票决制和决策后的责任制。对涉及社区居民全体利益的重大事项，要以深入扎实的调查研究为基础，广泛听取各方面意见，由领导班子集体讨论决定，坚决杜绝决策的盲目性、随意性和领导者个人独断专行。对与居民切身利益密切相关的重大事项，要实行社会公示和听证，广泛听取居民意见。对专业性、技术性较强的重大事项，还要进行专家论证、技术咨询、决策评估等。

3. 完善社区决策程序。科学严密的程序是正确决策的重要前提。只有按程序决策，才能有效防止决策的盲目性和随意性。美国法官法兰克弗特有一句名言："自由的历史在很大程度上就是遵守程序保障的历史。"要坚持把合法性审查、科学论证、集体讨论作为重大决策过程的必要环节，明确决策的权力与责任，做到权力与责任相统一、决策职能与执行职能相对分离。提请会议讨论和决定的重大决策事项要附加研究报告、专家咨询论证报告。应当事先向社会公示的决策事项，需广泛听取社会各界的建议和意见。

第五节　三峡流域城市社区民主决策典型案例分析

案例一：

"6+1"工作法：重庆市黔江区的特色

从 2012 年 7 月 1 日起，重庆市黔江区在城市社区开始推行"社区事务六步决策，财务支出分档统一核支"为主要内容的"6+1"工作法，取得了显著成效。

一　重庆市黔江区推行"6+1"工作法的原因

从 1997 年黔江区成立以来，黔江区大力推进城市社区建设，不断加强社区民主政治建设和党风廉政建设，在保障社区组织、社区居民行使民主权利方面取得了比较明显的成效，有力地促进了社区的改革发展稳定。但随着城市社区改革发展的不断深入，社区民主决策工作开展上还存在一定的差距。少数社区居务不公开、决策不民主，引发干群矛盾，影响社区经济社会健康发展。因此，开展"6+1"工作法试点工作，坚持以公开为原则、以制度为核心、以监督为保证，明确社区组织的事权和财权，着力推进社区事务议事决策程序化、财务支出规范化和社区工作监管经常化，建立完善社区民主决策的长效机制，促进社区组织改进领导方式、转变工作作风、提高工作能力，充分发挥其推进发展、服务群众、凝聚人心、促进和谐的作用，对于加强社区民主政治建设和党风廉政建设，深入推进社区改革发展、维护社区稳定具有十分重要意义。

二 "6+1"工作法的主要内容

"6+1"工作法是指社区事务按照民主提议、"两委"联议、党员参议、上级审议、居民决议、承诺践议等六步决策，社区财务按照发生额度大小分档实行一支笔统一审签。

社区事务六步决策。凡是社区重大事务，如项目投资、公益事业建设、集体资产资源经营处置、集体收益分配使用等涉及社区居民利益的重大事项必须按照六步程序，实行分步决策。

民主提议。一是社区党组织、居委会提出；二是1/10以上居民联名提出；三是1/5以上居代表联名提出。提议由居委会统一受理。

"两委"联议。社区"两委"（即社区党支部和居委会）召开联席会议，根据议案的性质进行分类研究：对属于社区"两委"决策范围内的事项，直接作出决定；对需提交居民会议或居民代表会议讨论决定的事项，拿出初步意见和建议。社区"两委"联席会议的决策权限是：3万元以下公益事业建设、集体投资、筹资筹劳方案、集体资产资源承包租赁出售等居委会内部日常性事务。其中1万—3万元公益事业项目建设、集体投资、筹资筹劳方案、集体资产资源经营处置，在决策前，必须征得街道同意。社区"两委"联席会议每月至少召开一次。

党员参议。采取召开党员议事会、座谈会等形式，征求党员意见，对提议进行充分讨论完善，并形成党员议事会、座谈会书面记录材料。

上级审议。提议征求党员意见后，以社区"两委"名义，报街道审核把关。对审核把关后的提议，社区"两委"连同会议召开时间、地点一并向群众公示，广泛征求群众意见和建议。公示时间不得少于3天。

居民决议。社区"两委"按照所研究事务性质，组织召开居民会议或居民代表会议，按照相关规定进行决议。街道联系社区领导或干部列席会议。对居民会议、居民代表会议讨论决议的事项，要当场公布表决结果。

居民代表会议的决策权限是：经居民大会授权，居民代表会议对以下重要事务进行决策。主要包括：3万—10万元以内的公益事业的兴办、筹资筹劳方案及建设承包方案；3万—50万元以内的经济项目的立项、承包方案；救灾救济款物发放对象的确定等。对不属于居民代表会议决策范围，涉及居民整体利益的重大事务由居民会议决定。居民代表会议一般每季度召开一次，居民会议一般每年召开一次。

承诺践议。居民会议、居民代表会议、社区"两委"联席会议形成决议后，"两委"要确定具体落实措施、责任人和完成时限，并通过居务公开栏、明白纸等多种形式向居民公开承诺。事项办结后，要及时向居民公布办理结果。办理事项时间较长的，要按阶段向居民公布进度，接受居民监督。

社区财务支出分档核批

社区非生产性财务支出按发生额度大小统一分档核支，实行一支笔审批。

支出500元以内的由社区书记审核，居委主任审批。

支出500—10000元以下的由社区"两委"联席会议研究决定，社区书记审核，居委主任审批。

支出10000—50000元以下的，由居民代表会议研究决定，社区书记审核，居委主任审批，并报街道镇乡备案。

支出50000元以上的，报经街道审核同意后，由居民代表会议研究决定，社区书记审核，居委主任审批。

生产性开支应根据合同、协议、会议决定支付，社区书记审核，居委主任审批。上级规定的支出款项，按有关文件规定执行，社区书记审核，居委主任审批。

三 建立健全相关制度

1. 实行社区决策责任追究制。社区组织要严格按照"6+1"工作法的要求，按程序决策社区事务。未按程序和规定决定的事项均为无效，居民有权拒绝，造成的损失由责任人承担，构成违纪违法的移送相关部门依纪依法处理；

2. 实行民主理财报告制。社区财务管理要严格实行"社区财务代管"制度，街道财政部门是社区财务的代管单位。社区财务要严格执行限额审批，严禁超范围支出、超标准支出、举债支出、白条支出。社区所有支出票据必须经居务监督委员会审核同意签章并送交街道财政部门审查后方可入账。居务监督委员会每月对社区财务收支情况进行一次审核，每季度进行一次财务公开，每半年要向居民代表会议报告一次财务审核情况。对不履行职责的居务监督委员会成员，居民会议或居民代表会议可及时予以罢免；

3. 实行入账终审把关制。街道财政部门要严格把关社区财务支出。凡不按规定审批、手续不健全的支出，一律不得入账。

4. 实行定期督查审计制。街道人民政府每半年要对"6+1"工作法落实情况组织开展一次检查，每年对社区财务开展一次审计，审计结果要及时向居民公开。对检查和审计中发现的问题，按有关规定及时进行纠正和处理。

四 推行"6+1"工作法的主要成效

"6+1"工作法切实规范了社区决策，落实了居民的民主权利，维护了居民的切身利益，实施以来，在提高社区党组织决策能力，推进社区科学发展、和谐发展等方面均取得了较为明显的成效。

1. 城市社区党组织领导能力和水平得到进一步提高。"6+1"工作法进一步完善了社区运行机制，使社区办事、用钱，既有章可循，又必须按章执行，促使社区自觉摒弃"封闭式""家长式"的管理模式，加速向民主化、规范化方向转变，使决策过程真正成为集民智、聚民力的过程，有力提高社区科学决策的水平和管理服务的能力。

2. 社区民主政治建设得到进一步发展。"6+1"工作法保证了社区"两委"联席会、党员议事会、居民代表会议按时召开，促进了民主管理活动的经常化。在促进居委会干部增强民主管理意识、提高民主办事能力的同时，使得居民真正成为社区决策管理的主人，极大地调动了广大居民参政议政的积极性，居民的民主意识、民主议事能力得到明显增强。

3. 党群干群关系得到进一步密切。"6+1"工作法以严格的程序和严格的监督，使社区办事、用钱真正在"阳光"下运作，有效预防了社区干部滥用职权和损害居民利益行为发生。

4. 共谋发展的合力得到进一步增进。一方面，"6+1"工作法架起了社区组织、干部和居民沟通的桥梁，有力促进了干群之间交流，促进干部按居民意愿办事，促进居民帮助干部办事，做到形成决议的事干群合力落实，一时办不了的事也能相互理解，避免了猜疑、消除了隔阂，增进了了解，加深了信任；另一方面，"6+1"工作法从大多数居民最现实、最关心、最直接利益入手，通过民主表决的形式，正确反映和兼顾了不同方面居民的利益，甚至把宗教、宗族、宗派等各种纵横交错的"势力"统一在规范的框架内，通过程序化的方式，引导居民以理性、合法的形式表达利益要求，形成了社区居民之间的利益协调机制。

第四章

社区民主管理

民主管理是社区自治的重要组成部分，它既可以保障社区居委会作为法定的群众性自治组织依法管理社区公共事务的权力，推动社区自治的制度化进程，也可以保障社区居民在基层直接行使民主权利。在城市推进社区居民自治，不仅是基层民主的延伸与发展，同时也是城市社区治理模式的现代化转换，从而实现"社区民主与社区治理的有机统一"[①]。社区民主管理就是社区民主与社区治理相辅相成、协调统一的制度安排与民主实践。

实行民主管理已经成为社区建设和社区管理的必然要求，在基层如何使民主运转起来？这是一个难题。探究符合城市社区实际的民主管理的新方法和新途径，是三峡流域各城市的管理者一直思考和关注的重大问题。民主不只是理念，而是需要扎扎实实在实践中进行运用的规范，只有真正使民主在管理中运转起来，才能使现实的民主建设更加趋于健康和成熟。

第一节 社区民主管理的含义、发展历程及意义

一 社区民主管理的含义

管理是一种普遍的社会现象，是人类社会最重要的活动之一。从一般意义上来说，管理是指管理主体有效组织并利用人、财、物、信息和

[①] 参见林尚立《社区民主与治理：案例研究》，社会科学文献出版社2003年版，第325页。

时空等要素,借助管理手段,完成该组织目标的过程。从管理学的角度看,管理的任务是设计和维持一种环境,使在这一环境中工作的人们能够用尽可能少的支出实现既定的目标,或者以现有的资源实现最大的目标。管理的意义在于更有效地开展活动,提高效率并实现社会组织的价值目标。社区居民自治中的民主管理是指由民主选举的社区自治组织,通过制定对社区成员有约束力的规章制度,采用民主的手段与方式,共同管理社区内部事务,维护社区的秩序,促进社区的发展,并实现社区居民的自我管理、自我教育和自我监督。[①]

二 社区民主管理的发展历程

新中国成立以后,我国在城市基层社会建立了以单位制为主,以街居制为辅的管理体制。改革开放以来,伴随着经济体制改革的步伐,传统的单位制逐渐被打破,我国城市基层管理经历了从单位制、街居制到社区制的体制变迁。20世纪80年代,由于城市基层社会管理出现许多情况和问题,我国开始引进社区概念并推进社区建设。1986年民政部首次提出了"社区服务"的概念。1991年,民政部又提出"社区建设"的概念。1998年,国务院确定民政部在基层政权建设司的基础上设立基层政权和社区建设司,意在推动社区建设在全国的发展。2001年,国务院办公厅转发了民政部《关于在全国推进城市社区建设的意见》。此后,我国大中城市掀起了社区建设的高潮,在此基础上全国各大城市纷纷进行社区的制度创新,目前已经形成了上海模式、沈阳模式、江汉模式等代表性的社区管理模式。虽然各种管理模式存在差异,但各城市都致力于推进社区民主管理。

然而,我国对社区管理的研究处于初级阶段,社区民主管理更是刚刚起步,许多管理者在管理过程中存在许多误区,认为社区管理就是硬性的传统式行政管理,忽略了社区居民的想法和感受,做出的决定往往是居民难以接受和无法顺利实施,从而加深了居民与管理者的矛盾。产生这种现象的主要原因是管理者在社区管理过程中与居民没有进行及时有效的沟通,决策不够民主,决定太过武断,没有真正做到以人为本,

---

① 邓泉国:《中国城市社区居民自治》,辽宁人民出版社2004年版,第127页。

民主管理。

2002年十六大以来，党中央、国务院对加强社区民主管理、推进基层群众自治高度重视，提出了一系列要求。各地不断健全基层自治组织和民主管理制度，保证人民群众依法行使民主权利，管理基层公共事务和公益事业。

实行社区民主管理，既是建设和谐社区的要求，也是社区和谐的一个标志。为了推进社区民主管理，促进和谐社区建设，2008年，民政部下发了《关于切实做好全国和谐社区建设示范单位命名表彰工作的通知》，将社区民主管理纳入和谐社区建设示范单位指导标准，作为考核的一项重要依据。为充分发挥社区在构建社会主义和谐社会中的重要作用，加快形成城乡经济社会发展一体化新格局，2009年民政部制定并下发了《关于进一步推进和谐社区建设工作的意见》。

2010年以来，民政部在全国选择了一些城市或城区开展全国社区管理和服务创新实验。在民政部的指导下，安徽省铜陵市铜官山区已于2010年进行了撤销街道办事处的改革，减少了对社区民主管理的行政干预，丰富了社区管理资源，推进了社区民主管理的进程。将铜官山区继续选为实验区，目的在于深化改革成果，为进一步推进社区民主管理积累经验。除此之外，还选择了辽宁省沈阳市沈河区作为促进政府行政管理与基层群众自治有效衔接的试验区，河北省承德市双桥区作为人力、财力、物力下沉到社区的管理体制和工作运行机制试验区，江苏省南京市白下区探索开放型公众参与模式试验区。这些试验区的确定与实践，对社区民主管理发挥进一步探索和推进作用。

为加强社区建设，从2005年以来的十年间，由民政部起草或下发的有关社区民主管理的政策性文件有7个，内容涉及民主管理的各个方面。如2005年，民政部联合中央组织部、中央文明办、国家发改委、财政部、国土资源部、建设部、共青团中央、全国妇联、全国老龄委办公室下发了《关于进一步做好社区组织的工作用房、居民公益性服务设施建设和管理工作的意见》。2010年，中共中央办公厅、国务院办公厅下发了《关于加强和改进城市社区居民委员会建设工作的意见》。

随着我国工业化、城市化的快速推进，新时代农民工融入社区、参与管理的问题日益突出。目前，我国外出务工人员达1.67亿人，其中约六成是新生代农民工,是城市流动人口的主要组成部分。大多数农民工虽然户籍在农村,但长期在城市就业,在社区生活,既是社区建设的参与者,也是社区建设的受益者,抱有融入城市生活的期盼,希望能够像当地居民一样参与社区管理,享受社区服务。农民工为城市的建设做出了重要贡献,他们理应受到社会的尊重,享有参与社区管理和接受社区服务的权利。2011年,民政部下发了《关于促进农民工融入城市社区的意见》,目的在于健全以社区为依托的农民工服务和管理平台,促进公共服务的均等化,更好地体现社会公平公正,促进农民工融入城市生活,与城市居民和谐相处。①

贵州省采取有力措施发展和完善城市社区民主管理。2012年11月,贵州省发布了《中共贵州省委办公厅贵州省人民政府办公厅关于以县为单位开展全面建设小康社会统计监测工作的通知》,并颁布了《贵州省以县为单位全面建设小康社会统计监测指标体系》。指标体系设置了"城乡社区基层民主自治建设完善率"指标,权重为3%,标准值为大于等于90。城乡社区基层民主自治建设完善率包含了民主管理完善率,用于评估城市社区民主实践的完善程度、管理和服务能力及基层社会管理体制的完善程度。"城乡社区基层民主自治建设完善率"指标由省民政厅负责组织实施和统计监测,2013—2020年,每年组织进行认定考评和进度考评。为保障监测和评估工作的顺利实施,贵州省省级财政首次将社区建设经费3000万元列入预算,采取以奖代补的方式引导和推动城乡社区建设。"城乡社区基层民主自治建设完善率"的制定和实施,将提高城市社区民主管理水平上升到全面建成小康社会的战略层面,将民主管理融入贵州全省加快发展的大局,必将有力推动贵州省城市社区民主管理的发展。

三峡流域各城市积极贯彻党中央、国务院及民政部关于社区建设的政策规定,结合本地的实际,积极探索城市社区民主管理的实现途径,取得了显著的成效。

1. 社区民主管理组织体系已基本建立。社区民主管理,强调的是民主,需要的是广泛参与,无论是全体成员的参与,还是部分成员的参与,

---

① 潘跃:《民主管理成为社区和谐标志——访民政部基层政权和社区建设司司长詹成付》,http://news.xinhuanet.com/2012-10/11/c_123807702.htm,2012年月10月11日。

要做到有效、有序，都必须是有组织的行为。因此，建立健全社区民主管理的组织体系就成为一项首要任务。经过多年努力，三峡流域城市社区民主管理的组织体系已经初步健全，形成了以社区党组织为核心，社区居民委员会为主体，社区群团组织、业主委员会及众多社区民间组织为支撑的社区民主管理组织体系架构。目前，三峡流域各城市99%的社区建立了社区党组织和居民委员会，每个社区平均具有10个以上的社区民间组织。

2. 社区民主管理制度基本建立。三峡流域各城市已基本建立相对完善的社区民主管理规则体系，包括居民会议、居民代表大会、居民议事协商委员会、听证会、评议会、社区论坛、居民论坛、网上开放空间等。目前，90%以上的社区建立居民（成员）代表大会，64%以上的社区建立了协商议事委员会，30%以上的社区建立了业主委员会，其他形式也程度不同地得到采用。三峡流域各城市通过参加民政部组织的和谐社区建设示范单位创建活动，有力促进了社区民主管理的发展。2014年，宜昌市伍家岗区被民政部确定为全国和谐社区建设示范城区，宜昌市西陵区学院街道、荆门市掇刀区白庙街道被命名为全国和谐社区建设示范街道，宜昌市西陵区西陵街道石板溪社区、宜昌市西陵区云集街道康庄路社区、宜昌市伍家岗区万寿桥街道航运社区、宜昌市猇亭区古老背街道七里新村社区、宜昌市宜都市陆城街道名都社区、荆门市东宝区龙泉街道白云楼社区、荆门市东宝区泉口街道浏河社区、荆门市掇刀区掇刀石街道名泉社区、荆门市高新区兴隆街道凤凰社区、荆州市沙市区朝阳路街道朝阳路社区、荆州市沙市区胜利街道王板桥社区、荆州市荆州区东城街道荆东社区、荆州市松滋市新江口镇林园社区、恩施州恩施市六角亭街道城乡街社区、张家界市永定区永定街道解放社区、张家界市武陵源区军地坪街道吴家峪社区、张家界市慈利县零阳镇紫霞社区、怀化市鹤城区城中街道芷江路社区、怀化市鹤城区坨院街道城东社区、湘西土家族苗族自治州吉首市乾州街道古城社区、铜仁市江口县双江镇双月社区等21个社区被命名为全国和谐社区建设示范社区。和谐社区建设示范单位创建活动为三峡流域更多城市进一步推进并完善城市社区民主管理工作，起到了带动、引领和示范作用。

3. 民主管理组织载体逐步强化，社区民主管理的组织平台日益坚实。

三峡流域各城市社区民主管理的组织基本实现了全覆盖，社区居民参与管理、反映诉求的渠道进一步拓宽。目前，三峡流域各城市已经基本上建立了以党组织为核心、居民委员会为主体、各种社会组织广泛参与、覆盖社区各个领域的比较健全的组织网络，该组织网络已经成为三峡流域各城市居民参与社区民主管理的重要依托。宜昌、荆门、怀化、黔江等城市根据社区工作需要，因地制宜地调整、充实居民委员会下属委员会设置，配齐配强居民小组长、楼院门栋长。

4. 民主管理实践内容不断充实。在三峡流域各城市，除了民主选举，城市居民广泛通过社区居民会议、社区协商议事会、社区听证会等形式，对社区公共事务参与民主决策。涉及居民利益的重大事项基本通过居民会议、居民代表会议等民主决策形式讨论决定。对城市居民关心的低保户评定及其办理程序、社区物业管理等热点难点问题，都能及时向居民公开，接受居民监督。宜昌、恩施、张家界等开展"民评官"活动，组织社区居民民主评议政府派驻社区工作的机构和工作人员。

三 城市社区民主管理的意义

随着改革的全面深化、市场经济的日益完善以及城市化的迅猛发展，三峡流域城市迅速扩张，新住宅小区不断建立，越来越多的新型社区关系不断涌现。社区居民对参与社区事务的意识逐渐增强，对实现社区自主管理的愿望日益高涨，对实现自己的利益要求更加强烈。以往的行政化管理模式已不能适应当前城市社区的发展，已不能满足社区居民内在的利益需求。可见，加强社区民主管理是势在必行，是深化社区改革，推动社区建设，实现社区和谐稳定的需要。

1. 社区民主管理提高了社区组织和社区居民自我管理的能力，有利于深化行政管理体制改革。深化行政管理体制改革就是要转变管理职能、改革机构、改进管理方式。根据政企分开、精简、统一、效能的原则，政府管理经济的职能要以制定和执行城市宏观调控政策，搞好基础设施建设，加强社会管理，创造良好的经济发展环境和社会发展环境为主，不应由政府行使的职能，如行业管理职能要逐步转给社会中介组织，企业管理职能要逐步转给企业，部分社会性事务管理职能要逐步转给社会，政府的机构和行政管理方式也要相应发生变化。政府的许多社会职能将要更多地依托社区来承担，充分发挥社区管理的作用。改革越是深化，就越需要加强城市社区的民主管理。

2. 社区民主管理培育了居民的民主意识，有利于文明社区建设。"一切权力属于人民"，这是社会主义中国民主政治建设的根本准则，也是中国共产党领导和执政的本质要求，更是执政党对广大公民神圣庄严的政治承诺。通过城市社区民主管理的政治实践，宪法赋予广大居民的民主权利从基本制度和法律的规定变成了普通居民可以直接参与和亲身经历的民主体验。三峡流域各城市社区通过制度建设使每个居民在依法直接对自己身边的经济、政治、文化和社会生活等各项事务行使参与、管理、监督权利的过程中，都实际行使着管理经济、文化和社会事务的民主权利，享受着充分的真实的当家做主的权利，亲身感受到自己是社区的主人，基层民主的广泛性、真实性和群众性得以充分体现。通过社区民主管理的推进，社区成为基层民主自治的一个坚实的平台，成为居民从参与管理社区事务走向参与管理社会事务和国家事务的起点。

三峡流域各城市社区在实现社区自治中重塑居民委员会的组织功能，不是把居委会当作政府、街道的下属机构，而是让居委会有更多的自治空间来实施自我管理。通过推进居委会的民主建设，更好地促进居民区党建的发展。同时注意把街道职能转变到经济调节、市场监督、社会管理上来，理顺社区经济的各方投资关系，实行规范化运作，努力构建廉洁高效、运转协调、行为规范的管理机制。

3. 民主化管理提高了居民的自治能力，促进了基层自治组织发展。三峡流域各城市社区通过民主化管理，提升居民参与社区公共事务的积极性。社区居民以居民公约作为社区组织和社区居民"自我教育、自我管理、自我服务、自我约束"的行为准则。建立健全民主管理的各项制度，对社区经济管理、社会治安、村风民俗、婚姻家庭、计划生育等方面作出明确规定，从而有效地提高了社区民主自治能力。

居委会充分发挥听证会、协调会、评议会的作用，在重大事项开展前、进展中、结束后广泛召开听证会、协调会、评议会，及时缓解和化解社区矛盾。社区议事协商会为居委会主任、委员搭建沟通交流平台，通过现场交流、分块调研、参观走访等方式共同探讨解决社区内出现或可能出现的矛盾，推广好的经验做法，在推进社区自治共治的同时为促进社区和谐稳定做出贡献。建立物业管理联席会议制度和业委会主任联谊会机制，创新业委会建设和管理方式，推动业主自治，化解物业管理矛盾。社会组织服务中心建立预警网络，在各居委会设立预警员，及时上报可能出现的危险情况，化解危机和矛盾于萌芽中，促进和保障社区和谐稳定。

4. 社区民主管理实现了民主决策与民主监督，有利于维护社区居民的根本利益。民主是社区建设的灵魂。民主决策既是社区民主的重要内容，也是社区居民参与社区公共事务、公益事业管理的基本形式。三峡流域各城市社区在民主化管理中始终坚持民主决策和走群众路线的原则，完善议事规则和决策机制，坚持定期召开听证会、协调会和评议会，建立社区民主管理工作机制和流程。对社区管理中的重大事项以及居民关注的焦点、热点问题，进行民主协商，按大多数人意愿实施决策，从根本上保证了社区居民的根本利益。

三峡流域各城市社区从社情民意出发，不断推进居民区党务公开、居务公开的内容，扩大民主评议的范围，促进民主监督的落实，让全社区居民了解和监督。由于开展经常化、制度化监督评议活动，推行民主评议，社区内行政职能部门要接受居委会的工作质询和民主监督，建立社区领导干部责任包干制和年度考评制，并组织群众对干部的工作进行考核评分，把社区干部置于社区人民群众有效监督之中，形成了良好的监督氛围。通过评议活动，起到推动职能部门规范行政、提高行政效率的作用。

5. 社区民主管理把社会矛盾化解在基层，有利于维护社区的和谐与稳定。社区是城市最基础的细胞和最基本的单元，是城市稳定与和谐的基础。城市社区和谐稳定是整个社会和谐稳定的前提，只有社区和谐稳定，国家才能长治久安。总体来看，社区秩序是稳定的。但是，影响社区稳定的因素依然存在，如经济体制改革及经济结构调整引发的劳动和社会保障方面的矛盾、因环境污染引发的矛盾、劳资纠纷、社区居民与各级管理者之间的矛盾、农民工与城市居民之间的矛盾、征地拆迁补偿引发的矛盾。这些影响社会稳定的所有因素都产生于社会，但却发生在社区，使得城市社区成为所有社会矛盾和社会问题的集中地和聚焦点。只有社区做好了矛盾预防和化解工作，才能最大限度地把各种问题消化在基层，才能够防患于未然。解决社区矛盾，除了利用调解、仲裁、诉讼等常态化纠纷解决机制外，最重要的是引导社区居民充分参与社区公共事务的日常管理，大力推动社区管理的民主化,从而在社区利用民主减少分歧,凝聚共识,化解矛盾与冲突。社区民主管理可以发挥"安全阀"与"稳定器"的作用,把社区矛盾降至最低限度,最大限度地实现社区的和谐与稳定。

第二节 三峡流域城市社区民主管理的主体、制度与实现形式

一 三峡流域城市社区民主管理的主体

从管理学的角度看,管理主体是指掌握管理权力,承担管理责任,决定管理方向和进程的个人和组织。管理主体的工作职责就在于合理运用人、财、物、信息和空间等要素,保证信息的集散畅通,保证个人和组织活动的顺利进行,保证决策的及时正确。管理客体是指管理主体直接作用和影响的对象,是管理中需要十分关注和尽力工作的领域。社区民主管理主体是指社区中从事民主管理的个人和组织,主要是经民主选举产生的社区自治组织及其成员,包括社区居民、社区居委会、业主委员会、社区社会组织等。社区民主管理的客体是指由主体专责的社区公共事务以及引起主体关注的社区公共问题、公益事业,包括具体的政务工作、事务工作和财务工作。

1. 社区居民委员会

社区居民委员会是指按照《城市居民委员会组织法》的规定,由全体社区代表选举产生的居民自治组织,是由法律确认其地位并依照法律和社区自治章程行使管理职能并履行相应权利和义务的法定组织。目前,居委会面临的最大问题是居委会在发展中逐渐"行政附属化",成为街道办事处的"办事机构",没有发挥其法定的自治职能,没有确立在居民自治中的权威性。不过,作为法定群众性自治组织,经过半个世纪的不断发展与完善,居委会不但具有稳定的法律地位和强大的行政支持,而且在一定程度上获得了社区居民的认可与支持,具有良好的社会基础。因此,社区居委会同时具备法律、政治、行政和社会合法性。因而,如果能够在现有的基础上进行改革和制度创新,恢复其法律赋予的自治性质和自治功能,居委会无疑将成为提供社区居民参与网络和实现社区民主管理的重要组织依托。

2. 业主委员会

业主委员会是指由物业管理区域内的业主代表组成，代表业主行使共同管理权，维护全体业主合法权益的业主自治性组织。

业主委员会是伴随着我国城镇住房制度改革而产生的全新的社区管理主体。1994年，国务院发布《关于深化城镇住房制度改革的决定》，开启了住房商品化、货币化及私有化的序幕。随即，全国不少城市建立业主委员会。2003年9月1日，建设部颁布《物业管理条例》，规定"同一个物业管理区域内的业主，应当在物业所在地的区、县人民政府房地产行政主管部门的指导下成立业主大会，并选举产生业主委员会"，正式认可了业主委员会的法律地位。随后，国务院发布《关于进一步深化城镇住房制度改革加快住房建设的通知》，规定："建立业主自治与物业管理企业专业管理相结合的社会化、专业化、市场化的物业管理体制"，初步确立了以业主委员会为核心的业主自治机制。

对社区民主管理而言，业主自治的兴起既有诱致性因素，也有强制性成分，因而既是制度创新也是管理创新。首先，改革开放以来党和政府坚持和完善基层群众自治制度为业主自治奠定了政治基础，农村村民自治、城市居民自治等基层民主自治实践为业主自治提供了经验及借鉴。其次，住房商品化、私有化为业主自治奠定了坚实的经济基础。随着住房逐步商品化，全体社区居民都将逐渐成为业主，从而为业主自治提供强大的群众基础。最后，建筑物区分所有权制度的确立和发展为业主自治提供了法律保障。多层建筑或居住小区的共用部位和共用设施的产权由多个区分所有权人共有，但各区分所有权人的要求各异，从而容易导致各种纠纷发生。为了维护公共权益，业主联合起来，通过民主程序建立自治组织，制定自治规范，对物业管理区域内的公共物业事项进行自主管理，以避免公共事务处于无序状态，保证物业合理使用，使业主有一个良好的生活居住环境。只有业主真正实现自治，物业管理活动才能真正为业主服务，体现业主的利益，从根本上实现物业管理制度的目的。

业主自治为城市社区民主管理提供了良好的初始制度条件和组织载体。业主委员会从诞生伊始就致力于维护居民利益以及推动社区自治，获得了很多居民的支持，集中体现了社区居民的利益诉求。但与居委会不同的是，业主委员会从成立时起就独立于基层政府，完全脱离了行政权力的干预，因而业主在物业管理范围内可以实现完全的真正的自治。业主委员会能够摆脱基层政府的干预而真正代表业主和居民的利益,并为社区民众提供交往网络和沟通媒介,因而完全可能发展为新兴的"市民社区"。尽管目前很多居民小区还没有成立业主委员会,但随着城市住房私有化比率的提高,业主委员会将在社区民主管理方面发挥越来越大的作用。

居委会和业委会在性质上和职责上存在一定区别,活动重心也有所不同。根据法律规定,居委会是社区事务管理自治,业委会只是物业管理自治,物业管理只是社区事务管理的一部分。因而,居委会和业委会的职责、权利不同,享有物业管理自治权的业委会并不能代替享有社区事务管理权的居委会,二者可以并行不悖。作为基层社区中两个主要的群众自治组织,应该明确各自责任,同时还要相互配合,这样才能有利于双方的发展,共同加强对小区的管理。

3. 社区居民和居民代表

作为个体,社区居民和居民代表可以参加社区管理,参与的方式有:通过组织化、程序化的方式参与管理,通过居民委员会或居民代表大会提出建议,并主动参加建议的执行活动。居民提出建议的方式可多种多样,如直接向居民委员会反映,通过他人转交,以书面形式呈交等。

二 三峡流域城市社区民主管理的制度

制度是约束人们行为的规则体系。在人类的一切活动领域,制度无处不在。对于过群居生活的人类共同体而言,只有制度才能约束源自人类自私本性的机会主义行为,减少冲突,促进合作,形成秩序,提高效率。如果没有制度对机会主义行为和非道德行为进行约束,个人行为和社会行为就会因为不具有稳定性和可预见性而陷入混乱无序的状态。

作为社区自治的实现形式,社区民主管理尤其需要一套完善的制度以规范政府权力,保障居民权利,确保社区能够完全自主地实现对社区公共事务的民主管理。一是规章制度可以保障社区管理的民主化、制度化、规范化,将社区的矛盾与纠纷降低到最低限度,实现社区的和谐稳定;二是规章制度可以防止社区管理的任意性,保护居民的合法权益,满足居民公平感需要;三是规章制度能规范政府、社区、居民三者之间的关系,使三者的行为不偏离社区自治的发展方向。通过构建合理的制度，明确政府、社区与居民各自的权利、义务和责任，形成政府、社区、居民合作共治的格局，真正实现对社区公共事务的民主管理。

从社区管理的内容来看，社区管理涉及社区治安、社区服务、社区教育、社区文化、社区卫生、社区财务、人事管理、档案管理等事务，复杂多样，涉及面广。作为自治主体，无论是社区居委会、业委会，还是社区居民，虽然各自具有的权利、责任与义务有很大的差异，但都不具有行政权力，不可能以行政命令、行政处罚等方式实施管理。因此，社区民主管理的关键就在于通过民主、协商的方式构建完善的民主管理规则体系，形成政府、社区和居民共同认可的行为规范，使社区进行自我管理、自我约束、自我监督。

（一）制定社区民主管理制度应遵循的原则

1. 法治原则。作为社会主义基层民主政治的重要组成部分，社区民主管理活动必须遵守宪法、法律、行政法规、部门规章以及相关规范性文件。因此，制定社区民主管理制度时必须遵循《城市居民委员会组织法》以及相关法律法规、地方政府规范性文件的规定，社区民主管理制度的内容不能与高位阶的法律法规相冲突。

2. 自治原则。社区居民通过协商的方式制定社区管理规则是社区自治的体现，政府应尊重居民自主制定规则的权利。因此，社区在制定管理制度时应充分实现社区居民当家做主的权利。

3. 民主原则。社区在制定管理制度时要充分发扬民主，调动广大居民参与的积极性与主动性，群策群力，既有利于制度的制定与完善，也有利于各项制度的执行与监督。

（二）三峡流域城市社区民主管理制度的种类与内容

目前，规范社区管理的法律法规，主要是《城市居民委员会组织法》、《民政部关于在全国推进城市社区建设的意见》（中办发〔2000〕23号）及各省、自治区、直辖市的实施办法。但以上法律法规对居民自我管理只提出了基本原则，缺乏相应的具体实施细则。为解决居务管理无章可循的问题，三峡流域各城市注重社区自治制度建设，社区普遍制定和完善了居民自治章程、居规民约，建立健全了社区居民会议、协商议事、居务公开、民主评议等制度，从而为社区民主管理提供了政策依据和制度保障。

从具体内容来看，三峡流域各城市社区民主管理制度可以区分为三个层次：一是社区居民自治章程；二是社规民约；三是社区具体事务管理规则。三个层次的规范，构成了社区民主管理的规则体系。

1. 社区自治章程

作为居民"自我管理、自我教育、自我服务、自我监督"的系统性、综合性规章，社区自治章程具有结构合理、形式规范、内容完备、权威性高、针对性强等特征，充分体现了国家法律、地方法规与社区实际的有机结合，为法律和政策的有效执行提供了基本保证，是社区级"小宪法"。目前，三峡流域各城市社区建设中遇到越来越多的新情况、新问题，迫切需要制定居民自治章程，使社区管理更加规范化、制度化。

三峡流域各城市社区的自治章程在框架和内容上各有侧重，但总体上都包括三个方面的内容：

（1）社区居民自治主体。包括两方面的内容：一是规定社区居民自治主体的内在结构，主要包括社区自治组织和社区居民。二是规定各自治主体的组成及权限，主要规定社区居民代表大会的组成、职权及会议制度；社区居民委员会的产生、权力、职责、下设机构及工作制度；社区居民小组的产生及职责；社区居民的权利与义务。

（2）社区管理。主要包括社区财务、社区保障、社区卫生、社区环境、社区文化、社区教育、社区体育、社区服务等方面的具体规则。

（3）社会秩序。主要是社区治安、邻里关系、婚姻家庭、计划生育、民风民俗等方面的规则。

2. 社区居民公约

社区居民公约是规范居民个体行为的文明公约，具有群众性、针对性、约束性和具体性等特点。居民公约由社区居民以民主、协商及约定的方式，就公共秩序、社区管理、邻里关系、社区环境、居民文明生活等方面进行规范，自公约通过之日起，即成为社区居民共同的行为规范。居民公约符合社区实际情况，内容个性化，具有操作性，获得了社区居民的认可，为推进公约实施奠定了良好的群众基础。居民公约内容广泛，既包括社区管理的重要问题，也涵盖社区居民日常生活问题，能够引导社区居民更好地自我约束、自我管理，以此推进社区居民自治民主化，营造社区和谐、稳定、文明、平安的人居环境。

三峡流域各城市社区居民公约的主要内容包括：

（1）社区治安。居民公约规定社区居民具有维护本社区社会治安的责任；严禁在社区内偷盗、寻衅滋事、打架斗殴；遵守社区院门出入管理制度等。

（2）社区卫生。居民公约提倡居民爱护社区环境、维护社区卫生；提倡居民绿色生活，以环保方式购物、出行；严禁在社区乱丢垃圾；严禁随地吐痰、严禁在门前、阳台堆放杂物等；严禁在社区墙上乱涂乱写、张贴广告。

（3）邻里关系。居民公约规定邻里之间要和睦团结，提倡邻里之间互相帮助、助人为乐，提倡邻里之间互相尊重、互敬互让等。

（4）婚姻家庭。居民公约提倡社区居民在婚姻家庭中男女平等、晚婚晚育、赡养父母、抚育子女等。

与社区居民自治章程不同，由于居民公约是居民自主制定，因此居民公约的内容更加广泛。但居民公约属于社区居民通过协商达成一致而形成的一种约定，基本上没有强制性条款，主要依靠居民自觉遵守，因而居民公约的约束力要弱一些。这就决定了居民公约的权威性不能与社区自治章程相提并论。

以下是重庆市涪陵区社区居民公约：

为创建文明和谐的社区，促进城市基层稳定，把社区建设成为管理有序、服务完善、文明祥和的社会生活共同体。根据国家有关法律、法规和政策，联系本社区实际，经居民会议讨论，特制定以下公约，望全体居民严格遵守执行。

（1）爱党、爱国、爱社会主义，积极响应政府号召，认真履行公民各种义务，团结一心为构建和谐社区做贡献。

（2）学法、知法、守法，自觉维护社会治安和公共秩序，见义勇为，同一切坏人坏事和不良行为做斗争。

（3）学习科学文化知识，开展文明健康的文娱活动，不看淫秽书刊、录像等，不参与赌博、吸毒，不做伤风败俗的事。

（4）移风易俗，反对封建迷信，做到红白喜事不大操大办，勤俭节约，反对铺张浪费。

（5）自觉遵守市民"十不"规范，搞好公共卫生，自觉维护社会和公众利益，为净化、美化、绿化社区做贡献。

（6）提倡晚婚、晚育，自觉实行计划生育。反对男尊女卑思想观念，树立女儿也是传后人的新型的婚育观。

（7）扶贫助困，为下岗职工、无业居民、计生困难户帮扶服务，送温暖、献爱心。

（8）团结互助，搞好邻里关系，争做"五好文明家庭"，共建文明社区，人人争取在单位做个好职工，在家里做个好家长，在学校做个好学生，在社区做个好居民。

（9）尊老爱幼，在社区内努力创造老有所养、少有所学、幼有所托、贫有所济、残有所助、病有所医、难有所帮的社区环境。

3. 社区具体事务管理规则

社区具体事务管理规则，就是社区对公共秩序、社区服务、社区环境、社区卫生等各种具体社区公共事务进行管理的规定，主要包括：社区自治组织工作制度及岗位责任制，包括社区居委会、社区居民代表大会、社区协商议事会的工作制度及岗位职责；社区民主选举制度、民主决策制度、民主管理制度、居务公开制度；社区财产、财务管理使用制度；社区建设公益金管理使用制度；档案管理制度；社区建设项目的立项、审批、资金筹措、建设等方面的规定，包括社区治安、社区服务、社区医疗卫生、社区文化体育教育、社区环境建设等；居民小组、居民自发组成的联谊性组织和门栋、楼道的工作规定。

（三）社区民主管理制度的特点

社区自主"建章立制"的管理方式体现了社区居民自治的本质，体现了管理的"民主性"与"法制性"。与凭借国家权力制定实施的法律法规相比，社区民主管理制度作为社区自治规则，在制定程序、内容与约束力等方面具有自身的特点：

1. 制定程序的民主性。无论社区居民自治章程、居民公约，还是社区具体事务管理规则，不是由国家权力机关而是由社区居民自主制定的，体现的是社区居民而不是国家权力机关或者某个人的意志。社区民主管理制度的制定需要广泛征求居民意见，发动社区居民充分参与，经过社区居民充分讨论，最后由社区居民表决通过，是一个凝聚社区居民共识并充分反映了民意的过程。

2. 内容的权威性。社区民主管理制度是以国家现行的有关法律、法规、规章及规范性文件为依据制定的,是相关法律、法规及党的方针、政策的基本原则在社区管理中的具体化,因而社区民主管理制度亦具有权威性。

3. 执行上的约束性。虽然社区民主管理制度不能依靠国家强制力来实施,但与道德规范不同,不能仅靠社会舆论和居民内心信念的力量来实施。由于社区民主管理制度是由社区自主制定并报政府备案批准的,因此,社区民主管理制度不仅能有效约束社区组织和社区居民,而且也能约束政府。这种双向约束力立基于社区组织和社区居民的高度认可,也立基于政府的批准与认同。①

(四) 制定社区民主管理制度的程序

目前,在我国的法律法规中,只有《城市居民委员会组织法》对居民公约的产生办法作出原则性规定。《城市居民委员会组织法》第十五条第一款规定:"居民公约由居民会议讨论制定,报不设区的市、市辖区的人民政府或者它的派出机关备案,由居民委员会监督执行。"除了以上规定外,社区如何制定社区居民自治章程和社区具体管理规则尚属于法律空白。

三峡流域各城市社区根据《城市居民委员会组织法》的规定,结合自身的实际,确立了制定社区民主管理制度的程序:

社区居委会提议或社区居民、居民代表联合提议,由居民代表大会讨论拟制定的规章制度的种类和主要内容。

由居委会草拟相关制度草案。

将草案提交社区居民广泛讨论,提出具体内容和条文。

将修改的草案提交协商议事会审议。

返回居委会进行整理,使之系统化、条文化、规范化,最后形成文稿。

由居委会以议案或议题形式提交社区居民代表大会,并提请召开专门会议讨论通过。

---

① 参见王振耀主编《街道工作与居民委员会建设》,中国社会出版社1996年版,第242页。

社区居民代表大会召开会议，按民主决策的程序直接通过，最终形成决议。①

（8）报不设区的市、市辖区的人民政府或者它的派出机关备案。

三　三峡流域城市社区民主管理的实现形式

在社区中，进行民主管理的主要机构是社区居民委员会，同时也通过一定的协商议事形式，吸纳、组织社区居民参与管理。由于地域差异及实际工作的复杂性和多样性，三峡流域各城市社区居委会开展民主管理的形式也是多种多样的。一般主要分为以下四种：一是会议式。包括工作部署会、座谈会等。即通过召集一定范围的人士参加某项会议，通报居委会的想法和建议，进行工作部署，同时在会议后进行监督检查。二是活动式。通过开展某项活动，宣传某一主体，让管理对象在群体的互动中接受管理信息。三是现场会。即由居委会的成员通过具体事宜在工作现场与管理对象发生互动。四是提案式。居民代表和居民都有权提交提案。社区可通过建立居民建议表制度，让居民以提案的形式参与社区管理。②

第三节　三峡流域城市社区民主管理的发展、内容与程序

一　社区民主管理的发展

随着城市化的发展、社区建设的深入推进以及社区自治的日益完善，三峡流域各城市对管理原则、管理主体、管理范围、管理目的、管理方式、管理权限等进行了革新，社区民主管理发生了许多新的变化，管理效率大大提升。

1. 在管理范围上，管理对象扩大到社区组织、社区单位和社区居民。在传统的街居制和单位制下，社区只能管理社区内无单位的所谓"闲散人员"，包括无单位人员、离退休人员、刑满释放人员。在单位制解体之

---

① 参见徐勇主编《城乡社区自治实务》，湖北科学技术出版社2008年版，第79页。
② 同上书，第70—71页。

后,街居制逐渐转变为社区制,社区管理对象大大拓展,除了原有的管理对象外,单位人逐渐变成了社会人、社区人,流动人口大量进入社区。社区人口总量大大增加,人口结构越来越复杂。

2. 在管理权限上,社区已从被边缘化的管理者转变为拥有自治权的核心决策者。在传统的街居制和单位制下,社区事务主要由政府和单位管理。由于权力小,所管理的社区事务少,社区是被边缘化的管理角色。伴随着政府改革、经济转轨及社会转型,社会管理、社会服务、社会保障等事务从政府和单位中不断剥离出来,让社区来承接。这就极大地拓宽了社区的工作面,使它从微观的层面担当起了重构社会的重任,成为协调和凝聚城市社会力量的中心,也成为功能比较齐全的"小社会"。由于大量公共事务被交办给社区管理,政府不断授权给社区,使社区管理权限大大增加,社区被赋予决策、人事、财务等自治权,社区逐渐成为社区管理的核心主体。

3. 在管理原则上,社区已从纯粹注重效率转变为更加注重公平。在改革开放初期,社区遵循"效率优先、兼顾公平"的原则管理社区公共事务。随着我国工业化、市场化及城市化程度的大幅提升,现在社区管理更加注重"公平、公正、公开"原则,从单纯追求效率转变为更加注重社区和谐。

4. 在管理目的上,社区从以办理政府行政事务为主转向以维护居民权益为主。在从单位制转向社区制的过程中,社区承担了大量政府交办的行政事务,社区以执行上级命令,确保完成政府行政目标为主,成为名副其实的"小政府"。随着社区建设和社区自治的顺利发展,社区的管理目的已转变为以保护居民合法权益为主,兼顾完成政府行政事务。

5. 在管理方式上,社区从行政调控机制转向自我治理机制。随着政府行政管理体制改革的深化和社区自治的日益完善,社区对公共事务的管理从过去主要依靠政府的行政授权转变为以社区自我管理为主,以政府行政授权为辅。[①]

---

① 参见徐勇主编《城乡社区自治实务》,湖北科学技术出版社 2008 年版,第 77 页。

二 社区民主管理的主要内容

社区民主管理的内容非常丰富，凡根据社区各类规章制度管理的所有社区公共事务，都包括在内。在宏观上，凡是在国家治理范围之内，按照属地原则分担到社区，以社区为单位去组织、协调、运作的公共事务，就属于社区公共事务；在微观上，社区治安、社区财务、社区服务、社区教育、社会福利、社区卫生、社区体育、社区文化、社会救济等都属于社区公共事务。

社区民主管理的内容由国家法律法规确定，在本质上，社区民主管理的内容体现了社区民主自治的范围与权限。《城市居民委员会组织法》第三条规定："居民委员会的任务：（一）宣传宪法、法律、法规和国家的政策，维护居民的合法权益，教育居民履行依法应尽的义务，爱护公共财产，开展多种形式的社会主义精神文明建设活动；（二）办理本居住地区居民的公共事务和公益事业；（三）调解民间纠纷；（四）协助维护社会治安；（五）协助人民政府或者它的派出机关做好与居民利益有关的公共卫生、计划生育、优抚救济、青少年教育等项工作；（六）向人民政府或者它的派出机关反映居民的意见、要求和提出建议。"由此可见，《城市居民委员会组织法》把社区管理的内容划分为两类，即协助政府办理的行政事务和社区内部公共事务。但是，《城市居民委员会组织法》以及各省实施办法和相关法律法规既没有对政府与社区的管理权限作出明晰的界定，也没有以列举的方式对社区的管理事项做出详细的规定。

随着政府不断把行政事务委托或交办给社区管理，社区居委会的管理事项逐渐增多，社区成为名副其实的"小政府"。根据2006年1月6日辽宁省朝阳市人民政府颁布的《朝阳市社区居民委员会协助政府部门开展工作管理办法》，社区居委会协助政府办理的行政事务共有21项之多。根据办法第四条的规定，社区居民委员应当协助政府部门或有关单位办理以下事项："（一）最低生活保障对象的初步调查和日常管理、服务；（二）社会救济救助金的申报初审；（三）特困户子女学杂费减免、扶困助学资金发放初审；（四）贫困户供暖费减免调查、初审；（五）城镇最低收入家庭廉租住房的申报；（六）残疾证申办初审；（七）残疾人就业安置初审；（八）办理收养初审；（九）生育指标申请初审；（十）"两劳"释解人员帮教和社区矫正；（十一）流出、流入人员有关证件申办初审；（十二）公民服兵役初审；（十三）私房新建、改建、扩建规划管理初审；（十四）负责小区内的环境卫生和物业管理方面的建设；（十五）失业居民办理再就业优惠证、小额贷款初审及使用的监督和管理；（十六）高龄老人优待证的申办初审；（十七）申请直系亲属公房房卡过户初审；（十八）申办、变更经营项目初审；（十九）其他居民日常所需的介绍信和证明信；（二十）遇到重大公共安全问题时政府指定的工作；（二十一）其他法律、法规、规章规定居民委员会应当协助政府部门办理的事项。"

2013年重庆市南岸区南坪街道曾组织专人对社区办理或委托办理的行政事务进行了清理，共计8大类、142小项。142项行政事务成为居委会沉重负担，"社区就是名副其实的'小政府''小衙门'，刚性的政务代替了相对柔性的居务，社区干部在加强和创新社会管理方面是'心有余而力不足'"[①]。

2014年，青岛市北区商丘路社区居委会承担的事务多达480多项，从社区党建、人口计生、城市管理到社会救助、综合治理、文化建设。每个工作日，社区干部不是在迎接检查，就是在做台账。[②]

一些城市建立社区工作准入制度，对社区事务进行分类管理，明确了政府和社区职责，规范了社区工作，减少了社区行政性事务，取得了明显的成效。2012年12月25日，浙江省温州市瓯海区民政局发布《关于建立社区工作准入制度的通知》，对社区居委会承担的工作进行分类管理，见表4-1。

---

① 李健、张莎：《行政社区街道办 柴米油盐社区办——看全市首家社区公共事务中心如何为社区"减负增能"》，《重庆日报》2013年8月26日第004版。

② 《青岛市北区：实行社区工作准入制度压缩近九成工作》，http://news.iqilu.com/shandong/yuanchuang/2014/0818/2108413.shtml，2014年8月18日。

表 4 – 1　　浙江省温州市瓯海区社区居委会承担工作分配表①

序号类别	社区居委会依法完成的工作项目（六类38项）	社区居委会依法协助完成的工作项目（六类23项）	事权下放（职能部门下放）	适宜政府购买服务与委托管理的政府公共服务（27项）
1	社区自身建设。包括：（1）党建工作；（2）作风建设；（3）档案工作；（4）财务工作；（5）居务公开；（6）掌握住户情况；（7）社区信息通报；（8）居委会大事记；（9）指导成立业主委员会和选举工作；（10）依法治居工作；（11）各项活动的计划和总结；（12）社区公共设施管理；（13）特色社区建设	社区就业。包括：（1）受理再就业优惠证和零就业家庭援助手册的申请；（2）组织发动各类失业人员培训；（3）收集和提供就业信息服务；（4）建立失业人员相关台账及管理	区委组织部。包括：流动党员活动证办理	（1）统计工作；（2）普法教育；（3）烟草销售证明；（4）各类普查（含：经济普查，污染源普查，人口普查等）；（5）科普工作；（6）劳动力调查；（7）城镇居民基本情况调查；（8）残联的残疾人康复服务，重度贫困残疾人托（安）养服务；（9）安全生产档案工作；（10）青少年服务包括青少年文化引导，青年就业创业培训与信息咨询，心理辅导、心理危机干预和心理健康培训，法律宣教和咨询；（11）妇女工作家庭暴力家庭纠纷；（12）中小学生寒暑假社会实践活动；（13）司法局包括：社区普法依法治理工作。社区矫正
2	社区安全。包括：（1）人民调解工作；（2）禁毒禁赌；（3）群防群治工作；（4）民兵工作；（5）应急工作；（6）地质灾害巡查及信息上报	社会保障。包括：（1）协助做好企业退休人员社会化管理服务工作；（2）协助办理各项社会保险服务；（3）协助办理就业困难人员灵活就业备案及社保补贴申请；（4）开具异地医保证明	区司法局。包括：（1）法律援助申请；（2）人民调解申请	

---

① 浙江省温州市瓯海区民政局：《关于建立社区工作准入制度的通知》，http://www.ohmz.gov.cn/art/2012/12/25/art_ 5127_ 108099.html，2012 年 12 月 25 日。

续表

序号类别	社区居委会依法完成的工作项目（六类38项）	社区居委会依法协助完成的工作项目（六类23项）	事权下放（职能部门下放）	适宜政府购买服务与委托管理的政府公共服务（27项）
3	社区文化建设。包括：（1）社区宣传工作；（2）社区教育工作；（3）社区文体工作；（4）移风易俗活动	社区救助。包括：（1）低保等各类救济救助申请审核；（2）申请廉租、福利住房资格审核；（3）优抚对象申请定期抚恤、定期补助审核；（4）协助办理残疾人业务；（5）申请法律援助的经济困难审核	民政局。包括：（1）申请60周岁退役士兵生活补助；（2）医疗救助；（3）居民低保办理；（4）最低生活保障证办理；（5）孤儿基本生活费补助办理；（6）居民临时困难救助；（7）申请自然灾害救助；（8）地址证明；（9）门牌证办理；（10）社区社会组织备案	人员的教育帮扶工作。社区刑释解教人员的安置帮教工作）。社区人民调解工作。社区法律援助工作。社区法律顾问工作；（14）民政局社区老年人提供日常生活照料服务和医疗康复服务；（15）市政园林局垃圾清运、公厕、垃圾坞、垃圾箱等环卫基础设施保持完好、洁净、主要道路连续性清扫保洁，其他道路定时清扫保洁、道路畅通，路面平整，排水通畅，化粪池应及时清掏清运；（16）团委青少年文化引导。青年就业创业培训与信息咨询。心理辅导、心理危机干预和心理健康培训。法律宣教和咨询
4	社区便民与救助服务。包括：（1）组织志愿者服务；（2）侨务服务；（3）组织各类救济救助和帮扶活动	社区卫生、人口和计生服务。包括：（1）办理计划生育相关证明和查证验证；（2）办理计生家庭保险；（3）建立社区计生、户籍、社区家庭健康档案	区老龄办。包括：老年人优待证办理	

续表

序号类别	社区居委会依法完成的工作项目（6类38项）	社区居委会依法协助完成的工作项目（六类23项）	事权下放（职能部门下放）	适宜政府购买服务与委托管理的政府公共服务（27项）
5	社区卫生服务。包括：（1）清理"牛皮癣"、乱摆乱卖、占道经营；（2）卫生环境巡查；（3）清理卫生死角；（4）社区绿化管理；（5）环保信息上报；（6）疾病预防控制的普及宣传	社区安全和社区法律服务。包括：（1）疾病防控、食品安全、灾害事故等突发事件的信息报送和应急处理；（2）协调社区法律服务并协助开展帮教安置和社区矫正等项工作	区残联。包括：（1）重度残疾人基本生活保障办理；（2）残疾证办理；（3）免费白内障复明术服务办理；（4）免费助听器、助视器验配及安装下肢假肢服务办理；（5）免费辅助器具（腋杖、助视器、助听器、轮椅等）发放；（6）0—6周岁残疾儿童聋儿语训、智力康复训练、脑瘫康复训练、孤独症康复服务办理；（7）残疾人托养（居家安养）办理；（8）残疾人就学补助办理；（9）残疾人就业创业和贴息补助办理；（10）残疾人个体工商户养老保险补助办理	

续表

序号类别	社区居委会依法完成的工作项目（6类38项）	社区居委会依法协助完成的工作项目（六类23项）	事权下放（职能部门下放）	适宜政府购买服务与委托管理的政府公共服务（27项）
6	计划生育服务。包括：（1）查环查孕查病；（2）计生服务月活动；（3）与辖区各单位签计生责任书；（4）五期教育；（5）成立计生协会	综合服务。包括：（1）接受群众咨询；（2）收集群众意见；（3）完成各类工作报表、总结及信息通报；（4）为群众出具其他各类相关证明（含：办理投靠入户和新生儿出生入户证明、出国公证、继承权公证、出生公证加意见，出具亲属关系证明、新旧门牌证明、务工和居住证明、养老资格认证等）；（5）承接政府委托的其他公共服务	区人口和计生局。包括：（1）流动人口婚育证明；（2）生殖健康服务证办理；（3）独生子女父母光荣证办理；（4）计划生育家庭特别扶助办理；（5）申请再生育、特殊情况生育办理；（6）病残儿童鉴定受理；（7）流入对象"一孩生育服务证"办理	
7			区人力社保局。包括：（1）居民医疗保险参保；（2）未成年人医疗保险参保；（3）居民医保体检登记录入；（4）居民医保体	

续表

序号类别	社区居委会依法完成的工作项目（6类38项）	社区居委会依法协助完成的工作项目（六类23项）	事权下放（职能部门下放）	适宜政府购买服务与委托管理的政府公共服务（27项）
			检登记录入；（5）未成年人医保体检登记录入；（6）居民医疗信息系统信息修改；（7）居民医疗卡挂失补卡办理；（8）居民社会养老保险补缴办理；（9）居民社会养老保险待遇申请办理；（10）居民社会养老保险参保办理；（11）居民社会养老保险信息变更办理；（12）就业失业登记证办理	
8			区新居民局。包括：（1）出租房登记；（2）浙江省临时居住证办理	
9			区红十字会。包括：（1）社区居民捐款捐物受理登记；（2）志愿者服务	

续表

序号类别	社区居委会依法完成的工作项目（6类38项）	社区居委会依法协助完成的工作项目（六类23项）	事权下放（职能部门下放）	适宜政府购买服务与委托管理的政府公共服务（27项）
			证（卡）办理；（3）造血干细胞采样志愿捐献受理、健康征询；（4）遗体（器官）捐献登记受理、健康征询；（5）申请适时开展的人道救助项目办理	
10			区总工会。调处劳资纠纷，服务职工工作和生活，促进社区和谐发展	

从表4-1的统计数据看，浙江省温州市瓯海区民政局通过建立社区工作准入制度，以列举方式划分了政府和社区的管理权限，对政府要求社区协助办理的事项进行了限定，并且把原来由社区办理的16项事务转变为政府购买服务和委托管理的事项，既创新了管理方式，又确实减轻了社区负担。浙江省温州市瓯海区民政局的做法属于一种较为成功的探索，但没有成为全国性的共识，没有转变为全国性的制度安排。

三峡流域城市社区居委会也同样面临着社区管理行政化以及居委会承担的行政事务繁重的问题。据统计，2013年，湖北省荆州市中心城区社区承担着政府职能部门和街道办事处安排的各类任务100多项，占其全部工作量的80%以上；社区承担审核事项多，中心城区要求社区盖章、出具证明的涉及30多个部门、170多个事项，内容涉及户籍管理、社会保障、计划生育、救济救助方方面面。

三峡流域部分城市建立了部门工作进社区制度，规范社区工作职责，明确社区工作内容。2005年，湖北省荆门市各县（市、区）均建立了部门工作进社区准入制度，划分政府与社区职能，要求部分部门工作实行"购买服务"。2005年5月31日，湖北省荆州市发布《荆州市市人民政府办公室关于建立部门工作进社区准入制度的通知》，要求切实减轻社区负担，克服和防止社区工作行政化、半行政化，取得了良好效果。但荆门市、荆州市的经验没有在三峡流域得到推广。

根据中共贵州省委办公厅和贵州省人民政府办公厅发布的《关于加强和改进城市社区居民委员会建设工作的实施意见》（黔党办发〔2011〕18号），社区居委会的工作职责有三个方面：

（一）自治职责。依法组织居民开展的自治活动共计六大类：1. 社区居民委员会是社区居民自治的组织者、推动者和实践者，要宣传宪法、法律、法规和国家的政策，引导居民遵守社会公德和居民公约、依法履行应尽义务，开展多形式的社会主义精神文明建设活动；2. 召集社区居民会议和社区居民代表会议，执行社区居民会议和居民代表会议的决定、决议，办理本社区居民的公共事务和公益事业，执行《社区自治章程》，推行居务公开；3. 组织开展社区便民利民服务活动，兴办相关服务事业，建立健全社区志愿者组织，推动社区互助服务和志愿服务活动开展；4. 调解民间纠纷，及时化解社区居民群众间的矛盾，促进社区居民家庭和睦、邻里和谐；5. 依法管理本社区居民委员会的财产，根据自愿原则筹集社区的公共事务和公益事业所需的经费；6. 向人民政府或其派出机关反映社区居民群众的意见、要求和建议。

（二）协助职责。社区居委会依法协助城市基层人民政府或其派出机关开展的工作共计七大类：1. 社区居民委员会要协助政府部门做好以最低生活保障为重点的困难居民的社会救助工作，确保在本社区居民家庭发生困难和重大变故时及时救助；2. 协助政府部门开展以疾病预防、医疗卫生、保健康复、健康教育和人口计生技术服务等为主要内容的社区卫生服务，方便群众就医，不断改善社区卫生条件；3. 协助政府部门做好社区内的下岗失业、待业人员、外来暂住人口及离退休人员的社会化管理及服务工作；4. 协助政府部门做好社区社会治安综合治理和刑释解教人员的教育、帮扶工作，加强流动人口管理，确保本社区居民生命财产安全；5. 协助政府部门开展人口与计划生育政策法规宣传，做好社区居民以及流动人口计划生育的管理和服务工作；6. 协助政府部门绿化美化社区，保护社区生态及卫生环境，协助维护社区的交通、通讯、消防等市政公共设施；7. 协助政府部门在社区开展社区矫正、社区教育、劳动就业、社会保障、住房保障、文化体育、消费维权以及老年人、残疾人、妇女儿童、流动人口权益保障等工作，推动政府社会管理和公共服务覆盖到社区。

（三）监督职责。社区居委会的监督职责共有五项：1. 社区居民委员会要组织居民有序参与涉及切身利益的公共政策听证活动；2. 组织居民群众参与对城市基层人民政府或其派出机关及其工作人员的工作、驻社区单位参与社区建设的情况进行民主评议；3. 对供水、供电、供气、环境卫生、园林绿化等市政服务单位在社区的服务情况进行及时监督、跟踪处理；4. 指导和监督社区内社会组织、业主委员会、物业服务企业开展工作，维护社区居民的合法权益；5. 对居住在社区内的党员干部的社会表现进行监督和评议，并向其所在单位和上级党组织如实反映情况。

2014年6月13日，重庆市涪陵区村（社区）建设工作领导小组发布《关于印发重庆市涪陵区区级部门延伸到村、社区工作事项目录的通知》，出台了《重庆市涪陵区区级部门村、社区承担的工作事项目录》，将社区承担的工作事项由179项减少到40项，规范了社区工作事项，见表4-2。

表4-2　重庆市涪陵区区级部门延伸到村、社区工作事项目录

序号	事项名称	责任部门	法规依据
1	开展党务公开、居务公开民主管理工作	区纪委、区委组织部、区民政局	中共中央办公厅、国务院办公厅《关于健全和完善村务公开和民主管理制度的意见》
2	社区党组织班子建设	区委组织部	《中国共产党章程》
3	社区党员发展教育管理	区委组织部	《中国共产党章程》
4	基层思想政治教育工作和社区文化建设	区委宣传部	市委、市政府《关于加强公共文化服务体系建设的实施意见》（渝委发〔2008〕17号）

续表

序号	事项名称	责任部门	法规依据
5	推进社区教育，加强社区学校、市民学校建设	区委宣传部、区教委、团区委	文明办、国家体育总局、中国科协等9部门《关于开展科教、文体、法律、卫生"四进社区"活动的通知》（文明办〔2002〕2号）
6	开展群众性精神文明创建活动、开展全民健身活动进社区工作	区文明办、区体育局	文明办、国家体育总局、中国科协等9部门《关于开展科教、文体、法律、卫生"四进社区"活动的通知》（文明办〔2002〕2号）
7	社区治安巡逻防范、社会治安重点地区安全排查整治	区综治办、区公安局	《重庆市社会治安综合治理条例》
8	城乡社区网格化和流动人口、特殊人群服务管理、排查化解矛盾纠纷	区综治办、区公安局、区信访办	中治委《关于进一步加强矛盾纠纷排查调处工作的意见》（中办发〔2000〕17号）、十八届三中全会报告《关于全面深化改革若干重大问题的决定》
9	铁路护路联防、道路养护	区综治办、区交委	《中共重庆市委办公厅重庆市人民政府办公厅关于加强铁路护路联防工作的通知》（渝委办〔2004〕92号）、《重庆市农村公路管理办法》第四条
10	重点人员排查、纠纷化解、管控	区防邪办、区公安局、区信访办	《中华人民共和国信访条例》、全国人大《关于取缔邪教组织，防范和惩治邪教活动的决定》
11	户籍户口证明，暂住人口管理、租赁房屋的安全防范和治安管理	区公安局	《村（居）委会组织法》、第二条、第三条，公安部《租赁房屋治安管理规定》第四条
12	民兵组织日常事务、配合征兵工作、抢险救援应急	区人武部、区政府应急办	《民兵工作条例》，国务院、中央军委令《征兵工作条例》、《军队参加抢险救灾条例》，国务院办公厅《关于加强基层应急队伍建设的意见》

续表

序号	事项名称	责任部门	法规依据
13	开展经常性消防宣传、组织居民开展消防应急疏散演练	区公安消防支队	《中华人民共和国消防法》第六条、第三十二条、第四十一条
14	居民委员会班子建设	区民政局	《中华人民共和国村（居）民委员会组织法》
15	开展社会救助和福利慈善工作、收养证明、殡葬管理等社会事务工作	区民政局	《中华人民共和国城市居民委员会组织法》第三条、《重庆市殡葬管理条例》第五条、民政部《中国公民收养子女登记办法》第五条、第六条
16	老龄事务、社区养老服务中心（站）管理	区民政局	《老年人权益保障法》第六条
17	开展自然灾害救助、灾害灾情上报	区民政局、区地震局	《中华人民共和国防震减灾法》第八条
18	开展社区社工服务和社区志愿服务活动	区文明办、区民政局、团区委	《重庆市社区服务体系建设规划（2011—2015年）》（渝办发〔2012〕135号）
19	开展社区矫正工作、刑满释放人员安置帮教工作	区司法局、区民政局、区人力社保局	《社区矫正实施办法》第三条、《重庆市社区矫正实施细则》
20	开展普法依法治理工作、人民调解工作	区委宣传部、区委法建办、区司法局	《中华人民共和国人民调解法》《村（居）委会组织法》
21	城乡居民养老保险宣传、登记，医疗保险宣传、登记并协助收费，劳动者就业失业登记、开具未就业证明、核实灵活就业人员就业情况	区人力社保局	国务院《关于完善城镇社会保障体系的试点方案》（国发〔2000〕42号）
22	就业信息系统建设、劳动保障监察"网格化、网络化"建设	区人力社保局	人力资源和社会保障部《关于进一步推进劳动保障监察两网化管理工作的意见》（人社部发〔2011〕79号）

第四章　社区民主管理　247

续表

序号	事项名称	责任部门	法规依据
23	城市廉租住房保障对象家庭调查核实、听证评议、张榜公示	区房管局、区民政局	《重庆市人民政府办公厅关于认真做好城市廉租住房保障对象家庭认定工作的通知》（渝办发〔2009〕280号）第三条
24	协助街道办事处做好物业管理相关工作	区房管局	《重庆市物业管理条例》第四条
25	社区文化室建设	区文广新局	《重庆市社区服务体系建设规划（2011—2015年）》（渝办发〔2012〕135号）
26	协助流动人口婚育信息收集、反馈及证明查验，协助征收社会抚养费，协助办理计划生育证件	区人口计生委	《中华人民共和国人口与计划生育法》第十二条、国务院令《流动人口计划生育工作条例》第八条、第十四条、第十八条
27	人口信息采集及数据录入、维护；组织避孕节育、孕前优生健康检查，提供避孕药具服务；计划生育奖励、扶助对象调查摸底、资格审议	区人口计生委	《中华人民共和国人口与计划生育法》第十二条、国务院令《流动人口计划生育工作条例》第八条、第十四条、第十八条
28	建立计划生育协会、开展计划生育政策法规、优生优育知识宣传	区人口计生委	《中华人民共和国人口与计划生育法》第十二条、国务院令《流动人口计划生育工作条例》第八条、第十四条、第十八条
29	协助开展政府统计调查和各项普查工作	区统计局	《重庆市统计管理条例》第三十条
30	社区防空防灾一体化建设、开展民防疏散基地建设	区民防办	《重庆市人民政府、重庆警备区关于加快推进民防建设融入经济社会发展体系的若干意见》（渝府发〔2011〕63号）
31	食品药品安全隐患排查、宣传引导工作	区食品药品监督管理分局	《中华人民共和国食品安全法》第八条

续表

序号	事项名称	责任部门	法规依据
32	设置环保义务监督员	区环保局	《中华人民共和国环境保护法》第六条、第三十三条
33	协助设立消费者投诉站和12315联络站	区工商分局	国家工商总局关于加强"一会两站"规范化建设的意见（工商消字〔2009〕236号）
34	设立气象信息员、气象知识宣传	区气象局	国务院《气象灾害防御条例》第十七条
35	开展社区困难职工帮扶活动	区总工会	《中华人民共和国工会法》
36	开展青少年普法宣传、保护未成年人合法权益	团区委（未保委）、区关工委	《中华人民共和国未成年人保护法》
37	妇女信访代理工作、家教流动学校、巾帼爱心呼唤活动、开展"妇女之家"建设	区妇联	《中华全国妇女联合会章程》
38	社区科普大学、科普设施和科普组织建设	区科协	文明办、国家体育总局、中国科协等9部门《关于开展科教、文体、法律、卫生"四进社区"活动的通知》（文明办〔2002〕2号）
39	社区康复、筛查等残疾人康复工作，残疾人文化进社区，残疾人综合信息管理系统管理	区残联	《中华人民共和国残疾人保障法》第七条、第四十七条
40	协助红十字组织开展活动	区红十字会	《重庆市实施〈中华人民共和国红十字法〉办法》第十七条

目前，三峡流域城市社区民主管理的内容，从总体上说包括两个方面：一是政府委托、交办给社区需要社区协助办理的社区行政事务；二是社区内部公共事务。

协助政府部门办理的行政事务。主要包括：民间纠纷调解；社区治安管理；拥军优属、敬老养老及扶贫救济管理；计划生育管理；流动人口管理；青少年教育管理；社区环境管理；社区卫生管理；最低社会保障管理。

社区内部公共事务。主要包括以下内容：

社区服务管理。包括三类服务：第一，社区福利服务。包括为儿童、老人、残疾人、贫困家庭，以及在社会、精神和情感方面遇到困难和受到困惑的特殊群体提供的各种服务和帮助。第二，社区公益性服务。包括社区公共安全服务、社区青少年服务、社区就业服务、社区文化教育与体育服务、社区卫生服务等。第三，社区商业化服务。包括社区物业管理、社区家政服务、社区商业等。

社区治安管理。社区治安管理主要包括人口管理、危险物品管理、社区治安秩序管理、道路交通管理、消防安全管理等。

社区环境管理。主要包括社区绿化、社区环境污染防治、社区清洁卫生等。

社区卫生管理。包括社区卫生服务体系管理、社区健康保障、社区健康教育等方面。

社区文化与社区教育管理。包括社区文化生态景观的营造及管理、公共文体设施管理、社区文化活动的开展、科学文明健康生活方式的推进、社区教育管理等。

社区财务管理。包括现金管理、财务收支管理、财务公开、资产管理、会议资料及票据管理等。

三 社区民主管理的程序

管理程序是管理过程中管理者实施管理的方针与步骤。科学合理的管理程序可以规范管理过程，提高管理效率，取得良好的管理成效。三峡流域各城市社区既注重推动社区管理的民主化，也注重实施社区管理的程序化。在三峡流域各城市社区民主管理中，一般的管理程序为：

1. 制定工作程序。制定科学、合理、规范且符合社区实际的工作程序是实施程序化管理的核心与关键。在制定工作程序时，应明确规定各项工作的职责权限、工作任务及工作方法，既可以防止越权管理，又可以防止推诿和扯皮现象。同时，工作程序的制定应以民主、协商的方式进行，既可以使工作程序符合社区实际，又可以使工作程序获得认可，保证工作程序的贯彻执行。

2. 制订工作计划。工作计划是针对具体的管理事项制定的，主要内容包括工作的目的、原则、主体、措施、时间安排、具体步骤、保障措施等。

3. 实施管理工作。按照工作程序和工作计划逐步组织管理工作。在实施过程中可以根据实际情况的变化适当调整工作计划。

4. 落实管理结果。管理不仅要重视管理过程，也要注重和控制管理结果。现代管理学之父彼得·德鲁克精辟地阐述了管理的本质："管理是一种实践，其本质不在于'知'而在于'行'，其验证不在于逻辑，而在于成果。"也就是说，成功的管理就必须用结果来评判。在社区管理中，管理结果一般分为奖励、惩罚和不奖不惩三种。在完成具体工作后，社区应按照工作计划及时落实奖惩措施，但应充分考虑社区和管理对象的实际承受能力。

5. 评估管理工作。管理工作需要进行绩效评估。管理者应对管理过程和管理结果进行反思，并将评估结果向社区居民和管理对象公开，征求意见并接受监督。

第四节 三峡流域城市社区民主管理的问题与对策

一 三峡流域城市社区民主管理存在的问题

随着三峡流域城市化进程的不断加快和社区建设的日益深化，三峡流域城市社区民主管理水平也日益提高。但是，三峡流域地处中西部经济欠发达地带，城市化水平相对较低，在城市社区民主管理日益完善的同时，也暴露出了许多需要亟待解决的问题，特别是社区居民民主意识不强、制度建设与运行机制不健全、社区行政化、社区社会组织发展不充分等矛盾，制约了三峡流域城市社区民主管理的发展。

1. 居民民主意识和参与意识普遍不高。长期中央集权制度的约束以及街居制、单位制的影响导致社区居民缺乏公民精神、民主知识和权利意识。同时，政府干预过多、居委会资金不足、居委会选举中的弊端以及公民教育和自治传统的缺失又严重制约了居民民主意识的培育和民主习惯的养成。另外，社区参与的利益机制缺失也使居民与社区的利益联系不紧密，居民对社区没有认同感与归属感，参与社区管理的愿望并不强烈。目前，三峡流域城市社区居民的参与意识比较淡薄，参与社区民主管理的居民多属于在社区动员与引导之下的被动性参与，缺乏主动参与的意图和动力，而且参与主体不平衡，参与社区事务管理的居民只占少数，仅限于党员、楼组长、志愿者。居民民主意识与参与意识的缺乏，使社区民主管理发展的规模与水平受到极大的制约。

2. 制度建设与运行机制不健全。我国在1989年颁布了《城市居民委员会组织法》，2007年国务院发布《物业管理条例》，从而构建了规范城市社区民主管理的基本法律框架。随着三峡流域各省、直辖市颁布《〈城市居民委员会组织法〉实施办法》以及三峡流域各城市社区自主制定社区居民自治章程、居民公约和具体管理规则，我国城市社区民主管理的制度体系日益完善。但是，随着三峡流域城市化进程的加快和社会结构的深刻转型，社区建设和社区管理出现了大量新问题和新情况，加之社区民主管理是社区治理模式的现代转换，现有制度及运行机制已不能适应城市社区民主管理的需要。一是政府与社区的管理权限模糊不清。《居民委员会组织法》规定了居委会的工作任务，但没有界定社区对公共事务进行管理的权限，不能保障社区的自治权利不受政府的干预；社区居委会和社区党组织的关系界定不清，需要明确的制度来进一步规范社区党组织与社区居委会的权限与职责；居民和业主在法律上的责权利也不明确，《物业管理条例》等法律与居民自治的法律也有矛盾和冲突。二是社区居民建章立制的制规权没有得到保障。三峡流域部分城市社区自治章程和居民公约的制定存在主体移位现象，即社区民主管理制度不是由社区居民会议讨论制定的，而是以政府名义下发，或者只是在落款上署名社区居委会，但实际上在制定过程中，既没有经过社区居民会议讨论，也没有征求居民的意见。① 三是社区居民自治章程和居民公约的内容过于原则化，没有可供操作的程序性规范，缺乏适用性与实效性，极易造成管理的随意性和随机性。同时，从三峡流域各城市公布的社区自治章程

---

① 参见邓泉国《中国城市社区居民自治》，辽宁人民出版社2004年版，第134页。

和居民公约来看，内容和体例有很大差异，缺乏统一性的规范。四是社区居民自治章程和居民公约的部分内容与国家法律相冲突。三峡流域部分城市的社区居民自治章程和居民公约存在很多处罚性规范，而社区自治组织在法律上没有制定处罚性规范的权力。五是缺乏促进居民主动参与社区公共事务管理的激励机制，难以调动居民参与的积极性。

3. 社区行政化弱化社区民主管理。一是政府分派的行政事务繁重。据统计，2013年湖北省荆州市中心城区要求社区盖章、出具证明的涉及30多个部门、170多个事项，内容涉及社区治安、社会保障、计划生育、户籍管理、社会救助等方面。170多个项目中，除少数确属于社区赋权范畴外，绝大多数是地方政府部门和街道办交办给社区的行政事务，使社区成为行政机关的附属机构。二是职能部门在社区附设的机构多。为减轻自己的工作负担，职能部门把事权下放给社区，并在社区派驻人员、附设机构、悬挂工作牌匾、下达指标，要求社区每一项专题工作都要整理资料，规范档案，设立工作台账，并完善工作制度。有的社区悬挂的部门牌匾少则五六个，甚至达到十个以上。三是检查、考核、评比多。2013年，荆州市中心城区一个社区每年要迎接党建、经济、综治、就业、社保、计生、环卫等各类常规检查、考核、评比20多项，党建示范社区、平安社区、文明社区、和谐社区、卫生社区、充分就业社区等各类专门创建工作更是应接不暇，仅计生部门每年就有省、市、区三级考核，考核又分为全年目标考核、半年、季度等，考核工作贯穿全年始终，让社区疲于应对，缺少足够的时间和精力开展社区的民主自治和社区服务活动。

4. 社区社会组织发展不充分。社区社会组织是社区民主管理的重要组织载体，因此，培育社区社会组织，是探索社会组织承接社区服务、提高社区自治功能、促进社区民主管理的新途径、新模式。三峡流域社区社会组织发展起步晚，政府培育社会组织以及对社会组织的管理服务工作仍处于发展初期。一是社区社会组织数量少，作用发挥不够明显。据贵州省铜仁市民政局统计，截至2012年9月，铜仁市备案管理的社区社会组织数共76个，与江苏太仓、杭州上城、宁波海曙等发达地区上千个备案社区社会组织规模相比，差距巨大。二是社区社会组织的培育与发展缺少有效载体。三峡流域各城市没有建立专业的社会组织孵化平台和管理平台，对社会组织的培育成立、后续管理缺少专业指导，不利于社会组织的扩容发展、健康成长。三是财力保障不够充分。三峡流域各城市尚没有实体化运行的区级社会组织服务中心，缺少常态化培育管理服务机制。同时，由于城市经济发展水平的限制以及缺乏政府的资金扶持，社会组织发展建设缺少稳定的资金来源，发展受到一定的制约。

二 完善三峡流域城市社区民主管理的对策

三峡流域城市社区民主管理存在的问题既是我国城市基层自治发展进程中存在的共性问题，也是三峡流域城市化水平和社区建设水平的特有现象。因此，要提高三峡流域城市社区民主管理水平，需要国家重视公民教育、健全社区法律法规、保障社区自治权利、培育社区社会组织，也需要三峡流域各城市创新社区管理模式，创造独特的地区经验。

1. 提高社区居民的民主意识。具有民主意识和民主知识是居民参与社区民主管理的前提。一是要重视和发展公民教育。把公民教育纳入国民教育体系，把社区参与和社区服务纳入学校课程体系，培养公民的社区意识、民主意识、权利意识和参与意识，增加公民的民主知识。同时，通过社区实践课程引导学生通过志愿服务参与社区公共事务管理，学习交往与沟通的艺术，提高参与和服务的技能。鼓励三峡流域各城市开发校本课程，创新公民教育方式，培养公民对所生活的社区的认同感与归属感。二是完善社情民意告知、反映和监管渠道。通过网上论坛、社区博客、社区事务告知栏、电话、社情民意联系箱、社区QQ群等方式，加强居民与社区的联系、沟通与交流，方便居民了解社区管理的状况，发表对社区管理的意见，并对社区管理进行监督。三是构建居民参与平台。创建议事会、听证会、协调会、评议会等社区议事平台，广泛吸纳社区居民、人大代表、社区党员、居委会成员、社区民警、居民代表、业委会成员、物业公司和驻区单位代表参与社区议事、评议，以民主、协商方式处理社区日常事务、热点和难点问题，通过民主管理实践提高居民的民主意识和民主知识，提高居民的管理能力。

2. 健全社区民主管理法律法规。一是修改和完善《城市居民委员会组织法》。随着城市化水平的提高和社会结构的深刻变化，国家需要修改和完善《城市居民委员会组织法》，明确界定政府和社区的相互关系，界定政府的管理职责，界定社区的自治权限，明确社区组织的法律地位。二是完善《〈城市居民委员会组织法〉实施办法》。在三峡流域，湖北、湖南、重庆已制定《〈城市居民委员会组织法〉实施办法》。湖北、湖南和重庆应根据城市社区民主管理的需要，修改和完善各自的实施办法，规范政府职责，保障社区自治权利。贵州应制定《〈城市居民委员会组织法〉实施办法》，填补法律空白，大力推进城市社区建设和社区自治。三是规范社区协助政府办理事项、政府职能部门下放事项和政府购买服务事项。三峡流域各城市可以借鉴浙江省温州市瓯海区、湖北省荆门市和荆州市的经验，制定和完善政府工作进社区准入制度，出台社区管理工作分类表，明确社区协助政府办理事项、政府职能部门下放事项和政府购买服务事项，进一步规范政府和社区的关系。四是修改和完善社区自治章程和居民公约。政府应当把制定和修改社区自治章程和居民公约的权力归还给社区，政府发挥指导性功能，而不是替代社区制定和修改章程和公约。同时，在制定和修改自治章程和居民公约的过程中，社区应广泛听取居民意见和建议，剔除不符合社区实际以及不被居民认可的内容，把居民日常生活事项纳入章程和公约的规制范围，增加章程和公约的认可度和拘束力。五是完善《物业管理条例》。明确社区居委会、业主委员会和物业公司各自的身份边界，约束社区居委会、业主委员会和物业公司各自的行为，以达到既要保护好业主合法权益，又要保护好物业公司合法权益的目的。

3. 减轻社区工作负担. 2005年，湖北省荆门市各县（市、区）均建立了部门工作进社区准入制度。其中东宝区对部门与社区的92项职能工作进行了责权利的界定，对57项部门工作实行"购买服务"。2007年11月1日，中共重庆市委、重庆市人民政府发布《关于加强城市社区建设的意见》（渝委发〔2007〕62号），提出进一步明确社区居委会职责，切实解决社区居委会负担过重的问题。党委、政府职能部门需要社区协助完成的工作，须与同级社区建设协调领导小组联系，并按"权随责走、费随事转"原则，向社区居委会拨付相应工作经费。2015年7月13日，民政部和中央组织部联合发布《关于进一步开展社区减负工作的通知》（民发〔2015〕136号），要求推动社区社会治理创新，切实减轻社区负担。三峡流域各城市应根据通知要求，理顺政社关系，规范街道办事处的指导职能，从源头上为社区减负。一是依法确定社区工作事项。制定社区工作事项清单，禁止政府和职能部门随意把职责内事项转嫁给社区。建立费随事转制度，政府为社区协助办理事项提供经费和条件。取消社区承担的招商引资、协税护税、经济创收等任务指标，以及社区作为责任主体的执法、拆迁拆违、环境整治、城市管理等事项。二是规范社区考核评比。政府建立统一的考核评比指标体系，取消各职能部门单独组织的评比考核。建立以社区居民满意度为主要评价标准的社区考核机制，取消对社区的"一票否决"事项。三是清理社区工作机构和牌子。整合各职能部门在社区设立的工作机构和加挂的各种牌子，社区办公场所对外只悬挂统一的"中国社区"标识、社区党组织和社区居委会牌匾。四是精简社区会议和台账。压缩政府、街道及各职能部门要求社区参加的会议和活动，减少各职能部门要求社区提供的各类台账和材料报表。

4. 发展社区组织。在社区民主管理中，社区组织是联系政府、社区居委会和社区居民的中介和纽带，也是社区民主管理的重要主体。发展社区组织，需要政府从制度、资金、管理等方面进行扶持，引导社区组织的成长。一是健全社区组织法律法规。三峡流域各省、直辖市以及有地方立法权的各城市可以根据民政部《社会团体登记管理条例》、《民办非企业单位登记管理暂行条例》和《基金会管理条例》，制定可操作性强的实施细则，完善社会组织法律体系；通过地方立法，规范政社关系，建立政府购买服务制度；进一步建立和完善以章程为核心的内部管理制度，健全决策、执行、监督机制；完善民主决策、财务、重大事项报告和接受捐赠公示等制度，遵守国家政策法规，自觉接受业务主管单位和登记管理机关的监督管理，把他律与自律、外在约束与内在约束结合起来。二是转移政府职能。深化行政管理体制改革，转变政府职能，逐步将政府及职能部门事务性、辅助性的职能转移、授权、委托给社会组织承担，建立和完善"费随事转"的工作机制，对社会组织承担政府转移或委托的有关社会管理和公共服务职能给予必要的资金支持。三是促进政会分离。敦促那些行政化色彩过于浓厚、活力不足的社会组织与政府有关部门办公场所分开、财务经费独立、人员脱钩。四是资金支持，税收优惠。逐步建立公共财政对社区组织提供公共服务的补偿和奖励机制。建立社区组织孵化基地，为有创新性、有发展潜力、有代表性的初创时期的社区组织提供集中办公场所，指导其开展民间资金筹措、项目创意策划等工作，提升自身组织运作和社会生存能力。推动和落实社区组织，尤其是公益慈善类社区组织的税收优惠政策，扩大减免税范围，解决票据使用难问题。

第五节　三峡流域城市社区民主管理案例分析

在实际的管理工作中，三峡流域一些城市社区大胆探索，健全管理制度，规范管理程序，创新管理方法，积累了丰富的管理经验。

案例一：

"四议两公开"工作方法
——湖北省宜昌市西陵区石板溪社区民主管理特色

石板溪社区对年度工作计划、社区规划、社区财务等与居民切身利益相关的重大事项，采取社区党总支、社区居委会和社区居民，共同参与、共同决策的"四议两公开"工作方法来开展，进一步规范了民主管理程序，提升了民主管理水平。"四议"即：

一、社区党总支提议。社区党总支对重大事项先广泛征求社区党员的意见，认真调查，充分论证，然后召开社区党总支会议进行集体研究，提出初步意见和方案。

二、社区"两委"商议。组织社区党委和社区居委会班子成员对社区党总支提出的意见和方案进行讨论并表决。

三、党员大会审议。社区党总支对社区"两委"商量的重大事项提交党员大会进行审议。

四、居民代表决议。对党员大会通过的事项，社区居委会召集居民代表大会或居民大会讨论、表决。

"两公开"即社区居委会将居民代表会议或居民会议通过事项和决议事项以及实施结果向居民公布，接受居民监督。

案例二：

以人为本、规范管理
——以湖北省宜昌市伍家岗区万寿桥街办建设社区为例

万寿桥街办建设社区在社区建设过程中，发挥居民在社区管理中的主体作用，深入推进社区民主管理，取得了明显的成效。先后获得全国"低保规范管理示范社区"、省级"和谐社区"、市级"文明社区"、市级"巾帼文明示范岗"、区级"社区建设先进单位"、区级"五好基层党组织"等荣誉称号。

建设社区的主要做法是：

一　民主选举社区管理者

直接选举居委会成员，由社区居民、社区单位代表推荐提名产生社区居委会的初步候选人，直接、差额选举产生社区居委会。实行"选聘分离"，把社区居委会成员的选举和社区服务站工作人员的聘用分离开来，由社区居委会聘用社区服务站工作人员，落实政府延伸到社区与居民利益切实相关的公共管理事务和社区日常管理事务。推选产生居民小组长和楼栋长。充分调动居民参与管理的积极性。居民参与社区管理和服务，参与社区文明创建活动，鼓励居民及时向居委会反映意见、建议。

二　完善民主管理制度

社区制定了《社区成员代表会议工作制度》、《社区议事监督委员会例会制度》和《社区居委会工作制度》等，规定每半年召开一次社区成员代表会议，两个月召开一次议事监督委员会会议。凡涉及居民群众的大事实行民主决策，由社区成员代表会议或者社区议事监督委员会民主决定。

三　公开社区管理事项

社区将政务、财务、事务和服务等管理事项向居民公开，接受居民监督。公开的事项有：政策及办事程序；城市居民最低生活保障工作；

社区居委会主要职责、社区居委会成员分工及工作目标；居民代表会议对社区工作者的评议情况；居委会为民服务项目；居民对社区建设、居委会工作建议以及反馈情况；其他居民关注的热点、难点、重点事项；社区居委会日常工作制度、作息时间；社区居委会年度为民办实事的项目。

按照"多样、规范、实用、明了、方便"的原则，把管理事项公开工作同社区的各项工作紧密结合起来。通过管理事项公开，广泛听取和收集居民的意见，接受群众的咨询和监督，有效促进了社区工作的开展。

四 创新管理方法

通过召开社区居民代表会议、党员代表会议、议事恳谈会、辖区单位负责人座谈会等形式来通报居委会的各项工作和要求。社工分片包户，各片负责征求居民对居务工作的意见和建议，认真记录收集。定期向党员、居民公布社区工作最新情况，接受社区党员、居民的监督。

五 规范管理程序

建立"两簿三册"，即管理事项公开记事簿、居民代表会议记录簿、居民代表花名册、领导小组花名册、监督小组花名册，并及时做好公开材料的整理和归档；设立居务公开意见箱、举报箱和举报电话，指定工作人员专门负责定期开箱收集群众意见和建议，制定严格的操作流程。

建设社区大力推进管理民主化，取得了显著成效。2009年，在改善富磷小区环境实行封闭式管理时，得到很多居民理解和支持，并当场选出7名居民代表成立居民自治管理领导小组，由他们全权负责前期的筹建工作，在开展此项工作的过程中，社区始终坚持以居民自治为主体的原则，在组织形式上社区给予指导，在实际工作中，社区积极支持、做好配合、协调关系。从筹建初期的写报告，跑规划到组织居民开大会，发送告知书，入户登记调查，组成自治管理委员会的成员，筹措资金修院墙、建门卫等做了一系列服务工作。并协助成员们分组入户收费。收集的款项专人管理，定时公布收支的明细账目，做到公开透明。在成员们的共同努力下，工程按期完工并投入使用。目前小区管理有序，环境优美，邻里关系和谐，治安状况良好。通过创新管理方法，进一步增强了管理工作的透明度，提高了参与管理的积极性，拆除了社区和居民之间的"篱笆墙"，架起了沟通社区与居民感情的"连心桥"，有效地促进了和谐社区的构建。

第五章

社区民主监督

作为基层民主的实现形式，城市社区自治与社区民主监督是密不可分的。从社区居民自治的流程来看，不论是民主选举还是民主决策和民主管理，实质都包含着社区居民的监督。社区民主监督是社区居民依法实行民主选举、民主决策和民主管理的保障，是社区自治的重要内容和重要体现，也是社区自治的终极目标之一。通过设立监督主体，明确监督内容，构建党务公开、政务公开、财务公开、服务公开等监督制度，定期开展民主评议等监督活动，建立奖惩机制，逐步实现民主监督的制度化、规范化、常态化，从而有效地推动民主监督良性发展，提高社区建设和社区自治的水平。

第一节 监督的起源与特点

一 监督的起源与发展

监督是指为维护公共利益，监督主体依法对国家机关及其公职人员行使公共权力的行为实施监视、督促和惩戒的活动。

监督起源于社会生产和分配中的记事和契约活动。在西方，公元前594年至公元前338年，雅典城邦采用"贝壳放逐法"等方法来防止执掌公共权力的人员滥用职权。

在中国，权力监督古已有之。西周就有过所谓作诗、诵诗的舆论监督，当时还创造了"三监"制度，并成为以后秦汉时的监察御史和刺史制度的渊源。此后中国各朝代都建有权力监督制度，西汉中期开始建立多重监察制度。如御史的监察、丞相司直的监察、司隶校尉的监察等。

西汉还发明了中国最早的举报箱。唐、宋、元、明、清的监督制度都有不同程度的发展。

西方封建社会之末，马基雅维利从历史和现实的经验出发，提出"权力恶"的理念，并认为，权力和财富的共生性与有限性，同人的欲望的无限性之间造成的冲突，导致了人际关系的伪善。如果任凭人的欲望发展下去，必然造成社会的混乱和人们的欺诈与残害。鉴于此，人们为了生命和财产的安全而放弃一部分权力给国家行使，就导致了政权的诞生。他在阐述君主如何夺权、窃权、用权和保权的同时，也把君主运用权力时所必须持有的卑鄙、狡诈、残忍等"恶"性，以及"狮子和狐狸"的角色转换，赤裸裸地宣讲出来。这种权力恶的观念，让西方人领悟到权力的可恶和无奈，甚至认为类似基督教的"原罪"，从而促使洛克、孟德斯鸠、卢梭等思想家想方设法去规范、限制政治权力的行使，以便抑其恶扬其善。17—18世纪，西方在建设现代民族国家的过程中重新审视国家、政府、法律的功能，引发对权力的制约与监督的理性思索。先后提出"主权在民论"、"分权制衡论"、"法治论"、"有限政府论"等理论主张，由此产生了近代、现代权力制衡的监督观。同时，英国、美国、法国等西方国家通过政治革命建立起宪政国家，最终构建起了以选举、分权、法治为核心的现代权力监督机制。

二　监督的特点

1. 权力性和强制性。监督必须以权力为后盾，监督在本质上是一种权力对另一种权力的约束。没有权力做监督的后盾，监督就会丧失权威性、约束力，监督就会变得软弱无力甚至完全无效。同时，监督以权力为后盾，使得被监督者不管是否愿意，都必须接受监督。

2. 外在性。监督是他律而不是自律，必须由被监督主体以外的力量实施。对被监督者来说，它是一种外在的力量，而不是一种自我的克制。如果监督者与被监督者同为一体的话，这种监督对个人来说，那只是一种道德或良心的约束；对一个具体的组织来说，监督很可能成为一种良好的愿望。没有外力的监督，不是严格科学意义上的监督。

3. 平等性和独立性。监督与被监督者之间必须是在法律上处于独立和平等地位的行为主体，而不是隶属和依附的命令和服从的关系，监督者更不能处于被监督者的控制、支配之下。如果监督者的地位缺乏独立性，而受制于被监督者，监督的有效性会受到很大的局限。

4. 权威性。监督是对掌握和运用权力者实施的行为，需要有比被监督者更高的权威，才能对其进行检查督促，甚至剥夺其权力。

5. 制约性。监督本身具有权威、强制力，也是一种权力，因而必须受到制约。要防止监督者滥用特权，必须使监督者的权力受到一定约束。

三　监督的类型

依据不同的标准，可以把监督区分为不同的类型。按照监督所依照的标准，监督可以划分为法律监督、纪律监督、道德监督等。按照监督主体，监督可以分为公民监督、权力机关监督、政党监督、舆论监督。根据监督作用范围的不同，政党的监督分为政党内部监督和政党之间的监督。

第二节　社区民主监督的含义与意义

一　社区民主监督的含义

民主监督是指公民以批评、建议、评议、申诉、控告、检举等形式对国家机关及其工作人员运用国家权力的行为进行监视、检查和督促的活动。作为监督体系的重要组成部分，民主监督是相对于权力机关的监督而言的，其监督主体是民众，被监督者是掌握和运用公共权力的管理者。因此，民主监督是民众对管理精英的督察，体现的是社会对国家的监督关系，本质上是一种非权力性监督。民主监督的形式，多种多样。目前，我国民主监督的形式主要有人大代表联系群众制度、信访举报制度、舆论监督制度、监督听证会、民主评议会、网上评议政府等。

社区民主监督是指社区居民通过一定的民主形式对社区党支部和社区居委会以及社区各类自治组织的工作、社区党支部和社区居委会成员的行为、社区的各项公共事务进行监视、检查和督促的活动。

监督是民主的内容，也是民主的体现。监督与民主，不仅互为前提，而且互为实现方式。监督的过程是民主的实现过程，而民主的过程，一定包含着监督。① 民主监督是民主的保障。社区居民选举社区管理者的目的在于让管理者高效率地管理社区公共事务，维护居民的合法权益。但管理者是否尽职尽责地进行管理以及渎职后应负何种责任是社区民主监督的核心问题。与权力监督不同，社区民主监督的本质是社区居民对管理主体的监督。显然，来自社区居民的监督具有典型的民主性质。没有居民的民主监督，社区民主选举、民主决策和民主管理是否体现民意，社区管理者是否为居民服务就没有完全的保障。因此，监督的广度和深度也是判定民主发展水平和程度的标志之一。②

中国共产党在推进基层群众自治实践中，把民主首先理解为监督，把民主与监督紧密联系在一起，创造性地提出了"民主监督"的概念。③同时，把民主监督规定为基层群众自治的重要内容和重要环节，把自我监督确定为社区自治的重要目标，充分反映了中国共产党对民主监督本质的理解和对社会主义基层民主政治发展规律的把握和运用。

二 社区民主监督的意义

社区民主监督是社区自治的重要环节，也是社区建设的重要组成部分。随着三峡流域城市化水平的日益提高和社区建设的深入推进，发展和完善社区民主监督已成为破解社区治理难题和提高社区治理绩效的必要手段。

1. 有助于社区管理公开化、透明化，提高社区管理绩效。民主监督的前提是信息公开、透明。社区民主监督使社区管理信息向社区居民全方位公开，有利于社区整合信息、优化管理流程、增进社区互信。一是公开管理信息。民主监督要求社区把党务、政务、居民、财务和服务等各方面信息向居民公开，而且要求公开制度化、常态化，从而打破了部

---

① 参见邓泉国《中国城市社区居民自治》，辽宁人民出版社2004年版，第135页。
② 参见林尚立《党内民主——中国共产党的理论与实践》，上海社会科学院出版社2002年版，第168页。
③ 1945年黄炎培向毛泽东提出如何跳出中国古代历朝政权"兴亡"更替的周期率问题，毛泽东的回答是："我们已经找到了新路，我们能够跳出这个'周期律'，这条新路，就是民主。只有让人民来监督政府，政府才不敢松懈。只有人人起来负责，才不会人亡政息。"在这里我们看到毛泽东首先把民主理解为"让人民来监督政府"，即民主监督。因此毛泽东把民主监督看作民主的核心内容。

门信息封锁的状态，把信息不对称、信息扭曲以及信息失真带来的损失降低到最小范围，可以最大限度地整合社区管理信息，防止和减少管理失误和决策失误。二是优化管理流程。监督的目的不是限制管理者，监督的终极目的是激发管理者的潜能，再造管理流程，实现最佳效益。社区民主监督可以推动民主选举、民主决策、民主管理和居务公开等制度的落实，优化社区管理流程，促进社区建设和社区自治的规范化、制度化、程序化；社区民主监督使社区管理者能够明确各自的工作职责，能够有效地促进管理者之间的协同工作，提高执行力；社区民主监督使管理者能够整合社区内外的各种资源，实现资源的优化配置，提高资源的利用率；社区民主监督能够促进管理者内部相互监督，能够有效避免管理者工作拖拉、不作为等不良现象。三是增强社区的凝聚力与归属感。居民的学习、日常生活、工作都与社区紧密相连，居民需要了解社区管理的各种信息。通过民主监督，社区主动公开各种管理信息，保障了居民的知情权、表达权，有利于居民和社区之间增强联系、理解与沟通。同时，民主监督化解了居民对社区管理者的误解和不信任，减少了矛盾和对抗，为社区带来互信和分享的价值观，创造开放、公平、信任、和谐的社区氛围，有利于增强社区的凝聚力与归属感。

2. 有助于抑制腐败，建设廉洁社区。民主监督是防止腐败的强大力量。通过居务公开、决策听证、财产申报、居民评议等监督机制可以规范权力的运行，从而消除腐败滋生的环境，防止腐败的发生。一是居务公开可以防止腐败。社区民主监督的核心就是推行信息公开制度，把党务、政务、财务、服务等事项进行公开，特别是把与居民利益密切相关、居民关注度高的事项及时公开，置于居民的监督之下，可以有效地防止腐败的发生。二是决策监督可以防止腐败。规范决策程序，社区重大事项由党组织提议、社区"两委"商议、党员大会审议、居民大会决议，并将决议内容公开、实施结果公开，接受居民监督，保证决策者依法用权、有限用权、尽责用权、公正用权，防止权力滥用。三是公务人员财产申报防止腐败。加强对社区公务人员特别是领导干部的监督，实行家庭财产报告制度，推进公务人员财产、收入申报和公开，使公务人员的家庭财产及个人财产处于居民的监督之下，可以有效预防腐败的发生。四是公开评议防止腐败。对领导干部廉洁状况定期组织公开评议，扩大评议范围，深化评议内容，细化评议方法，兑现评议结果，真正把领导干部完全置于群众的监督之下。同时，通过社区微博、社区QQ、意见箱、举报电话、调查问卷、居民意见栏等形式，可以加强对社区党员干部的日常监督。

3. 有助于调动居民参与的积极性，提升社区自治水平。社区自治的核心是居民参与。社区民主监督可以完善居民参与机制，促使居民主动参与社区选举、社区决策和社区管理的各个环节，培育居民的民主意识和权利意识，提高居民参与能力，从而推动社区自治的发展。一是选举监督可以保障居民的选举权与被选举权，提高社区选举的民主性。选举监督可以完善社区直接选举制度，保证居民主动积极地全程参与候选人提名与推荐、候选人资格审查、确定候选人、投票、计票、撤换、罢免等选举环节，使选举过程透明、规范，避免政府干预、"暗箱操作"及贿选现象，保证选举结果真正体现社区居民的意愿，增强居民对社区选举的信任度。二是决策监督可以保障居民的知情权和参与权，提高决策的民主性。公开听证、咨询委员会、民意调查等居民参与模式，可以强化居民的参与；公众参与、专家参与、咨询机构等参与机制，可以促进决策的高效与优化，防止决策失误；实行决策前监督、决策中监督、决策后监督，可以实现居民监督的全覆盖。三是管理过程中的监督可以保障居民参与社区公共事务管理的权利，提高管理的民主性。民主监督可以保证居民通过选举选择代表自己利益的管理者；民主监督可以保障居民制定自治章程和居民公约等管理规则的自治权利，排除政府的干预和替代；民主监督可以保证居民通过评议活动真实地表达自己的意见。

4. 有助于维护居民利益，促进城市社区的和谐稳定。一是监督机构发挥监督功能，维护居民利益。社区监督机构可以通过走访、社区微博、社区对话、社区意见栏、网上论坛、社区QQ群等形式，构建起社区党组织、居委会与居民对话的平台，倾听居民意见，维护居民利益，化解矛盾与冲突。二是监督机制规范权力的运行，维护居民利益。通过选举监督、信息公开、决策听证、财产申报、居民评议等常态化、制度化的监督机制，可以防止权力的滥用，维护居民利益。三是社区监督保障居民在选举、决策和管理中的参与权，维护居民利益。监督的重要功能在于保障居民的参与。居民在参与选举、决策、管理的过程中，可以及时充分地表达利益诉求，促使选举、决策、管理既集中居民的智慧，也体现居民的利益。

第三节 三峡流域城市社区民主监督的主体和对象

一 社区民主监督的主体

社区民主监督是非权力性监督，因而三峡流域城市社区民主监督的主体主要是社区居民及其由居民代表组成的社区居民议事协商会、社区居民代表大会、驻社区单位、社区居民。社区居民的监督具有随机性、偶然性，而社区居民议事协商会、社区居民代表大会、驻社区单位的监督则具有组织化、专业化的特点，二者相互结合，构成社区民主监督的主体网络。

（一）三峡流域城市社区民主监督的主体

民主监督是社区自治的重要内容和发展目标。随着社区自治的深入推进，三峡流域各城市社区正在逐步完善民主监督组织体系。目前，三峡流域城市社区民主监督主体主要有：

1. 社区居民议事协商会。三峡流域各城市社区普遍建立了社区居民议事协商会，除了行使民主议事功能外，还承担日常监督职能。其成员主要包括社区党支部书记、社区居委会主任、居民代表、社区内知名人士、驻社区单位负责人、业主委员会代表、物业公司代表、人大代表、政协委员、社区民间组织代表、流动人口代表等。社区居民议事协商会的监督形式主要有三种：一是民主议事。凡社区居委会的重大决议、决策、年度工作计划、居民自治章程、居民公约等，原则上先由社区居民议事协商会讨论，再提交社区居民代表大会通过。二是日常性的工作监督。社区居民议事协商会要广泛听取和征求社区居民、社会单位的意见和建议，设立居民意见箱，随时听取居民反映情况。三是听取报告、民主评议。社区居委会必须就涉及居民切身利益、居民关注度高的重大事项的实施结果向社区居民议事协商会报告。同时，社区居民议事协商会可以对居委会的工作和领导干部廉洁状况进行公开评议。

2. 社区居民代表大会。在三峡流域各城市社区，普遍设立社区居民代表大会。社区居民代表大会由社区居民代表和驻社区单位代表组成，是社区最高权力机构，也是社区居民依法行使民主议事和民主监督权利的基本形式。社区居民代表大会的监督形式主要有两种：一是日常性监督。社区居民代表大会对社区居委会的工作实行民主监督，提出质询和批评意见，社区居委会应予以说明和解答；社区居民代表大会审议本社区发展规划、社区居委会的年度工作报告，提出建议或意见，审议（修改）《社区自治章程》；经居民代表大会授权和委托，社区居民代表有权对社区居委会的某项工作进行调查，社区居民和驻社区单位、团体等，都应给予支持并提供必要条件。二是民主评议。社区居民代表大会通过对居委会的工作以及领导干部的廉洁自律情况进行公开评议。

3. 驻社区单位。驻社区单位是社区成员之一，负有推进社区建设、进行民主监督的职责。驻社区单位与社区党支部、社区居委会是双向监督的关系，驻社区单位既要接受社区党支部、社区居委会、社区居民的监督，也对社区居委会的工作实行民主监督，对不称职的社区居委员会工作者可以向社区居民代表大会提出撤换、罢免建议。

4. 社区居民。社区居民对社区党支部和居委会提出批评、建议、申诉、控告或者检举，是宪法赋予居民的监督权利。居民监督的方式主要有两种：一是信息公开制度。居民通过党务、政务、居务、财物等信息的公开，对社区党支部、居委会的工作进行监督。二是民主评议。居民对社区党支部和居委会的工作以及社区领导干部的廉洁自律情况进行评议。三峡流域城市社区不断创新居民监督的方式。为了让居民监督落到实处，湖北省宜昌市西陵区石板溪社区采取了三项措施。一是让居民突击列席居委会会议。所谓"突击"列席就是居民可以随时列席居委会会议，特别是居委会讨论与居民日常生活关系密切的事项的会议，成为居民突击列席的重点。二是确定社区党支部和居委会开放日，邀请居民到社区党支部和居委会参观，了解和监督社区党支部和居委会的工作，当面监督权力的运行。三是社区对话。社区党支部、居委会与居民当面对话，听取居民的意见和建议，请居民面对面"挑毛病"。

（二）三峡流域城市社区民主监督组织体系的发展

2011年以来，随着城市化的加速推进，城市社区管理的事务越来越复杂，涉及居民基本生活、生产活动的主要领域。同时，社区管理使用的资产以及社区各项资金收入也越来越多，亟须一个监督组织代表居民执行监督。为了提高社区管理和服务效率,合理使用和分配社区资产及收入,全国各省、直辖市创新社区监督方式,成立了社区民主监督委员会或社区民主监督小组或城市社区居务监督委员会,填补了城市社区"自我监督"的空白,拓展了城市社区民主监督主体,完善了城市社区自治组织体系。

2011 年陕西省延安市甘泉县建立了社区居民监督委员会,强化了社区居民民主监督意识,规范了民主监督行为,实现了社区民主监督的突破。①

2012 年北京市西城区广外街道红莲中里社区率先试点建立"社区民主监督委员会",对社区居委会的工作进行全程监督。西城区部分社区成立社区民主监督小组,负责对政府派出站所以及居委会进行监督。民主监督委员会的民主监督员和社区民主监督小组的成员全部由居民推选产生。在西城区试点的基础上,北京市逐步在全市城区成立社区民主监督委员会或社区民主监督小组,加强对社区日常工作的评议监督。②

浙江省大力推进城市社区居务监督委员会建设,成为基层群众自治监督组织的样本之一。截至 2013 年 4 月,浙江已有 1588 个社区建立居监委,占全省城市社区总数的 53.9%,杭州、嘉兴和金华三个市已经基本实现了全覆盖,有 31 个县(市、区)专门出台了社区居务监督委员会的相关文件。以杭州市下城区为例,2012 年 9 月底至 2013 年 4 月,全区 72 个社区实现居监委"全覆盖",共开展监督事项 586 次,完善制度 128 项,收集建议意见 481 条,提出建议 236 条,被采纳 180 条,解决实际问题 170 个。浙江省计划在 2013 年年底在全省城市社区全面建立居监委,居监委的建设要标准化,做到"对外有牌子、办公有场所、工作有制度、监审有印章、活动有记录、经费有保障",初步形成组织完善、队伍齐整、衔接配套、运转有序的居民民主监督机制。③ 在低保户认定、廉租房

---

① 参见《甘泉县建立社区居民监督委员会实现"三大突破"》http://www.yadaily.com/news_view.asp?newsid=15131,2011 年 11 月 4 日。

② 参见陈荞、李秋萌、文静《城区年内推社区民主监督机构》,《京华时报》2012 年 4 月 9 日第 007 版。

③ 参见姜洁《浙江:城市社区居务监督委员会建设 "百姓御史"活跃居民小区》,http://dangjian.people.cn/n/2013/c117092-20992857-2.html,2013 年 4 月 2 日。

和经济适用房申请、大病医疗救助和慈善救助、社区干部权力行使和党员干部八小时以外德廉情况等，这些最受群众关注的重要事项中，居务监督委员会发挥了干群关系"黏合剂"和社区干部违法违纪"防火墙"的作用。

三峡流域各省、直辖市借鉴其他省、直辖市完善城市社区民主监督的经验，建立社区民主监督小组或社区居务监督委员会，并逐步推广。

2013年，湖南省湘西土家族苗族自治州花垣县花垣镇登高楼社区建立社区民主监督小组，并制定《登高楼社区民主监督小组工作制度》。根据该制度的规定，社区民主监督小组由居民代表会议选举产生，由9人组成。民主监督小组的监督内容如下：监督居务、财务是否按规定定期公开公布，居民委员会是否执行社区财务制度。对基建投入、固定资产添置等重大财务支出，必须经民主监督小组审定并形成决议或决定。监督居民委员会对居民代表会议讨论决定的事项是否执行，是否落实。监督居民委员会对社区重大事项是否民主决策。监督居民委员会、居委会干部是否按期向居民代表会议进行述职评议。2014年4月29日，湖南省张家界市武陵源区军地坪街道办事处画卷路社区召开居民大会，通过了《张家界画卷路社区居民自治章程》，该章程规定建立社区居务监督委员会，设主任1名，成员2名，成员由居民代表选举产生。社区居务监督委员会工作职责如下：认真贯彻执行居支两委和居民代表会议的各项决议；对社区两委成员廉洁自律、竞选承诺等情况进行有效监督；协助社区居支两委做好有关工作；主动收集，认真受理居民对财务管理的意见和意义，并及时向居支两委反应；及时向街道党工委和纪工委反应社区干部对事务管理有无违纪违规问题等；坚持实事求是，客观公正反映问题，公道正派，不假公济私，不滥用监督权力。2015年8月17日，湖南省在长沙召开湖南省社区建设2015年第一次联席会议，会议指出湖南将加强社区居务监督，至2015年年底前，湖南省要全面建立居务监督委员会，规范居务监督委员会的职责。①

2010年10月20日，重庆市黔江区发布《中共重庆市黔江区委 重庆

---

① 参见廖洁、吴增兵《湖南年内建村（居）务监督委员会 杜绝小官巨腐》，http://hn.rednet.cn/c/2015/08/17/3768254.htm，2015年8月17日。

市黔江区人民政府关于进一步加强社区建设工作的意见（送审稿）》，指出要依法建立健全社区监督委员会。2013 年 8 月 26 日，重庆市南岸区罗家坝社区组织召开了第一届居务监督委员会选举会议，会议选举产生了 1 名居务监督委员会主任和 2 名委员，正式成立了居务监督委员会。① 在重庆市的推动下，重庆市部分城市社区已经建立了社区居务监督委员会。社区居务监督委员会由社区居民会议或居民代表会议选举产生，社区干部和社区干部的直系亲属、配偶不得担任监督委员会成员。

根据 2011 年 8 月 25 日湖北发布的《中共湖北省委湖北省人民政府关于进一步加强社区建设的意见》（鄂发〔2011〕26 号），提出深入开展以党务公开、居务公开、民主评议为主要内容的民主监督实践。2011 年 9 月 23 日，恩施土家族苗族自治州发布《中共恩施州委　恩施州人民政府关于加快推进社区建设的意见》（恩施州发〔2011〕16 号），要求完善以党务公开、居务公开、民主评议为主要内容的民主监督制度。2013 年湖北省咸丰县民政局发表调查报告：《咸丰县关于进一步做好社区建设的调查与思考》，指出咸丰县已经在 5 个城市社区建立了居务监督委员会，完善了社区民主监督机制。② 2012 年 7 月 24 日，湖北省秭归县发布《中共秭归县委　秭归县人民政府关于进一步加强社区建设的意见》，提出探索建立社区民主监督机制，全面推行居民议事、党务公开、居务公开、服务公开、民主评议等。到 2015 年，社区居务公开、服务公开和民主评议率达到 100%。由此可见，自 2011 年以来，除咸丰县在城市社区建立了居务监督委员会外，湖北其他城市社区并没有建立居务监督委员会或居务监督小组。

2011 年中共贵州省委办公厅和贵州省人民政府办公厅联合发布《关于加强和改进城市社区居民委员会建设工作的实施意见》（黔党办发〔2011〕18 号），提出要深入开展以居务公开、民主评议为主要内容的民主监督实践。2013 年省人民政府办公厅《关于印发贵州省第九届村

---

① 参见罗家坝社区党委六支部《罗家坝社区居务监督委员会选举工作会议》，http://cq.12371.gov.cn/Web13/gzdt/GzdtDetail.aspx?class=1&orgid=YZaNQNQHmgE%3d&newsid=1893819，2013 年 9 月 5 日。

② 参见张友军《咸丰县关于进一步做好社区建设的调查与思考》，http://www.hbmzt.gov.cn/xxgk/ywb/jczq/bmfw/201401/t20140117_174706.shtml，2014 年 1 月 17 日。

（居）民委员会换届选举工作实施方案的通知》（黔府办函〔2013〕96号），明确提出建立选举监督委员会和村务监督委员会，但没有提出建立居务监督委员会。2013年贵州省铜仁市纪委、市委组织部、市监察局、市民政局联合发布《关于全面推行村（居）务监督委员会制度的通知》，要求各区（县）要把建立居务监督委员会工作与社区"两委"换届同安排、同部署，确保2013年年底居务监督委员会的建立实现全覆盖，实现"办公有场所、对外有牌子、工作有印章、经费有保障、监督有档案"，逐步实现居务监督委员会工作常态化、规范化、制度化。按照通知规定，居务监督委员会由居民会议或居民代表会议选举产生。居务监督委员会原则上由3人组成，其中主任1人、专职委员2人，其成员实行回避制度，居民委员会成员及其近亲属、近姻亲不得担任居务监督委员会成员。居务监督委员会依法独立行使监督权，向居民会议和居民代表会议负责，每半年至少报告一次工作。其监督职责主要有：列席社区"两委"联席会议、居民代表会议和居民委员会会议；监督社区重大事项民主决策程序和决策落实情况、"四议两公开"落实情况、居务公开情况等；监督社区财务活动，参与制定社区财务计划和各项财务管理制度，检查、审核财务账目及相关的经济活动事项；监督居民委员会成员履职任职及廉洁自律情况，主持对居民委员会成员等的民主评议。履行社区民主理财小组、社区监事会、社区纪检组等社区监督机构的职责。[①]

　　从以上分析可以看出，三峡流域城市社区建立社区监督委员会或居务监督委员会已经是社区民主监督发展的趋势。但是，三峡流域各省、直辖市还没有普遍建立居务监督委员会。目前，湖南省大力推动居务监督委员会的筹建工作，多数城市社区已经建立居务监督委员会，到2015年底，湖南省所有城市社区都将建立居务监督委员会。贵州没有明确要求各城市建立居务监督委员会，因而只有部分城市推动建立社区居务监督委员会。铜仁市从2013年开始大力推动建立居务监督委员会，迄今为止，铜仁市各城市社区已基本建立居务监督委员会。重庆市提倡各城市建立居务监督委员会，但仍然只有部分城市建立社区居务监督委员会。

[①] 参见《铜仁市安排部署全面推行村（居）务监督委员会制度》，http://www.tongren.gov.cn/html/2013/0819/bsyw56246.html，2013年8月19日。

黔江区从2010年开始推动建立居务监督委员会，目前各城市社区已经普遍建立居务监督委员会。湖北省的情况比较特殊，只有极少数城市如隶属于恩施土家族苗族自治州的咸丰县在所辖的5个城市社区建立了居务监督委员会，宜昌、恩施、荆州和荆门等城市均没有建立居务监督委员会。

二　社区民主监督的对象、内容、目的

社区民主监督的对象是管理社区公共事务的政府机构、社区居委会、社区自治组织及其成员。作为社区自治的一个独立环节，社区民主监督具有特定的内容。社区民主监督的内容主要包括：社区党支部及其成员的管理活动；社区居委会及其成员的管理活动；城市基层人民政府或其派出机关及其工作人员的管理活动；驻社区单位参与社区建设的情况；供水、供电、供气、环境卫生、园林绿化等市政服务单位在社区的服务情况；社区内社会组织、业主委员会、物业服务企业在社区开展的各项工作；工作、居住在社区内的党员干部的履行职责、遵守法纪、为政清廉等方面的情况。社区民主监督的目的在于促进政府机构、社区居委会、社区自治组织及其成员在社区事务管理中提高管理效率。

第四节　三峡流域城市社区民主监督的形式

社区民主监督的实现必须借助于一定的形式。三峡流域各城市社区在完善居务公开、民主评议等监督形式的同时，创新监督方式，探索出诸如民主议事、决策听证、人大代表进社区等许多有效的监督形式，丰富了社区民主监督的方式。

一　三峡流域城市社区民主监督形式的发展

2004年湖北省宜昌市西陵区纪委、区监察局、区民政局发布《关于健全和完善社区居务公开制度的意见》（宜西纪发〔2004〕25号），在宜昌市率先推行居务公开。2004年至2007年，西陵区社区居务公开工作有了很大的进步，产生了良好的社会效应。一是按照示范社区创建的要求，各个社区的《居民自治章程》和各项规章制度都按要求进行了公开；二

是涉及社区居民切身利益的事项均按政府各个部门的工作要求，进行了及时公示（如低保、再就业、计生等）；三是涉及社区环境整治的方案，大多在社区进行了公示或听证，广泛征求了居民群众的意见；四是社区党建和党员活动制度等，都进行了公开，对与社区居民有关的法律、法规、政策等宣传资料在社区公示栏，居民楼栋进行张贴宣传；五是绝大部分社区在资金短缺的情况下，对社区居务公开栏建设进行投入，各个街办在指导社区居务公开工作中，做了大量细致具体的工作；六是广大社区居民群众，对居务公开工作积极参与配合，表现出了浓厚的兴趣和热情等。[①] 2006 年，宜昌市发布《中共宜昌市委、宜昌市人民政府关于进一步加强社区建设工作的意见》（宜发〔2006〕13 号），要求推行居务公开制度，与居民利益相关的办事制度、程序、结果和社区经费使用情况要及时公开，接受本社区居民监督；建立社区重大事项听证制度、票决制度，凡与社区居民利益密切相关的重要事项和社区公共事务，应当召开居民听证会议和由居民投票表决；实行社区居民评议社区工作者制度，定期组织居民对社区工作者进行民主评议，对优秀的予以表彰奖励，对不称职的依法予以辞退或罢免。

2011 年，湖北省发布《中共湖北省委 湖北省人民政府关于进一步加强社区建设的意见》（鄂发〔2011〕26 号），要求深入开展以党务公开、居务公开、民主评议为主要内容的民主监督实践，积极开展社区对话、居民说事、网上论坛、民情恳谈等民主自治活动，切实保障社区居民的知情权、监督权。

2011 年，恩施土家族苗族自治州发布《中共恩施州委 恩施州人民政府关于加快推进社区建设的意见》（恩施州发〔2011〕16 号），明确提出深入开展以党务公开、居务公开、民主评议为主要内容的民主监督实践。2015 年 3 月 9 日，在恩施市舞阳坝街道办事处凤凰路社区举行的党务居务公开大会上，除了进行党务居务公开大会的既定议程外，着重听取了居民代表对于社区工作、社区难点的相关需求和建议。居务公开活动扩大了群众对居务公开工作的知情权，做到了社区的事情让居民知晓、财

---

① 参见《宜昌市西陵区全面推进社区居务公开工作》，http：//www.hbmzt.gov.cn/xxgk/dfxx/200709/t20070926_18137.shtml，2007 年 9 月 26 日。

务让居民监督、干部让居民评议,密切了党群干群关系,受到了广大居民的好评。① 2015 年 5 月 13 日,恩施市发布《市委办公室、市政府办公室关于认真开展 2015 年"党务村(居)务公开日"活动的通知》,把每年的 3 月 9 日确定为"党务居务公开日"。活动内容:居委会负责人作居务报告。居民委员会主要报告 2014 年居委会党建和经济社会发展等方面的情况,包括党建工作、各项经济指标完成、社区建设、社会治安综合治理、为民服务全程代理、干部廉洁自律等情况;计划生育、优抚、低保、下岗职工安置、征兵等工作情况;享受误工补贴标准,集体经济项目立项及实施、公益事业支出等情况。居委会报账员作财务工作报告。主要报告 2014 年度财务收支情况。包括财务计划、各项收入、各项支出、各项财产、债权债务、收益分配、救灾救济款物发放、干部报酬等情况。开展民主对话。党员和居民代表针对报告进行讨论,并就有关问题提出意见、建议和质疑,社区党组织、居委会成员现场解答。讨论通过 2015 年社区经济社会发展规划和有关议案。分小组对社区干部进行民主评议,并指定一名负责人向大会报告评议情况。对社区干部进行测评。②

荆门市重视居务公开工作,到 2015 年,100% 的城市社区建立了居务公开制度。荆门市沙洋县沙洋镇在社区设立起议事室,建立"干部问事、群众说事、集中议事、及时办事、定期评事"的"五事"制度,建立起了社区居民议事机制、社区干部与社区居民之间的相互交流、相互沟通机制。荆门市东宝区泉口街道浏河社区在全市首次举行了社区生活环境整治听证会,由管理服务单位实行承诺服务,使小区电网改造等整治工作迅速到位。

2011 年湖南省发布《中共湖南省委 湖南省人民政府关于进一步加强社区党建和社区建设的意见》,要求从社区建设的实际出发,推广社区党员或党员代表议事制度,建立健全社区事务决策听证、监督评议、信访

---

① 参见刘冬、赖家云、谭佳、向水英、李复国《全办开展村(居)党务村(居)务公开日活动》,http://www.wuyangba.com.cn/xwzx/wynews/201503/t20150310_137536.htm,2015 年 3 月 9 日。

② 参见《市委办公室、市政府办公室关于认真开展 2015 年"党务村(居)务公开日"活动的通知》,http://www.jcqzw.com/es/ess/wscct_120981/ljtjdbsc_121493/sljsq_121534/tzgg_121557/201505/t20150513_466018.shtml,2015 年 5 月 13 日。

代理等制度，推进党务公开、居务公开，拓宽党员、居民、驻区单位和社会组织参与社区事务的渠道。同时，探索建立社区党组织领导的社区"两委"议事协调机制、社区"两委"与驻区单位联席会议机制及社区居委会指导和监督社区内社会组织、业主委员会、业主大会、物业服务企业开展工作机制。

2007年11月1日，重庆市发布《中共重庆市委 重庆市人民政府关于加强城市社区建设的意见》（渝委发〔2007〕62号），要求建立健全重大事项听证制度、居务公开制度、民主评议制度，建立人大代表和政协委员定期接待社区居民制度，拓宽反映居民意见和利益诉求渠道。2011年8月31日，重庆市发布《中共重庆市委办公厅重庆市人民政府办公厅关于进一步加强城市社区居民委员会建设工作的意见》（渝委办发〔2011〕40号），提出坚持民主监督，落实社区工作公开制度、民主理财制度、民主评议制度、社区工作人员离任审计制度等。

2013年重庆市涪陵区民政局发布《重庆市涪陵区民政局关于印发重庆市涪陵区村（居）务公开目录的通知》（涪民政发〔2013〕号），规定了居务公开的内容。2013年8月2日重庆市涪陵区城乡建设委员会关于印发《涪陵区阳光村（社区）建设活动工程阳光实施方案》（涪建委发〔2013〕236号）的通知，提出要规范社区工程建设管理行为，实行社区建设工程招投标备案，推行阳光监督，实行招投标监管、质量安全监管、档案管理，规范资金管理。建设工程的监管由区城乡建委牵头，会同区纪委（监察局）、区委组织部、区发改委、财政局、区安监局、区审计局等负责落实。

2008年1月15日，重庆市万州区发布《中共重庆市万州区委 重庆市万州区人民政府关于进一步加强城市社区建设的决定》（万州委发〔2008〕4号），要求建立健全重大事项听证制度、居务公开制度、民主评议制度，建立人大代表和政协委员定期接待社区居民制度，拓宽反映居民意见和利益诉求渠道。

2011年贵州省发布《中共贵州省委办公厅 贵州省人民政府办公厅关于加强和改进城市社区居民委员会建设工作的实施意见》（黔党办发〔2011〕18号），提出社区居民委员会要建立健全居务公开制度、服务承诺制度、考核评议制度等。2012年11月，贵州省发布了《中共贵州省委

办公厅 贵州省人民政府办公厅关于以县为单位开展全面建设小康社会统计监测工作的通知》，并颁布了《贵州省以县为单位全面建设小康社会统计监测指标体系》。指标体系设置了"城乡社区基层民主自治建设完善率"指标，权重为3%，标准值为大于等于90。城乡社区基层民主自治建设完善率包含了居务公开完善率，用于评估城市社区民主实践的完善程度、管理和服务能力及基层社会管理体制的完善程度。"城乡社区基层民主自治建设完善率"指标由省民政厅负责组织实施和统计监测，2013—2020年，每年组织进行认定考评和进度考评。为保障工作的顺利实施，贵州省省级财政首次将社区建设经费3000万元列入预算，采取以奖代补的方式引导和推动城乡社区建设。"城乡社区基层民主自治建设完善率"的制定和实施，将提高社区治理水平、增强社区自治功能、提升社区服务能力上升到全面建成小康社会的战略层面，将居务公开、城乡社区建设工作融入贵州全省加快发展的大局，必将有力推动贵州省城市社区民主监督的发展与完善。

二 三峡流域城市社区民主监督的方式

（一）居务公开

居务公开是指社区自治组织在管理社区公共事务时，将管理事项、工作内容、办事程序、工作结果和绩效评估等内容通过一定的方式向社区居民公开。只有通过居务公开，使社区居民知晓居务，民主监督才有可能。因此，《城市居民委员会组织法》对居务公开提出了明确的要求。三峡流域各省、直辖市及所属各城市也制定了居务公开的法规、文件，很多社区也制定了居务公开制度，对居务公开的内容、程序、方式等方面做出了具体的规定。

1. 居务公开的内容

重庆市涪陵区民政局在2013年发布的《涪陵区（村）居务公开目录》规定，居务公开的内容包括四大类：

（1）党务公开。内容主要有：党组织任期目标和年度工作计划及进展情况；党组织决议、决定和执行情况；党的思想建设情况；党的组织建设情况；领导班子建设情况；干部选任和管理情况；创先争优、联系和服务党员、群众情况；党费收缴情况；党风廉政建设情况。

(2) 政务公开。内容主要有：计划生育政策；社会保障政策：养老保险、居民医疗保险、最低生活保障、社会救助、医疗救助、优抚安置、征兵政策等执行情况。

(3) 财务公开。内容主要有：社区季度、年度财务收支情况（明细账）。单项工作、突击工作、综合工作完成资金奖励分配情况；团体、个人捐赠款物使用情况。社区资金、资产、资源等情况；组织运转经费：社区组织办公经费，社区干部待遇，任期、离任经济责任审计结果等。

(4) 服务公开。内容主要有：组织建设情况：居委会职能职责及成员分工情况，任期规划、任期目标、年度工作计划及进展、完成情况，社区志愿者组织和民间组织等服务组织建设情况等；民主管理情况：居民会议和居民代表会议（四议两公开、一事一议）的决定及实施情况，社区各位干部工作出勤天数及任务完成情况；民主评议社区干部情况等；服务群众情况：便民利民服务、就业服务、卫生服务、环保服务、治安服务、志愿服务、扶贫济困服务等社区服务开展情况等；劳动就业信息等。

2. 居务公开的形式

(1) 固定的公开栏。《涪陵区（村）居务公开目录》规定，全区统一设置固定的居务公开栏定期公开，统一固定模板，一律采用张贴式进行公开。面积较大、居住分散的社区，在中心点公开的同时，要以居民小组或居民聚居点为单位分片公开，并公开监督举报电话。

(2) 触摸屏。三峡流域很多城市社区设置触摸屏，运用现代信息技术把居务公开的具体内容向居民展现出来。触摸屏的内容分为社区概况、组织机构、政策法规、居务公开、办事指南、社区新闻、社区通告几部分。尤其是社区概况中的社区区域图、社区荣誉、社区新闻、组织机构图及成员简介和每个成员的活动剪影，用图文并茂的形式生动地把它们展现出来，使居民直观地获得更多的信息。为了保证触摸屏内容的准确性、全面性、时效性，需要认真采集数据，由专人负责录入，尤其对动态的内容要做到及时更新。

(3) 其他形式。按照"让群众看得见、听得懂、用得上"的要求，在通过公开栏公开的同时，充分利用广播电视、网络通信、公开信、会议、居委会干部或者居民代表入户宣传讲解等其他形式实施公开。

3. 居务公开的时限

根据《涪陵区（村）居务公开目录》的规定，居务公开的时间分为四种情况：

（1）长期公开。主要公开居委会班子任期目标，居委会成员分工职责、联系方式、办事机构及职能等具有长期性、稳定性的内容。如遇修订、调整，应当及时更新。

（2）定期公开。主要公开一定时期内相对稳定的常规性工作，包括政策措施、文件规定、管理制度等。1月、4月、7月、10月的15日为全区居务公开日，居委会干部现场解答群众提出的疑难问题。

（3）择时公开。主要公开动态性、阶段性的工作，如为居民办实事项目、重大项目建设、社区公益事业办理情况等，要根据进展情况择时公开。

（4）及时公开。主要公开临时性、应急性工作，如抗震救灾的捐资捐物情况，评优评先名单，居民点题公开的内容等，根据情况及时进行公开。

4. 居务公开的程序

（1）提出公开方案。各社区由社区文书负责收集居务公开的具体内容，对拟公开的内容进行归纳整理，就公开的范围、形式和内容提出方案。并报居务监督委员会进行审查、补充和完善。

（2）商议公开内容。由党组织和两委会联席会议讨论确定公开内容。由居务监督委员会对居务公开内容进行全面审议并签字。

（3）全面实施公开。由各居民委员会通过居务公开栏等形式及时公开。

（4）群众意见反馈和整改。各居委会要通过"民情日"、设立居务公开意见征求箱、监督举报电话、居民代表会议、入户收集等方式认真收集群众的意见和建议。对需要整改的内容经研究后对居务公开的内容作相应调整，并及时公开。

5. 居务公开的管理和监督

由各社区文书负责公开资料的立卷归档工作，各街道应组织相关部门对居务公开工作进行抽查。

（1）建立公开内容备案制。公开内容必须记录在"工作簿"上，所有公开的资料都必须按照档案管理的要求，分类立卷，归档备查。

（2）健全定期上报制度。各社区应在每次公开后 5 日内将公开的复印件（加盖公章）上报街道，以便备案存档。

（3）完善民主评议制度。各社区要通过组织召开居民小组会议、居民代表会议、党员代表会议、"双述双评"等方式居务公开工作进行民主评议，对评议不合格的居务公开工作要迅速整改，给群众一个满意的居务公开。

（4）明确责任追究制。要明确两委会成员、居务监督委员会等人员责任，逐级逐人明确，并与绩效工资挂钩纳入考评中。对造成居务公开不及时、假公开等情况的，要在居民代表会议上通报，情节严重构成违法违纪的，按照有关法律追究责任。

6. 居务公开的作用

（1）社区居务公开增强了社区工作的透明度，保障了居民的知情权和民主权利。社区把党务、政务、财务、服务进行公开，保证了社区工作的透明度，使居民对社区的工作有了全面的了解，消除了居民的猜疑，增强了居民对社区工作的信任感，有利于化解矛盾和纠纷。

（2）社区居务公开搭建了居民参与社区管理的渠道，调动了居民参与的积极性和主动性。推行居务公开提高了社区居民的民主意识和主人翁责任感，极大地激发了居民参与社区建设的热情。居民积极参加社区组织的文化活动，争当志愿者帮扶弱势群体；在两会期间，社区党员、居民、低保人员积极上街巡逻，确保辖区安全稳定；参加迎社区各种比赛；参加共建和谐社区恳谈会系列活动；积极参加卫生社区创建活动。

（3）社区居务公开使居民有了充分的监督权。居务公开的主要目的就是强化居民对社区工作的监督。通过监督，居民对社区工作提出意见和建议，使社区的工作方法不断得到改进，服务能力不断得到提升，工作效率不断得到提高。

（4）社区居务公开加强了社区管理的规范化、制度化。社区工作的制度、标准、办事程序等都按照统一规范进行公开，不仅可以监督居委会人员按章办事，减轻了居委会工作人员的工作强度，还化解了一些不必要的矛盾。社区严格按照公开的内容要求规范操作，提高了社区工作的主动性和创造性，提高了居委会工作人员自身工作能力和水平，增强了社区居委会的凝聚力。

（二）民主评议

民主评议是指居民或居民代表对社区党支部、社区居委会及其成员的履职任职及廉洁自律情况进行民主测评，并给出定性的评判结果的监督方式。根据三峡流域各城市社区的规定，民主评议以居民代表为主体，吸收部分居民参加，由社区党支部和社区居委会主持，通过召开民主评议大会对社区党支部、社区居委会及其成员的工作和行为进行评议，一般一年举行一次。

1. 民主评议的原则

民主评议要坚持一下原则：

（1）实事求是原则。民主评议的目的是促进社区工作，因此评议必须以事实为依据，客观公正地对待每一个被评议对象，既严格要求、不降低评议标准，又宽以待人，不提过苛过高要求。

（2）民主公开原则。要发扬民主，尊重社区居民、居民代表的权利，让社区居民、居民代表充分发表意见。同时，对不合格评议对象的组织处理意见要通知本人，并允许其申辩。

（3）平等原则。对被评议对象要坚持适用统一的评议标准，严格评议程序，一视同仁，不能区别对待。

2. 民主评议的组织与主持

三峡流域各城市社区关于民主评议的规定与做法差别不大。湖北省宜昌市伍家岗区中南路社区由社区党支部主持召开民主评议会，负责民主评议工作，由居民代表、社区物业公司负责人、各单位代表进行评议。[①] 湖北省宜昌市伍家岗区李家湖社区由社区党支部和社区居委会主持召开民主评议大会，负责评议社区两委班子及成员，由楼栋长代表、志愿者代表、社区党员代表、居民代表进行具体评议工作。[②] 《重庆市民主评议居委会成员制度》规定，民主评议由街道办事处组织，采取召开社

---

① 参见王道远《中南路社区召开民主评议会》，http://news.cn3x.com.cn/content/2015-08/25/content_732975.htm，2015年8月25日。

② 参见万翔《李家湖社区召开两委班子及成员述职民主评议大会》，http://hb.cncn.org.cn/yichang/lijiahu/news/143930465023098.html，2015年8月11日。

区居民代表（社区成员代表）会议，会上社区居民委员会作工作报告，个人述职、民主评议和测评。对组织测评结果分为满意、基本满意、不满意三个等次。对个人测评结果分为优秀、称职、基本称职、不称职四个等次。从规范性来看，三峡流域各城市社区的民主评议活动基本上是由社区党支部和社区居委会主持，通过召开民主评议大会进行评议，民主评议大会主要由居民代表组成。

3. 民主评议的内容及程序

民主评议的内容主要包括两方面：一是社区党支部和社区居委会工作的评议；二是社区党支部和社区居委会成员的评议。根据《重庆市民主评议居委会成员制度》的规定，民主评议的对象包括社区党组织、社区居民委员会班子成员、社区服务站站长，以及享受财政补贴和工资待遇的其他工作人员。民主评议的内容主要是对被评议对象的德、能、勤、绩四个方面做全面考评，重点包括思想政治建设、民主制度建设、组织协调能力、工作绩效、居民自治、社区服务、完成目标任务情况、廉洁自律秉公办事情况等。从程序上看，一般先由社区两委负责人向民主评议大会报告工作；再由两委成员向民主评议大会述职；最后由民主评议大会审议两委的工作报告并对两委成员做民主测评。

4. 民主评议的结果及其奖惩

根据三峡流域各城市社区自治章程和制度的有关规定，社区民主评议结果必须在社区公开，根据评议结果按照不同的标准对被评议对象给予表扬、奖励、警告、经济处罚等。一般来说，社区民主评议的结果对被评议对象而言，其奖惩往往是刚性的。宜昌的民主评议制度规定，对不称职的被评议对象要罢免或辞职。根据《重庆市民主评议居委会成员制度》的规定，民主评议、测评结果进入社区和个人档案，并在居务公开栏公开。测评后有关奖惩按上级党委政府的规定执行。可见，社区民主评议对社区两委的工作及其成员的行为的监督是比较有约束力的。

5. 民主评议的成效与规范

社区民主评议作为民主监督的重要方式，在发现和纠正社区两委及其成员的工作失误，完善相关管理制度和管理程序，提高社区居民的参与意识等方面发挥着不可替代的作用。从制度建设的角度看，社区民主评议的相关规章制度还不健全，还需要随着社区建设和社区自治的推进，不断拓展社区民主评议的范围，创新民主评议的方式，完善相应的奖惩机制。

(三) 民主议事

民主议事是指社区党支部和社区居委会在做出决策前，将相应事项提交给社区议事协商会进行民主讨论，获得一致意见后，提交给社区居民代表大会进行表决，或直接交由居委会执行。民主议事属于事前监督机制，可以有效预防决策和管理失误。三峡流域各城市社区普遍重视民主议事，部分城市社区制定了《民主议事章程》和《民主议事规则》，完善了民主议事机制。

民主议事的主体是社区议事协商会或社区居民代表大会，成员一般以居民代表、社区党员、驻社区单位代表、楼栋长和志愿者为主体，并吸纳各界代表参加。社区每月定期召开一次民主议事会议，内容主要是听取社区两委的工作报告，反映居民的意见和建议，讨论社区重大事项并做出决定。对于辖区突发的重大矛盾纠纷，随时"开会说事"，民主议事会让居民有地方说事讲理。

(四) 民主听证会

作为一种民主监督的方式，民主听证会尚处于发展的初期。重庆市、万州区、宜昌市明确要求在城市社区建立和健全重大事项听证制度，湖南省也提出要在城市社区建立社区事务决策听证制度。但从实践的角度看，民主听证会在三峡流域各城市社区并没有普遍推行，只有极少数城市社区真正召开过重大事项听证会，大部分城市社区没有召开过决策听证会，民主听证制度仍然处于探索和推广阶段。

民主听证会是指社区党支部和社区居委会在社区重大事项决策前，以举办听证会的形式，组织居民、居民代表参与讨论，并充分吸收居民的意见和建议。听证会由社区居委会负责召集，参加对象为社区党组织、社区居委会、社区居民代表，辖区单位党组织代表以及有关政府职能部门、街道负责人等与听证主题相关的人员。听证内容主要有：社区建设的规划；涉及本社区的公共事务和公益事业；政府有关部门和街道在社区组织实施的工作或活动；其他需要听证的内容。社区民主听证会必须按照规定程序召开，听证会形成的倾向性方案应充分考虑听证代表的意见和建议，并作为政府及其职能部门和社会团体的决策参考。听证后的有关结果，社区居委会应当在居务栏内进行公布，接受社区居民的监督。

（五）人大代表进社区

2003年8月，浙江省杭州市上城区人大常委会开展"人大代表进社区"活动试点，组织人大代表进社区，联系居民。党的十八大报告提出，"在人大设立代表联络机构，完善代表联系群众制度"。近年来，三峡流域各城市积极开展"人大代表进社区"活动，密切代表与社区居民的联系，加强人大代表对社区工作的监督。

2013年，宜昌市西陵区七届人大二十八次主任会议通过了《西陵区人大常委会人大代表进社区（村）、进网格联系群众制度》，要求每一位人大代表都要联系一个社区，虚心听取选民意见，及时了解和掌握群众的思想动态、愿望和要求，把收集的建议和意见整理成材料并及时向上反映。要求人大代表做到上情下达，下情上传，畅通民意渠道，充分发挥好国家机关与社区居民之间的桥梁纽带作用。宜昌市伍家岗区合益路社区利用人大代表联系社区活动，将人大代表纳入组团式服务，切实解决了社区不少民生问题，取得了显著成效。2013年，合益路社区人大代表小组召开群众座谈会6次，实地走访调研12次，汇总各类意见建议30余条，人大代表真正成为了决策和管理的"监督员"、矛盾问题的"减压阀"、群众诉求的"传声筒"、直面民生的"触点"。①

2013年重庆市在渝中区、大渡口区、云阳县等区县开展人大代表进社区活动，但目前万州区、黔江区并没有开展人大代表进社区活动。湖南、贵州的情况与重庆类似，两省仍然没有推广人大代表进社区活动。

人大代表进社区联系居民制度为社区居民反映社区民意提供了一个新的平台，有助于更好地化解社区矛盾，解决民生问题。同时，人大代表进社区联系居民制度也为人大代表和居民监督社区党支部和社区居委会及其成员的工作和行为开通了一个新的渠道，创新了社区民主监督的方法。

---

① 参见左逢春《人大代表进社区 零距离听民意解民忧》，http：//news.cn3x.com.cn/content/2013-05/08/content_392914.html，2013年5月8日。

第五节 三峡流域城市社区民主监督的问题与对策

一 三峡流域城市社区民主监督存在的问题

随着居民权利意识的觉醒、社区决策和管理民主化程度的提高，三峡流域各城市社区居民监督的主动性进一步增强，日常监督机构逐步建立，监督制度日益完善。但是，由于民主意识的薄弱、社区建设水平的差异以及居民参与的欠缺，三峡流域城市社区仍然存在居民监督不到位，部分城市社区缺乏日常监督机构，监督制度不健全等问题。

1. 居民监督力度小。居民监督委员会的成员大都是离退休人员，由于时间、精力、知识等方面的限制，居民监督委员会对社区两委及其成员的监督是有限的，监督存在空白；居民监督委员会每月开会一次，不能真正实现对社区工作的日常性监督；大多数居民监督委员会没有办公经费和误工补贴，直接影响居民监督委员会成员开展监督工作的积极性和监督成效。

2. 部分城市社区缺乏日常监督机构。目前，湖南、重庆、贵州正在大力推进居民监督委员会的建立，湖北也正在试点。但是，宜昌、恩施、利川、荆州、荆门等绝大多数湖北城市的城市社区以及涪陵、万州等重庆城市的城市社区没有建立居民监督委员会。在没有设立居民监督委员会的城市社区参与监督的只有少数居民代表以及关心社区发展的部分居民，监督缺乏持久性、组织性、专业性和有效性。多数居民不关心社区公共事务，更不参与监督工作。缺少了多数居民的参与，监督容易流于形式。

3. 监督制度不健全。在已经建立居民监督委员会的城市社区，居民监督委员会缺乏健全的工作机制。一是需要明确居民监督委员会与街道纪委的关系。居民监督委员会是社区自治组织，其成立与运作应该具有自主性。如果街道纪委干预过多，则不利于社区自治的发展。因此，需要出台相应的制度，规范居民监督委员会与街道纪委的关系。二是需要明确居民监督委员会和社区两委的关系。居民监督委员会是专业性监督组织，不能介入和干预社区两委的正常工作，否则，难以发挥其监督职能，也不利于社区两委工作的开展。三是需要完善居民监督委员会自身的工作机制。需要制定相应的规则，规范居民监督委员会成员的遴选、监督程序、工作规程、经费保障等。

二　完善三峡流域城市社区民主监督的对策

三峡流域正处于城市化进程之中，社区民主监督仍然存在很多缺陷。要提高三峡流域城市社区民主监督的成效，必须培养居民的监督意识，建立专业性监督机构，健全监督制度，完善监督机制。

1. 教育引导，提高监督意识和能力。一是培养监督意识。充分利用触摸屏、社区微博、社区 QQ、社区网上论坛、黑板报等媒介，广泛宣传民主监督的必要性和居民的监督职责，提高居民的监督意识。二是提高监督能力。以定期、分片等形式开展培训，提高居民监督委员会的成员、居民代表以及居民的素质和监督能力。

2. 健全制度，规范居民监督委员会的监督程序。居民监督委员会要接受社区党支部的统一领导，并在政府职能部门的指导下开展监督工作。依据监督程序向社区两委提出意见和建议，不能直接参与社区两委的决策和管理，不能干涉社区两委的正常工作；建立健全监督事项公示、监督结果确认和公开、监督对象反馈等监督制度，进一步规范监督程序；完善监督方式，提高居民监督委员会的监督实效。

3. 完善机制，增强居民监督委员会的监督力度。加强街道纪委对居民监督委员会的领导，将居民监督委员会设立为居民代表大会和社区议事协商会的常设机构；整合监督机构，将社区公开监督小组、居民议事小组、财务监督小组划归居民监督委员会统一领导，共同开展监督工作；完善居民监督委员会组织建设，学习浙江建设居民监督委员会的经验，使居民监督委员会有统一的办公场所、机构牌匾、经费保障、档案管理；将居民监督委员会的经费和误工补贴列为政府预算；完善居民监督委员会成员的遴选，选举工作能力强、年纪轻、参政意识强、公道正派的人担任居民监督委员会的主任和成员，增强居民监督委员会的监督能力。

第六节　三峡流域城市社区民主监督案例分析

三峡流域各城市社区正在逐步建立专业性监督组织，健全居务公开、民主评议、民主议事、人大代表联系社区等监督制度，不断创新监督方式，积累了丰富的民主监督的经验。

案例一：

宜昌市西陵区全面推进社区居务公开工作①

2002年，西陵区成为全国社区建设示范区，在宜昌市率先试点居务公开工作。2004年，区纪委、区监察局、区民政局发布《关于健全和完善社区居务公开制度的意见》（宜西纪发〔2004〕25号），全区社区居务公开工作有了很大的进步，产生了良好的社会效应。

一 公开内容丰富全面

西陵区要求公开的事项必须与社区居民群众最关心，反映最强烈，与群众利益密切相关，容易引发矛盾和滋生腐败现象的问题为主。西陵区将居务公开分为政务、财务、事务和服务四个方面，其公开内容有：与社区居民有关的法律、法规、政策、办事程序；涉及居民切身利益的事项如最低保障、再就业、计生等；社区环境整治方案；社区党建和党员活动制度；社区财务，包括社区资金收入、社区干部工资支出、社区公益基金及使用情况等事项；社区居委会主要职责、社区居委会成员分工及工作目标、社区居委会日常工作制度、作息时间；居民代表会议对社区工作者的评议情况公开；社区服务项目；居民对社区建设、居委会工作建议以及反馈情况；其他居民关注的热点、难点、重点事项。

西陵区要求居务公开必须做到"四个明确"，即指导思想明确、公开原则明确、公开的对象明确和公开内容明确。社区必须指定专人负责居务公开日常事务。按照"多样、规范、实用、明了、方便"的原则，把居务公开工作同社区的各项工作紧密结合起来。通过居务公开，广泛听取和收集居民的意见，接受群众的咨询和监督，有效地促进了社区各项工作的开展。

---

① 《宜昌市西陵区全面推进社区居务公开工作》，http://www.hbmzt.gov.cn/xxgk/dfxx/200709/t20070926_18137.shtml，2007年9月26日。

二 公开形式多样

设置规范的居务公开栏。西陵区要求居务公开栏应本着实际、实用、实效的原则，在便于群众观看的地方设立固定的居务公开栏。西陵区特别要求居委会办公和居民活动用房已经达到300平方米以上的15个社会型社区居委会、19个中央企业改制社区居委会和其他有条件制作固定居务公开栏的社区居委会，都要参照二马路、四方堰社区居委会的居务公开栏的内容，制作本社区的固定居务公开栏，暂时无条件制作固定居务公开栏的社区居委会，要积极创造条件制作固定居务公开栏，在没有制作固定居务公开栏前，要确保有居务公开的场所。充分运用现代科学技术，不断创新居务公开的有效形式和手段，比如设置触摸屏，开通社区网页等。通过召开社区居民代表会议、党员代表会议、议事恳谈会、辖区单位负责人座谈会等形式来通报居委会的各项工作和要求。对一些临时性需要居民配合的突击性工作，视情况可采取紧急会议或公开信的形式向居民通报；定期向党员、居民公布社区工作最新情况，接受社区党员、居民的监督。

西陵区强调要推进居务事项从办理结果的公开，向事前、事中、事后全过程公开延伸。同时，各社区公开内容应报街道办事处备案。

三 加强对居务公开工作的领导与监督

西陵区要求各街道党工委和社区党组织，一定要加强对居务公开工作的领导。一是各街道要成立由分管纪检工作的副书记任组长的街道社区居务公开工作领导小组，区、街民政部门要按照示范社区创建活动的要求，对社区逐个进行指导。二是各个社区居委会，都要成立由社区党组织书记任组长，5—7名社区议事协商委员会委员或社区成员代表参加的社区居务公开监督小组，决定居务公开相关内容，对社区居务公开情况进行监督。在抓好居务公开制度落实的同时，还要注重探索完善社区居民听证制度，社区重大决定票决制度和社区工作者考核评议制度的落实，不断提升全区社区建设水平。

西陵区对居务公开工作提出了具体要求，规定全区的7个试点社区必须在2007年6月底前，全面完成试点任务，树立样板。其他单位都要按照试点单位的做法,全面推行居务公开工作。2007年年底,区纪委将居务公开工作纳入相关单位的党风廉政建设年度考核,严格奖惩,确保组织领导、责任和工作措施落在实处。

通过居务公开这种有效形式,进一步增强了居务工作的透明度,提高了居民参政议政的积极性,拆除了社区和居民之间的"篱笆墙",架起了沟通社区与居民感情的"连心桥",有效地促进了和谐社区的构建。

但是,西陵区推行居务公开,还存在一些不尽如人意的地方。例如,个别街、居的领导同志对健全、完善居务公开制度在认识上还有差距,认为这是搞"形式""工作忙、顾不上";有的社区居务公开场所不固定,公开的内容不完整,公开的时效和程序不规范;少数社区居务公开的监督保障体系不健全等。这些问题有待于继续改进。

案例二:

李家湖社区召开两委班子及成员述职民主评议大会①
——以宜昌市伍家岗区伍家岗街办李家湖社区民主评议为例

2015年8月11日上午9时,宜昌市伍家岗区伍家岗街办李家湖社区在社区居委会二楼会议室召开两委班子及成员述职民主评议大会,对社区"两委"班子及成员近三年来的工作进行民主评议,出席民主评议会的代表共计40余人,主要是居民代表、楼栋长代表、社区党员代表和志愿者代表。伍家岗街道党工委班子成员张杰和陈金秀列席会议。

民主评议会由伍家岗街道党工委班子成员张杰主持。

民主评议会首先由社区党委书记、居委会主任苏桂花作工作报告。苏桂花全面总结社区党委、社区居委会三年来的工作情况,汇报了社区在党建、环境整治、社区服务、社会保障、文明社区建设、社区卫生、计划生育、再就业等方面所做的工作。随后由社区党委副书记周翠玉进行工作报告及个人述职,汇报了三年来社区党委的工作、本人的工作情

---

① 万翔:《李家湖社区召开两委班子及成员述职民主评议大会》,http://hb.cncn.org.cn/yichang/lijiahu/news/143930465023098.html,2015年8月11日。

况及廉洁自律情况，总结了过去工作中得失，对社区党委未来的工作目标和方向进行了规划。社区两委班子成员分别进行个人述职，报告了自己在"德、能、勤、绩"等方面的工作表现。最后街道党工委班子成员与社区两委班子成员、与会代表互通情况，坦诚地交换了意见。在充分交流的基础上，民主评议会对"两委"班子及成员进行了民主评议。

通过民主评议活动，李家湖社区"两委"班子及成员系统总结了三年工作中取得的成绩，发现了存在的问题和不足，制定了整改措施，为今后的工作奠定了良好的基础。

案例三：

人大代表进社区 零距离听民意解民忧[①]
——以宜昌市伍家岗区人大代表进社区活动为例

2012年以来，宜昌市伍家岗区宝塔河街道合益路社区开展人大代表联系社区活动，邀请人大代表参与社区服务，与居民进行面对面的交流与沟通，解决了社区不少棘手的民生问题，取得了显著成效。

人大代表进社区活动由合益路社区党支部负责组织。为促进人大代表与居民的联系，加强人大代表对社区工作的监督，合益路社区党支部采取了一系列措施。

1. 召开人大代表专题座谈会。社区党支部与人大代表定期召开座谈会，向人大代表汇报社区工作情况，加强人大代表对社区及网格的了解，及时收集人大代表的意见和建议。

2. 设立人大代表接待日。社区党支部将双月的20日定为人大代表接待日，在社区门前或社区办公室设置接待点，邀请人大代表与居民进行面对面的沟通与交流。通过现场接待居民，人大代表直接倾听了居民的要求和愿望，了解了社情民意。社区党支部协助人大代表处理居民反映的问题，并及时向居民反馈处理意见。

---

① 参见左逢春《人大代表进社区 零距离听民意解民忧》，http://news.cn3x.com.cn/content/2013-05/08/content_392914.html，2013年5月8日。

3. 公开人大代表联系方式。社区党支部制作了人大代表联系卡，发放给居民，方便居民向人大代表反映问题。

4. 定期组织代表进社区。社区党支部每季度至少组织一次活动，邀请代表深入居民区中调研或组织居民召开座谈会等，了解社区的民生难题，配合社区及时解决问题。

5. 开展人大代表向选民述职活动。要求人大代表回社区向选民述职，汇报工作情况和廉洁自律情况，促使人大代表自觉接受选民的监督，加强人大代表与选民的联系，提高代表意识和履行职责意识。

2012年，人大代表、宜昌市鑫鼎实业有限公司总经理何建刚多次参加合益路社区党员群众座谈会，听取居民关于环境整治、拆迁改造、社会保障等问题的反映。当了解到民益路没有路灯，夜间出行不安全的问题时，他当即表示将尽快处理解决。随后他多次主动联系市路灯管理中心并到实地进行查看督办。到2012年6月1日，33盏路灯统一安装到位，受到了居民的肯定。

人大代表、合益路社区党总支书记、居委会主任洪娇在走访合益路88号化纤厂小区时，了解到小区存在没有物业管理、个别居民占用公共绿地种菜破坏环境、排水管道堵塞污水横溢、房屋年久失修等问题，长期得不到解决。洪娇联合社区其他几位人大代表，在人大会议上提交了专题议案，得到了上级部门的高度重视。在人大代表的督促下，伍家岗区政府在2012年将化纤厂小区整体改造列为2013年的伍家岗区十件实事之一。如今，改造后的小区环境面貌焕然一新。

2012年，合益路社区人大代表小组召开居民座谈会6次，实地走访调研12次，汇总各类意见建议30余条，人大代表真正成为了社区工作的"监督员"、矛盾问题的"减压阀"、群众诉求的"传声筒"、直面民生的"触点"。社区党支部通过人大代表联系社区活动，及时准确地掌握了社区民情民意，社会管理工作的方法和水平得到了进一步的改进与提升。

参考文献

1. 林尚立主编：《社区民主与治理：案例研究》，社会科学文献出版社 2003 年版。
2. 林尚立：《党内民主——中国共产党的理论与实践》，上海社会科学院出版社 2002 年版。
3. 詹成付主编：《社区居委会选举工作进展报告》，中国社会出版社 2006 年版。
4. 龙宁丽主编：《民主管理》，中央编译出版社 2013 年版。
5. 何增科主编：《民主监督》，中央编译出版社 2013 年版。
6. 陈家刚主编：《民主决策》，中央编译出版社 2013 年版。
7. 闫健主编：《民主选举》，中央编译出版社 2013 年版。
8. 张平：《中国城市居民社区自治行为研究》，东北大学出版社 2013 年版。
9. 徐勇主编：《城乡社区自治实务》，湖北科学技术出版社 2008 年版。
10. 梁莹：《基层政治信任与社区自治组织的成长：遥远的草根民主》，中国社会科学出版社 2010 年版。
11. 董小燕：《公共领域与城市社区自治》，社会科学文献出版社 2010 年版。
12. 王建勋：《自治二十讲》，天津人民出版社 2008 年版。
13. 张康之、石国亮：《国外社区治理自治与合作》，中国言实出版社 2012 年版。
14. 徐霞：《社区与社区发展》，（台湾）正中书局 1980 年版。
15. 叶南客：《都市社会微观再造：中外城市社区比较新论》，东南大学出版社 2003 年版。
16. 张平：《中国城市居民社区自治行为研究》，东北大学出版社 2013 年版。
17. 夏建中：《中国城市社区治理结构研究》，中国人民大学出版社 2012 年版。
18. 侯玉兰：《城市社区发展国际比较研究》，北京出版社 2006 年版。
19. 吴毅：《村治变迁中的权威与秩序》，中国社会科学出版社 2002 年版。
20. 吴克昌：《中国城市社区民主自治的理论与实践研究》，人民出版社 2009 年版。
21. 唐娟主编：《城市社区业主委员会发展研究》，重庆出版社 2005 年版。
22. 马骏、牛美丽主编：《公民参与》，中国人民大学出版社 2009 年版。
23. 史卫民、郭巍青、汤、黄观鸿、郝海波：《中国村民委员会选举：历史发展与比较研究》，中国社会科学出版社 2009 年版。
24. 姚华、耿敬：《政策执行与行动者的策略：2003 年上海市居委会直接选举的个案研究》，北京大学出版社 2010 年版。
25. 何俊志：《选举政治学》，复旦大学出版社 2009 年版。
26. 李凡主编：《中国基层民主发展报告 2000—2001》，东方出版社 2002 年版。
27. 李凡主编：《中国城市社区直接选举改革》，西北大学出版社 2003 年版。
28. 李凡主编：《中国选举制度改革》，上海交通大学出版社 2005 年版。
29. 于燕燕：《社区自治与政治职能转变》，中国社会出版社 2005 年版。
30. 蔡定剑主编：《中国选举状况的报告》，法律出版社 2002 年版。
31. 项继权、王绍寅、何长缨等：《"温州新政"：社区重建与治理转型——温州城乡一体化背景下的社区建设研究》，中国社会科学出版社 2014 年版。
32. 郭圣莉、刘晓亮：《转型社会的制度变革：上海城市管理与社区治理体制构建》，华东理工大学出版社 2013 年版。
33. 卢爱国：《使社区和谐起来：社区公共事务分类治理》，中国社会科学出版社 2013 年版。
34. 张晨：《城市化进程中的"过渡型社区"：空间生成、社会整合与治理转型》，广东人民出版社 2014 年版。

35. 良警宇：《牛街：一个城市回族社区的变迁》中央民族大学出版社 2006 年版。

36. 田毅鹏、吕方：《单位共同体的变迁与城市社区重建》，中央编译出版社 2014 年版。

37. 石发勇：《准公民社区：国家、关系网络与城市基层治理》，社会科学文献出版社 2013 年版。

38. 赵小平、陶传进：《社区治理：模式转变中的困境与出路》，社会科学文献出版 2012 年版。

39. 黎熙元、陈福平、童晓频：《社区的转型与重构：中国城市基层社会的再整合》，商务印书馆 2011 年版。

40. 马西恒、刘中范：《都市社区治理：以上海建设国际化城市为背景》，学林出版社 2012 年版。

41. 杨海涛：《城市社区网格化管理的研究与展望》，经济管理出版社 2013 年版。

42. 邓泉国：《中国城市社区居民自治》，辽宁人民出版社 2004 年版。

43. 王振耀主编：《街道工作与居民委员会建设》，中国社会出版社 1996 年版

44. ［美］戴维·奥斯本、特德·盖布勒：《改革政府：企业家精神如何改革着公共部门》，周敦仁等译，上海译文出版社 2006 年版。

45. ［美］杰里米·里夫金：《工作的终结》，王寅通译，上海译文出版社 1999 年版。

46. ［美］西奥多·贝斯特：《邻里东京》，国云丹译，上海译文出版社 2008 年版。

47. ［美］桑德斯：《社区论》，徐霞译，（台湾）黎明文化事业公司 1982 年版。

48. ［英］戴维·米勒、韦农·波格丹诺编：《布莱克维尔政治学百科全书》修订版，邓正来译，中国政法大学出版社 2002 年版。

49. ［美］罗伯特·H. 威布：《自治：美国民主的文化史》，李振广译，商务印书馆 2007 年版。

50. ［美］汉密尔顿、麦迪逊、杰伊：《联邦党人文集》，程逢如、在汉、

舒逊译，商务印书馆 1982 年版。

51. [美] 文森特·奥斯特罗姆：《隐蔽的帝国主义、掠夺性国家与自治》，载 V. 奥斯特罗姆、D. 菲尼、H. 皮希特编：《制度分析与发展的反思——问题与抉择》，王诚等译，商务印书馆 1992 年版。

52. [法] 托克维尔：《论美国的民主》，董果良译，商务印书馆 1988 年版。

53. [美] 文森特·奥斯特罗姆：《美国公共行政的思想危机》，毛寿龙译，上海三联书店 1999 年版。

54. [美] 文森特·奥斯特罗姆：《复合共和制的政治理论》，毛寿龙译，上海三联书店 1999 年版。

55. [美] 文森特·奥斯特罗姆：《美国联邦主义》，王建勋译，上海三联书店 2001 年版。

56. [美] 埃莉诺·奥斯特罗姆：《公共事务的治理之道：集体行动制度的演进》，余逊达、陈旭东译，上海三联书店 2000 年版。

57. [美] 戴维·赫尔德：《民主的模式》，燕继荣等译，中央编译出版社 1998 年版。

58. [美] 罗伯特·帕特南：《独自打保龄球：美国社区的衰落与复兴》，刘波等译，北京大学出版社 2011 年版。

59. [美] 理查德·C. 博克斯：《公民治理：引领 21 世纪的美国社区》，孙柏瑛等译，中国人民大学出版社 2005 年版。

60. [美] 蒂莫西·比特雷（Timothy Beraley）：《消失的故土：全球化时代可持续发展的住宅与社区》，王骏、张冠增译，同济大学出版社 2012 年版。

61. [美] 康拉德·科塔克：《远逝的天堂：一个巴西小社区的全球化》，张经纬、向瑛瑛、马丹丹译，北京大学出版社 2012 年版。

62. [美] 德鲁克基金会主编：《未来的社区》，魏青江等译，中国人民大学出版社 2006 年版。